CB069710

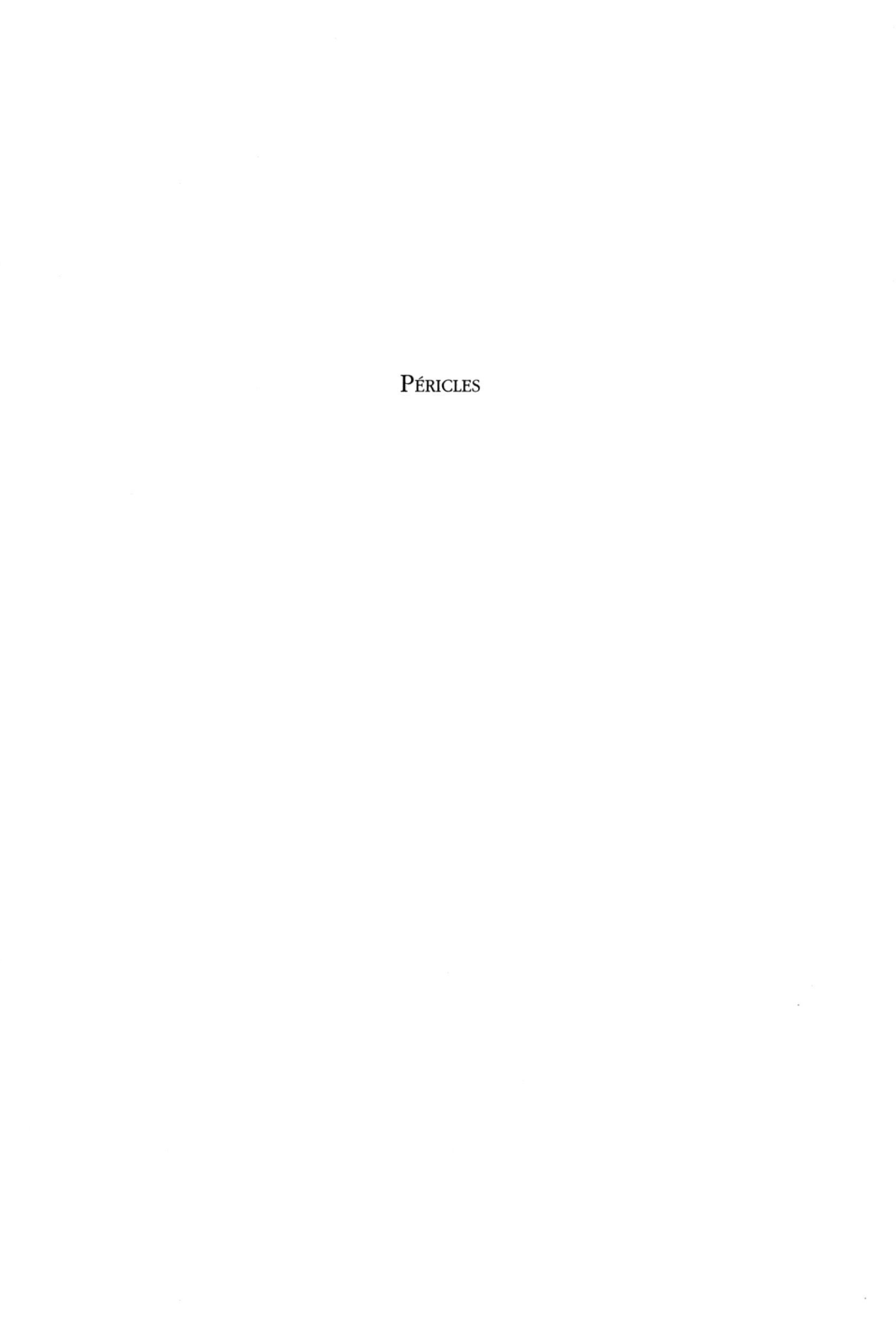

Péricles

Claude Mossé

Péricles
O INVENTOR DA DEMOCRACIA

Tradução de
Luciano Vieira Machado

Estação Liberdade

Título original: *Périclès. L'inventeur de la démocratie*
Copyright © Éditions Payot & Rivages, 2005
© Editora Estação Liberdade, 2008, para esta tradução

Preparação de texto	Isabella Marcatti
Revisão	Maria Alice Ribeiro
Composição	Johannes C. Bergmann / Estação Liberdade
Diagramação de mapas	Antonio Kehl
Capa	Nuno Bittencourt / Letra & Imagem
Ilustrações da capa	Busto de Péricles, segundo original de Crésilas, mármore, 440 a.C., Roma, Museu do Vaticano, © Corbis/LatinStock; baixo-relevo, ver 3ª página do caderno ilustrado
Editores	Angel Bojadsen e Edilberto F. Verza

CIP-BRASIL – CATALOGAÇÃO NA FONTE
Sindicato Nacional dos Editores de Livros, RJ

M87p

Mossé, Claude, 1928-
 Péricles: o inventor da democracia / Claude Mossé ; tradução Luciano Vieira Machado. – São Paulo : Estação Liberdade, 2008. il., mapas
 272p.

 Tradução de: Périclès : l'inventeur de la démocratie
 Anexos
 Inclui índice
 Inclui bibliografia
 ISBN 978-85-7448-132-6

 1. Péricles, 499-429 a.C. 2. Estadistas - Grécia - Biografia.
 3. Oradores - Grécia - Biografia. I. Título.

08-0396.   CDD 923.2495
                                                      CDU 929: 32(495)

Todos os direitos reservados à

Editora Estação Liberdade Ltda.
Rua Dona Elisa, 116 | 01155-030 | São Paulo-SP
Tel.: (11) 3661 2881 | Fax: (11) 3825 4239
www.estacaoliberdade.com.br

SUMÁRIO

INTRODUÇÃO — 9

Primeira parte
ATENAS ANTES DE PÉRICLES — 13
1. Os Alcmeônidas — 15
   - A TENTATIVA DE CÍLON — 16
   - OS ALCMEÔNIDAS E DELFOS — 18
   - ALCMEÔNIDAS E PISISTRÁTIDAS — 20
2. O nascimento da democracia: de Sólon a Clístenes — 29
   - ATENAS ANTES DE SÓLON — 30
   - SÓLON LEGISLADOR — 31
   - AS REFORMAS DE CLÍSTENES — 36
3. As guerras médicas e os primórdios da hegemonia de Atenas — 43
   - AS GUERRAS MÉDICAS — 43
   - OS PRIMÓRDIOS DA HEGEMONIA ATENIENSE — 49

Segunda parte
DEMOCRACIA E IMPERIALISMO — 57
4. As reformas de Efialtes e a estréia de Péricles na vida política — 59
   - AS REFORMAS DE EFIALTES — 60
   - A RIVALIDADE CÍMON/PÉRICLES — 62
   - A AFIRMAÇÃO DA AUTORIDADE DE PÉRICLES — 65
5. A democracia pericliana — 69
   - A SOBERANIA DO *DÉMOS* — 69
   - A IGUALDADE DOS CIDADÃOS — 74
   - A PERTENÇA À COMUNIDADE CÍVICA — 81
6. Péricles e o imperialismo ateniense — 87
   - AS ETAPAS DO DESENVOLVIMENTO DO IMPÉRIO — 88
   - O IMPERIALISMO ATENIENSE NA ÉPOCA DE PÉRICLES — 93

7. Péricles e as origens da guerra
   do Peloponeso 103
   OS CASOS DE CORCIRA E DE POTIDÉIA 104
   AS ÚLTIMAS NEGOCIAÇÕES E O ROMPIMENTO 108
   OS PRIMÓRDIOS DA GUERRA 110

Terceira parte
A ATENAS DE PÉRICLES 117
8. Economia e sociedade 123
   A VIDA ECONÔMICA DE ATENAS NO SÉCULO V 123
   A SOCIEDADE ATENIENSE NO SÉCULO V 128
   LIVRES E NÃO-LIVRES 129
   CIDADÃOS E NÃO-CIDADÃOS 131
   RICOS E POBRES 134
   À MARGEM DA SOCIEDADE: AS MULHERES 140
9. A Acrópole 145
   A ORGANIZAÇÃO DOS TRABALHOS 146
   OS MONUMENTOS 150
10. Atena e Dioniso 157
    AS PANATENÉIAS 157
    AS GRANDES DIONÍSIAS 161
11. A escola da Grécia 171
    PRÉ-SOCRÁTICOS E SOFISTAS 172
    O "NASCIMENTO" DA HISTÓRIA 178

Quarta parte
PÉRICLES OU O POLÍTICO 185
12. De Tucídides a Aristóteles: orador e/ou demagogo ... 189
13. O Péricles de Plutarco 201
14. A imagem de Péricles na posteridade 217

CONCLUSÃO 237

ANEXOS
   Cronologia 245
   Glossário 247

BIBLIOGRAFIA 253

ÍNDICE ONOMÁSTICO 257

ÍNDICE DOS MAPAS 261

INTRODUÇÃO

O "século de Péricles". Poucos homens deram seu nome a um momento da História. Na França, pensamos, naturalmente, no "século de Luís XIV". E, de fato, poder-se-iam encontrar analogias entre o século V ateniense e o século XVII francês. Analogias culturais em primeiro lugar, em que Versalhes corresponde aos monumentos da Acrópole, Molière, a Aristófanes, Corneille e Racine, aos três grandes poetas trágicos atenienses, como se um século se definisse primordialmente no plano artístico, quer se trate das artes plásticas quer do teatro.

Resta dizer que uma tal analogia deve parar por aí. Isso porque, nos dois exemplos considerados, o "século" na verdade cobriu apenas algumas décadas. O reino pessoal de Luís XIV inicia-se em 1661. Quanto ao "governo" de Péricles, durou pouco mais de trinta anos, ainda que se admita que sua primeira eleição para as funções de estratego*[1] se situe entre 465-464 a.C., o que não está de modo algum provado. Na verdade, é somente para o ano 455-454 que temos o testemunho inequívoco de Tucídides (I, 111, 2). Mas, como veremos, alguns anos antes, a partir de 462-461, Péricles já tem um papel ativo na vida política de Atenas, papel que irá durar até a sua morte, em 429.

---

1. O asterisco em algumas palavras ao longo deste texto tem por objetivo remeter o leitor ao glossário no final do livro, p. 247 e seguintes. [N. E.]

Cumpre ressaltar, por outro lado, que não se justifica nenhuma comparação entre o monarca absoluto de direito divino que reina na França da segunda metade do século XVII e o "magistrado" ateniense que deve sua eleição à assembléia dos cidadãos. Temos de presumir, pois, que também se consideram outros elementos nessa analogia. E não podemos deixar de pensar no que constituiu a base de apoio dessa preeminência cultural da França de Luís XIV e da Atenas de Péricles: uma hegemonia da qual um e outro foram os iniciadores, hegemonia a princípio militar, mas que assumiu também, em ambos os casos, formas diversas, sobre as quais não podemos nos estender aqui.

Deixemos de lado, a partir daqui, a França de Luís XIV. Ela só nos interessou para efeito deste breve paralelo e para a conclusão provisória à qual ele nos levou: se Péricles deu seu nome ao século V ateniense, isso se deveria, em primeiro lugar, ao fato de ter sido o primeiro chefe, se não iniciador, pelo menos defensor pertinaz da hegemonia exercida pela cidade sobre uma grande parte do mundo egeu, não hesitando, para mantê-la, nem mesmo em dar início a uma guerra que haveria de durar mais de um quarto de século e terminar com a destruição da obra consumada. Uma hegemonia que ele justificou nos três célebres discursos reconstituídos por Tucídides, nossa fonte principal e o primeiro a considerar Péricles a figura mais proeminente da história de Atenas.

É exatamente aí que reside o problema com o qual se depara o historiador que busca reconstituir a personalidade e o lugar na história da mais célebre personalidade política da Antigüidade grega. Porque de Péricles, excetuando-se esses três discursos que são tanto dele quanto de Tucídides, não temos nenhum testemunho direto. Nem um único decreto, dos que chegaram até nós, traz seu nome, ainda que as fontes literárias lhe atribuam grande número deles. É, pois, a partir apenas dessas fontes literárias de sua época (Tucídides, os Cômicos) ou posteriores (Platão, Xenofonte, a *Constituição de Atenas*, atribuída a Aristóteles, e os testemunhos usados por Plutarco em sua *Vida de Péricles*) que devemos tentar reconstituir a biografia de um homem que em muitos aspectos continua misterioso, mas a quem a posteridade considerou responsável não apenas pelo poderio de Atenas no mundo grego, mas também pela sua posição excepcional no plano cultural e artístico, e enfim, e sobretudo, o "inventor" de um regime político desconhecido até então, a democracia.

INTRODUÇÃO

Teremos, pois, de tentar entender como e por que Péricles pôde ser investido desse papel excepcional. E, portanto, começar por situá-lo numa sociedade cujas estruturas só podemos adivinhar através do que nos revelam os próprios textos. Mas também num contexto político, o do surgimento de uma cidade cujas instituições se estabelecem a partir do século VI a.C. Ora, nesses dois planos, um texto nos servirá de ponto de partida: trata-se do relato feito por Heródoto, no livro VI de suas *Histórias*, do casamento da filha do tirano Clístenes de Sicione. Clístenes pertencia aos Ortagóridas, família aristocrática que, aproveitando-se da crise pela qual passavam muitas cidades gregas no século VII, tomou o poder em Sicione, cidade do Peloponeso vizinha de Corinto. Ao que parece, Ortágoras, o fundador da dinastia, contou com o apoio do *démos**, da plebe, para se assenhorear da cidade. Clístenes era sobrinho de Ortágoras. Apesar das imprecisões da cronologia, costuma-se situar os primórdios de sua tirania* no alvorecer do século VI, primórdios que teriam sido marcados por medidas especialmente hostis às velhas famílias aristocráticas de origem dória, a ponto de, algumas vezes, se ter atribuído a sua tirania um matiz "étnico".[2] O que nos deve chamar a atenção aqui é o caráter espetacular que assumiram as núpcias de sua filha Agariste. Como um herói da epopéia, ele organizou competições para as quais convidou representantes das famílias aristocráticas de toda a Grécia, competições que se estenderam por um ano inteiro, ao término do qual ele escolheu o seu genro. No fim de um banquete em que estavam todos os pretendentes, ele proclamou: "Declaro noivos minha filha, Agariste, e o filho de Alcmêon, Mégacles, de acordo com as leis dos atenienses."[3]

---

2. De fato, Heródoto (VI, 67-69) conta que, senhor da cidade, Clístenes teria apelidado os membros das três tribos dóricas com nomes derivados dos do porco, do burro e do leitão, ao passo que os membros de sua tribo recebiam o nome de *Archelaoi*, "aqueles que comandam o povo". Daí a ver nessa medida uma política de hostilidade "racial", como o faz A. Andrewes (*The Greek Tyrants*, 2.ed., Londres: Hutchinson's University Library, 1958, p. 54 *et seq.*), é só um passo, que E. Will (*Doriens et Ioniens. Essai sur la valeur du critère ethnique appliqué à l'étude de l'histoire et de la civilisation grecques*, Estrasburgo: Belles Lettres, 1956, p. 39-44) se recusava a dar. A seu ver, essa medida inscrevia-se na política de hostilidade contra os argivos desenvolvida por Clístenes. Sobre os problemas suscitados pela tirania sicioniana, ver C. Mossé, *La Tyrannie dans la Grèce antique*, Paris: PUF, 2004, p. 37-47.

3. A descrição das competições organizadas por Clístenes para o casamento de sua filha Agariste toma três capítulos do livro VI de Heródoto (126-129) e dá testemunho do esplendor e do fausto da corte do tirano de Sicione.

De fato, Mégacles era ateniense, e Heródoto conclui:

> Desse casamento nasceu Clístenes, aquele que estabeleceu, entre os atenienses, as tribos* e o regime democrático; seu nome vinha de seu avô materno, o Sicioniano; além dele, Mégacles teve outro filho, Hipócrates. De Hipócrates nasceram um outro Mégacles e uma outra Agariste, cujo nome provém do da filha de Clístenes; ela desposou Xantipo, filho de Arífron; quando estava grávida, teve uma visão num sonho: pareceu-lhe que ela dava à luz um leão; e poucos dias depois ela dava Péricles a Xantipo (VI, 131).

O sonho premonitório da jovem mulher, cuja avó era filha do tirano de Sicione, nos leva para bem longe do "século de Péricles" e do "racionalismo" de Tucídides. Mas ele nos convida a começar esta pesquisa pela história da família dos Alcmeônidas, que parece ter ocupado um lugar muito especial no seio da sociedade ateniense.

PRIMEIRA PARTE

ATENAS ANTES DE PÉRICLES

1

OS ALCMEÔNIDAS

Era, de fato, a uma família um tanto excepcional que pertencia o pretendente ateniense de Agariste, Mégacles, bisavô materno de Péricles. Definamos em primeiro lugar o que se entende aqui por "família". No século V, para designar os Alcmeônidas, emprega-se o termo *genos**. Durante muito tempo, os antropólogos consideraram esses *géne* como "clãs", que revelariam uma estrutura gentílica das sociedades gregas arcaicas. Atualmente, abandonou-se essa interpretação, privilegiando-se, no *genos*, o caráter aristocrático.[1] Sabe-se, com efeito — e quanto a esse aspecto os arqueólogos trouxeram inúmeros testemunhos —, que depois da destruição dos palácios micenianos, quando se reconstituíram agrupamentos de onde viria a nascer a cidade, estes se organizaram em torno de uma ou várias "famílias", atribuindo-se freqüentemente, mas não necessariamente, um ancestral "heróico".[2] No caso dos Alcmeônidas, embora essa tradição só se encontre nos autores tardios, o ancestral heróico teria sido Nestor, o rei de Pilos. Por outro lado, muitas vezes essas famílias aristocráticas

---

1. Sobre o *genos*, a obra de referência é a de F. Bourriot, *Recherches sur la nature du genos*, Paris: Honoré Champion, Lille: Atelier Reproduction de Theses, Université de Lille, 1976. Sobre as tribos e seu lugar na organização da cidade arcaica, ver D. Roussel, *Tribu et cité*, Paris: Belles Lettres, 1976.

2. Sobre a construção da cidade depois do desmoronamento dos palácios micenianos, ver A. Schnapp-Gourbeillon, *Aux origines de la Grèce (XIII-VIII siècles avant notre ère). La genèse du politique*, Paris: Belles Lettres, 2002.

estavam ligadas a um culto, o culto do herói fundador do *genos* ou de um herói local sobre a tumba do qual se reuniriam os membros do *genos*. No que diz respeito aos Alcmeônidas, não se encontra o menor sinal de tal culto. É, pois, a um Alcmêon, ancestral distante de quem nada se sabe, que a família deve seu nome.

A TENTATIVA DE CÍLON

Qualquer que seja sua origem, o fato é que essa família pertencia ao grupo dos eupátridas, "nobres" que partilhavam as funções que garantiam a direção dos negócios da cidade, e cuja linha de frente era formada pelo arcontado. No relato que compõe a primeira parte da *Constituição de Atenas*, o autor, Aristóteles ou um de seus discípulos, conta que o arcontado derivara da divisão do poder real primitivo para se tornar uma magistratura, a princípio, vitalícia, depois, concedida por dez anos, tornando-se, finalmente, anual. Assim, a cada ano designavam-se três arcontes*: o rei, encarregado principalmente dos assuntos religiosos, o polemarco*, comandante supremo do exército, e o arconte epônimo, que dava seu nome ao ano e presidia o Conselho do Areópago*, formado de ex-arcontes. Aos três arcontes dos primeiros tempos acrescentaram-se, posteriormente, seis tesmotetas*, guardiões das *thesmoi*, as regras comuns.

Foi como arconte que o primeiro alcmeônida conhecido historicamente, Mégacles, veio a desempenhar um papel importante. O período de seu arcontado situa-se no último terço do século VII, sem que se possa precisar melhor (636/635; 632/631; 628/627; 624/623?). Como muitas cidades gregas, Atenas passava então por uma crise que se relacionava, pelo menos do que se depreende dos relatos posteriores, com o fenômeno do monopólio das melhores terras e, no caso de Atenas, o endividamento de uma parte do campesinato. Como aconteceu em determinadas cidades, aqueles que buscavam tomar o poder procuraram tirar vantagem dessa crise. Daí o desenvolvimento da tirania no curso do século VI.[3] Mencionou-se a dos Ortagóridas de

---

3.   Ver C. Mossé, *La Tyrannie dans la Grèce antique*, Paris: PUF, 1989, p. 3-9.

Sicione. Poder-se-iam citar também os Cipsélidas de Corinto ou ainda um certo Teágenes de Mégara. Foi justamente com o apoio desse Teágenes, de quem era genro, que Cílon, que fora o vencedor em Olímpia e gozava de grande prestígio em função dessa vitória, tentou assenhorear-se de Atenas, apoderando-se da Acrópole. Heródoto (V, 71) fala somente de tentativa, mas o relato de Tucídides, muito mais completo, dá a entender que Cílon não apenas se apoderou da Acrópole, mas também resistiu a um longo cerco. Os atenienses, convocados pelo arconte, vieram em massa dos campos para tentar desalojá-los, ele e seus sequazes.

> Com o passar do tempo, os atenienses ficaram cansados do sítio e muitos deles foram embora, passando a guarda aos nove arcontes, aos quais deram também plenos poderes para resolver o caso como melhor lhes parecesse [naquele tempo, com efeito, os nove arcontes tinham em suas mãos a maior parte da administração pública]. Cílon e seus homens, sitiados como estavam, encontravam-se numa situação difícil, porque lhes faltavam água e víveres. Cílon e seu irmão conseguiram escapar. Os outros, porém, desesperados, alguns até morrendo de fome, instalaram-se como suplicantes no altar da Acrópole. Os atenienses encarregados da guarda do templo, vendo que eles morriam no santuário, obrigaram-nos a sair: tiraram-nos de lá com a promessa de não lhes fazer mal, depois os mataram; no trajeto, houve alguns que se puseram ao lado das Deusas Veneráveis e foram executados. Por aquele ato, tanto os encarregados da guarda quanto os seus descendentes foram declarados malditos e pecadores contra a deusa (I, 126, 8-11).

O relato de Tucídides, da mesma forma que o de Heródoto, não faz referência nominal aos Alcmeônidas. Mas tanto um quanto outro, considerados em seu contexto, não deixam margem a nenhuma dúvida. Heródoto situa o seu logo depois de expor as reformas de Clístenes e a petição, formulada pelo rei espartano Cleômenes, chamado por Ságoras, para que os "impuros" fossem expulsos de Atenas (V, 70). Quanto a Tucídides, ele explica, no relato da tentativa de Cílon, a exigência dos lacedemônios, às vésperas da eclosão da guerra do Peloponeso, de que os atenienses "afastem a desonra cometida contra a Deusa", aqueles lacedemônios que "sabiam que Péricles, filho de

Xantipo, estava implicado na maldição pelo lado materno" (I, 127, 1). Somente Plutarco, em sua *Vida de Sólon* (XII, 1), cita o arconte Mégacles como sendo, junto com os outros arcontes, responsável pelo sacrilégio cometido contra os sequazes de Cílon. Mas, nessa mesma *Vida de Sólon* (XII, 1), Plutarco, baseando-se nos arquivos do santuário de Delfos, lembra que o estratego que comandava o contingente ateniense quando da primeira guerra sagrada era Alcmêon. A primeira guerra sagrada para defender o santuário de Delfos teria ocorrido no começo do século VI, e esse Alcmêon seria o filho de Mégacles. O que nos permite supor que o exílio dos "sacrílegos" foi relativamente breve. No entanto, esse mesmo Alcmêon também iria inaugurar uma política de aliança com Delfos, que não deixaria de ter conseqüências para os Alcmeônidas.

OS ALCMEÔNIDAS E DELFOS

Aqui se coloca um outro relato tomado de empréstimo a Heródoto, que figura no livro VI, pouco antes das núpcias de Agariste. A anedota se situaria, cronologicamente, pouco antes da guerra sagrada, o que não deixa de implicar um problema, porque se trata do encontro entre Alcmêon, filho de Mégacles, e o rei da Lídia, Creso. Ora, o reino de Creso se inicia pelo menos trinta anos depois. Imagina-se, portanto, que, se a história é verdadeira, tratar-se-ia antes de Aliato.

Heródoto conta, pois, que "Creso" teria convidado Alcmêon para ir a Sardes a fim de agradecer-lhe, com um magnífico presente, por ele ter ajudado, em Delfos, seus enviados que tinham ido consultar o oráculo. O presente consistia em levar tanto ouro quanto pudesse carregar sozinho, de uma só vez. A Lídia, como se sabe, era muito rica em ouro, trazido pelas águas do Patolo.

> Para aproveitar-se do presente dado nessas condições, Alcmêon empregou este engenhoso estratagema: vestiu um grande *chiton* [túnica], deixando que se formasse um bolso bem grande na cintura; calçou botas altas, as mais largas que pôde encontrar, e penetrou assim na sala do tesouro, para onde o levaram. Lá ele se lançou sobre um monte de ouro em pó, começou por

colocar ao longo de suas pernas a maior quantidade de ouro que coubesse em suas botas, encheu completamente o bolso da túnica, polvilhou os cabelos com ouro, pôs mais um tanto em sua boca e saiu da sala do tesouro mal conseguindo arrastar os pés, parecendo-se com qualquer coisa, menos com um ser humano, a boca cheia e o corpo todo inchado. Ao ver aquilo, Creso teve um acesso de riso. Ele deu a Alcmêon tudo o que ele tinha apanhado, e lhe deu outros presentes de menor valor. Foi assim que aquela casa ficou poderosamente rica, de forma que Alcmêon manteve os animais de uma quadriga e ganhou o prêmio em Olímpia (VI, 125).

Não se sabe que crédito se pode dar a essa história edificante, talvez divulgada pelos adversários da família, quando ela se tornou poderosa na cidade. Não obstante, ela revela certos traços que indicam a posição original dos Alcmeônidas na história de Atenas. Em primeiro lugar, observem-se os laços com Delfos. Foi por ter servido como uma espécie de fiador ao rei "bárbaro" da Lídia (e pouco importa que se tratasse de Aliato ou de Creso), junto aos sacerdotes de Delfos, que Alcmêon em seguida veio a se beneficiar, numa lógica que é a do contradom, da generosidade dele. Isso é de surpreender, uma vez que os Alcmeônidas tinham sido expulsos de Atenas como sacrílegos. Temos de admitir que a "política" de Delfos podia levar em conta circunstâncias outras que não as estritamente religiosas. E se, como se supõe, o Alcmêon da anedota é o mesmo Alcmêon que comandou o contingente ateniense quando da primeira guerra sagrada, há menos motivos para se espantar de uma tal influência. Sabe-se, aliás, que os laços da família com os sacerdotes de Delfos foram se tornando mais estreitos nas décadas seguintes. Quando o templo de Apolo foi destruído por um incêndio em 548, foram os Alcmeônidas que financiaram, em parte, a reconstrução — talvez com o ouro do rei lídio. E foi também depois de consultar o oráculo de Delfos que Clístenes, o filho de Mégacles e de Agariste, do qual já falamos, iniciou sua grande reforma das instituições atenienses.

Conseguindo, assim, o apoio do mais influente santuário oracular do mundo grego, os Alcmeônidas conquistavam uma posição, de certo modo "internacional", que lhes permitiria atuar em Atenas, a despeito dos obstáculos levantados contra eles, mesmo quando a lembrança do "sacrilégio" os condenava momentaneamente ao exílio.

O que se deve guardar da história de Alcmêon é a conseqüência material desse belo golpe: a posse de recursos em metal precioso, o ouro em pó que carregou em suas roupas. Sabe-se que certamente o ouro permitiu a reconstrução do templo de Apolo. E também a compra de alianças, e, justamente por isso, o desempenho de um papel relevante durante a crise por que passa Atenas no século VI.

Heródoto nos informa, como vimos, que essa fortuna permite a Alcmêon participar com uma quadriga das competições de Olímpia. É preciso lembrar que naquela época só participavam da competição aqueles que tinham uma posição de destaque em sua cidade. A corrida de carros, em especial, era reservada a uma minoria. Conhece-se também, pela poesia de Píndaro, a glória a que faziam jus os vencedores das grandes competições pan-helênicas. Supõe-se ter sido no ano de 592 que Alcmêon ganhou o prêmio. Era o momento em que, em Atenas, Sólon empenhava-se em superar a grave crise que ameaçava a unidade da cidade. Os Alcmeônidas logo estariam envolvidos nos acontecimentos.

ALCMEÔNIDAS E PISISTRÁTIDAS

Não se sabe se o Mégacles que agora aparecerá como chefe da facção dos paralianos, habitantes da costa, é o Mégacles que conquistou a mão da filha do tirano de Sicione. Alguns duvidam disso, mas a maioria dos historiadores aceita tal identidade.

A cronologia é especialmente difícil de estabelecer. Nossas duas fontes principais são Heródoto e o autor da *Constituição de Atenas*. Heródoto (I, 59-64) evoca a *stasis* que contrapunha os habitantes da costa aos da planície, os pedianos, e nomeia os chefes das duas facções: à frente dos paralianos, Mégacles, filho de Alcmêon; à frente dos pedianos, Licurgo, filho de Aristoleides. Para vencer os dois, Pisístrato, filho de Hipócrates, formou uma terceira facção, a dos hiperacrianos, habitantes da montanha. Esses nomes figuram na narrativa da *Constituição de Atenas*, mas o autor acrescenta uma anotação bem própria de um homem do século IV: os paralianos, cujo chefe era Mégacles, pareciam ser partidários de uma *mésè* politéia*, de uma constituição moderada, enquanto que os pedianos de Licurgo preconizavam a oligarquia, e os diacrianos de Pisístrato (termo um pouco diferente do que é empregado por Heródoto), o regime *demotikotatos*, mais favorável à plebe. Esses três nomes encontravam-se igualmente na *Vida de Sólon*, de Plutarco, com a mesma interpretação "política" que na *Constituição de Atenas*, na qual, sem sombra de dúvida, se inspira.[4]

O que, na verdade, representam essas facções? E por que elas se inscrevem num contexto "regional"? Essas questões suscitaram numerosos debates entre os modernos. Alguns, perfilhando, de certa forma, a análise do autor da *Constituição de Atenas*, procuraram justificar tanto os nomes como as opções políticas de cada uma das três facções pelo lugar que ocupavam na sociedade ateniense. Assim, os habitantes da planície seriam os grandes proprietários de terras partidários da oligarquia; os habitantes da costa, os negociantes dedicados ao comércio marítimo, ricos, mas desconfiados tanto dos oligarcas* quanto dos democratas, partidários, portanto, de uma "constituição mediana"; finalmente, os habitantes da montanha, camponeses pobres partidários da democracia. É preciso apenas ressaltar o quanto tal análise "modernista" desconsidera totalmente o que devia ser a Atenas da primeira metade do século VI, uma Atenas ainda bem distante da "cidade comercial" do século IV. Não se sabe praticamente nada desse Licurgo, chefe dos pedianos. Em compensação, sabe-se que os Alcmeônidas, pelo menos no século V, portavam demóticos[5] que revelavam estarem seus bens localizados nos demos de Alopece, de Agrile e de Xypete, isto é, numa região ao mesmo tempo próxima do centro urbano e da costa, no lado sul de Atenas. Sabe-se também que os bens de Pisístrato se situavam na região de Maratona, e foi lá que ele desembarcou quando tomou o poder pela terceira vez, depois de ter sido expulso por seus adversários coligados contra ele (*Constituição de Atenas*, XV, 2-3; Heródoto, I, 62). Ou seja, na região

---

4. Aristóteles, *Constitution d'Athènes*, XIII, 4 [ed. bras.: *Constituição de Atenas*, trad. Francisco Murari Pires, São Paulo: Hucitec, 1995]; Plutarco, *Solon*, 29, 1.

5. Demótico: epíteto derivado do nome do demo* a que se pertencia. [N. T.]

norte da Ática, além das colinas. Pode-se, pois, supor, com toda razão, que as três facções que lutavam pelo controle da cidade derivavam seus nomes da influência local exercida pelos seus chefes. Influência sobre uma "clientela" de camponeses mais ou menos dependentes, que a legislação de Sólon havia protegido contra a ameaça de serem reduzidos à servidão, mas que nem por isso deixavam de estar ligados ao grande proprietário vizinho. É interessante, também, que Heródoto se dê ao trabalho de distinguir o caso de Pisístrato do de seus adversários. Este também usa sua influência regional, mas, face ao descontentamento daqueles que se frustraram com a recusa de Sólon em proceder a uma nova divisão da terra, ele se faz defensor do *démos*, colocando-se como pretenso chefe dos habitantes da montanha (I, 59).

Sabe-se que Pisístrato conseguiu dispor de uma guarda, que lhe foi concedida pelo povo, e se apoderar da Acrópole. Para fazer isso, ele se aproveitou do prestígio obtido no campo de batalha, principalmente na guerra contra Mégara. Mas ao cabo de alguns anos, diz Heródoto, o sexto ano depois que tomou o poder pela primeira vez, a acreditar no autor da *Constituição de Atenas*, ele foi expulso por seus adversários, à frente dos quais se encontravam Licurgo e Mégacles. Não se sabe o que se passou nos anos seguintes. Mas, ao que parece, foi Mégacles quem tomou a iniciativa de negociar com o exilado (Heródoto, I, 60; *Constituição de Atenas*, XIV, 4). Ele teria agido assim porque sua própria facção se separara dele. Pelo menos é o que afirma Heródoto. O mesmo Heródoto, porém, ao evocar, bem mais adiante em seu relato, a maneira como os Alcmeônidas conseguiram, graças ao estratagema de Alcmêon, ocupar o primeiro lugar na Grécia, afirma várias vezes que eles eram por tradição "inimigos dos tiranos". Mas essa afirmação visava eximir os Alcmeônidas da acusação de apoiar o Grande Rei: "Admira-me, e não posso admitir a afirmação de que os Alcmeônidas, depois do acordo com os persas, nunca acenaram para eles levantando um escudo, porque prefeririam que os atenienses fossem submetidos aos bárbaros e a Hípias" (VI, 121). Essa afirmação se fazia na conclusão do relato da batalha de Maratona, e é preciso situá-la no clima de exaltação do patriotismo ateniense logo depois das guerras médicas. Não há dúvidas de que em meados do século VI as coisas eram diferentes. Nas disputas entre as grandes famílias aristocráticas, alianças circunstanciais podiam se fazer e se desfazer.

Não deixa de ser interessante o fato de que o sinal de aliança entre Mégacles e Pisístrato tenha sido a união matrimonial entre o tirano e a filha do alcmeônida. Fazendo de seu genro o senhor da cidade, Mégacles contava conseguir ser ele próprio o verdadeiro dono do poder. A forma como os dois cúmplices agiram — fantasiar de Atena uma camponesa e fazê-la levar Pisístrato até a Acrópole — deve ter suscitado a indignação de Heródoto diante da aceitação de uma tal mascarada por parte dos atenienses, "considerados os primeiros entre os gregos, por seu espírito" (I, 60).

Os cálculos de Mégacles iriam se revelar inócuos: o casamento de fato se realizou, mas nunca chegou a ser consumado. Com efeito, Pisístrato não haveria de querer ter filhos de uma mulher cuja família fora considerada "maldita". A história contada por Heródoto é coisa de comédia de costumes: a jovem mulher, questionada pela mãe, ter-lhe-ia confessado que só tinha com o esposo relações superficiais. Daí a fúria do pai quando soube, e a ruptura com o genro, o qual foi obrigado a um novo exílio. Quando tomou o poder pela terceira vez, apoiado por um exército de mercenários, e depois de uma vitória contra seus adversários perto do templo de Atena Palênis, ele condenou ao exílio uma parte deles, entre os quais os Alcmeônidas.

Mas esse exílio iria terminar antes mesmo do fim da tirania. Na lista de arcontes que figura numa inscrição encontrada há meio século, lê-se o nome de um certo Clístenes, filho de Mégacles, isto é, o futuro reformador. Isso significa que o exílio dos Alcmeônidas, dessa vez ainda, fora relativamente curto, e que os membros da grande família logo tinham recuperado, em Atenas, seus bens e sua influência.

É conhecido, também, o papel que tiveram os Alcmeônidas na queda dos tiranos. Uma primeira tentativa, fomentada por eles, resultou em fracasso. Eles foram expulsos da fortaleza do Lipsidro, no monte Parnes, onde tinham reunido seus sequazes. O autor da *Constituição de Atenas* cita, a propósito, a canção de mesa[6] que comemorava essa

---

6. Canção de mesa, do original, *chanson de table*, faz referência à prática ancestral, documentada desde a época romana e grega, cultivada em certos países, como na França do século XIX, de se cantar à mesa após as refeições. [N. E.]

derrota: "Que desgraça! Lipsidro, traidor. Quantos homens fizeste perecer, bravos e nobres, que na ocasião mostraram de quem descendiam!" (XIX, 3). Eles teriam, então, se aproveitado da influência adquirida em Delfos para fazer que o oráculo instigasse os lacedemônios a intervir. E, com efeito, foi a intervenção de um exército liderado pelo rei espartano Cleômenes que, em 510, obrigou Hípias — que se tornara o único senhor da cidade depois do assassinato de seu irmão Hiparco — a fugir (Heródoto, I, 62-65).

À queda dos Pisistrátidas, que haviam dominado a vida da cidade por cerca de meio século e contribuído para sua expansão no mar Egeu e em direção ao Ponto Euxino — sobretudo ao apoiar a empresa de Milcíades, chefe do *genos* dos Filaidas, no Quersoneso da Trácia —, haveria de se seguir, desde a retirada das tropas lacedemônias, uma disputa de influência entre as grandes famílias aristocráticas de Atenas, e especialmente entre seus principais representantes, entre os quais Iságoras e o alcmeônida Clístenes. Foi optando por buscar o apoio da plebe da cidade, cuja população crescera graças ao desenvolvimento do artesanato e das construções públicas, que Clístenes venceu; não sem que, mais uma vez, tenha voltado à baila a história da "mácula", pretexto para afastar por algum tempo os Alcmeônidas e aqueles que faziam parte de sua heteria*. Chamado pelo *démos*, em circunstâncias sobre as quais falaremos mais adiante, Clístenes haveria de empreender uma profunda reforma na organização social da cidade e fundar, se não uma democracia, pelo menos um sistema político que iria facilitar o desenvolvimento desse regime no século seguinte.

Ele teria imaginado também, para evitar qualquer possibilidade de retorno à tirania, um procedimento, o ostracismo, que no entanto só viria a ser aplicado uns vinte anos depois, e que atingiria não apenas os "amigos dos tiranos", isto é, os membros da família dos Pisistrátidas, mas também dos Alcmeônidas. Infelizmente temos pouquíssimas informações sobre os anos que precedem a primeira guerra médica. Ignora-se, em especial, o que aconteceu com o próprio Clístenes. Não é, porém, improvável que, apesar das instituições criadas pelo alcmeônida, as rivalidades entre as grandes famílias tenham recrudescido. Heródoto, que é nossa principal fonte no que se refere a todo esse período e que sem dúvida reflete a versão dos acontecimentos defendida pelos Alcmeônidas, manifesta, como vimos, a maior indignação a propósito do "caso do escudo". Os persas derrotados tornaram a embarcar:

> Sua intenção era chegar a Atenas antes dos atenienses. Afirmou-se então em Atenas que eles pensaram em fazer isso incitados pelos Alcmeônidas que, tendo entrado em acordo com os persas, lhes teriam feito um sinal erguendo o escudo, quando eles já se encontravam em seus barcos (VI, 115).

O que se seguiu é bem conhecido: os atenienses os ultrapassaram e os persas, ao chegarem diante do Falero, desistiram e retomaram o caminho da Ásia. Heródoto conclui:

> Eu repudio essa calúnia de que aqueles homens tenham dado um sinal levantando o escudo — eles que, durante todo o tempo em que reinaram os tiranos, viveram no exílio e que, com suas manobras, forçaram os Pisistrátidas a sair do poder. Assim, em minha opinião, foram eles os libertadores de Atenas, muito mais que Harmódio e Aristogíton... (VI, 121-123).

Harmódio e Aristogíton eram aquela dupla de aristocratas que planejou o assassinato bem-sucedido de Hiparco, irmão caçula de Hípias, em 514. Na época de Heródoto, em meados do século V, eles eram objeto de um verdadeiro culto em Atenas, na qualidade de "tiranicidas", aqueles que tinham libertado a cidade dos tiranos. Erigiram-lhes uma estátua, da qual os persas se apoderaram quando tomaram Atenas em 480. No entanto, ela foi substituída pelo grupo célebre, de autoria dos escultores Crítias e Nesiotes. Na verdade, o assassinato de Hiparco não pusera fim à tirania. Como vimos, foi necessária a intervenção de Cleômenes para pôr Hípias em fuga. Refugiado em Sigeu, ele contava com a ajuda do rei dos persas para voltar a se estabelecer em Atenas, e esse era um dos objetivos da expedição de Dario que fracassou em Maratona. Podemos supor que os Alcmeônidas, por motivos que desconhecemos, teriam sido favoráveis a essa restauração de Hípias? Será que eles viam na intervenção persa um meio de pôr fim à influência crescente do *genos* dos Filaidas/Cimônidas, a que pertenceriam Milcíades, o Velho, e seu sobrinho, o vencedor de Maratona? É quase impossível responder a essas perguntas.

Em compensação, não há dúvidas de que, nos anos transcorridos entre a primeira e a segunda guerra médica, as disputas por influência entre os chefes das grandes famílias atenienses recrudesceram, e estes iriam utilizar um instrumento cuja criação se atribuía a Clístenes, isto é, o ostracismo. Se, como diz o autor da *Constituição de Atenas*, a primeira pessoa a sofrer essa pena (em 488-487) foi Hiparco, filho de Charmos e neto do último tirano de Atenas, a segunda, no ano seguinte, foi Mégacles, filho de Hipócrates, um alcmeônida, neto do Mégacles que desposara a filha de Clístenes de Sicione e irmão daquela outra Agariste que haveria de dar à luz Péricles. Agariste casara-se com Xantipo, filho de Arífron, que, por sua vez, sofreria a pena do ostracismo em 485-484, "tendo sido o primeiro sentenciado ao ostracismo entre os que nada tinham a ver com a tirania" (*Constituição de Atenas*, XXII, 6), mas que não deixava de ter um parentesco, devido ao seu casamento com a irmã de Mégacles (submetido ao ostracismo três anos antes), com o *genos* dos Alcmeônidas.

O ostracismo implicava a condenação a um exílio de dez anos. Às vésperas da segunda guerra médica, porém, todos os que cumpriam essa pena foram chamados de volta, e Xantipo foi eleito estratego: foi ele quem comandou o contingente ateniense na batalha de Mícale (Heródoto, VIII, 131). O homem forte de Atenas era então o chefe do ramo mais jovem do *genos* dos Licômidas, Temístocles, filho de Néocles, que viria a organizar a vitória e dar a Atenas o poder marítimo que primeiro Címon, filho de Milcíades, depois Péricles, filho de Xantipo, iriam estender a toda a região do Egeu. Voltaremos a esse assunto.

Os Alcmeônidas, em compensação — a não ser de forma indireta, por suas práticas matrimoniais — não têm um papel de destaque na história de Atenas. É verdade que se encontram membros da família ocupando cargos oficiais e conquistando vitórias olímpicas, prova de que a fortuna da família continuava considerável.[7] Mas a importância

---

7. Sobre a fortuna dos Alcmeônidas, ver J. K. Davies, *Athenian Propertied Families*, Oxford: Oxford University Press, 1971, p. 368-384. O último Alcmeônida que consta das fontes, Mégacles (V), ainda tinha condições de apresentar uma parelha na corrida de carros em 436. Mas uma alusão de Aristófanes (*Os acarnianos*, verso 615) dá conta do endividamento desse mesmo Mégacles. E a fortuna da família parece ter-se acabado depois da guerra do Peloponeso.

política dos Alcmeônidas, como, de resto, a das outras grandes famílias aristocráticas de Atenas, não pararia de declinar no contexto de uma democracia ateniense cada vez mais consolidada, cujo iniciador era ele próprio filho de um alcmeônida.

2

O NASCIMENTO DA DEMOCRACIA: DE SÓLON A CLÍSTENES

No século IV, considerava-se Sólon o pai da democracia dos ancestrais, da *patrios demokratia*. É o que afirmava o orador ateniense Isócrates no *Areopagítico*: Clístenes, o Alcmeônida, apenas restabelecera, depois do episódio da tirania, o regime soloniano.[1] Já se tratava, ao que parece, do ponto de vista de alguns dos oligarcas que, em 411, tomam o poder. Um certo Clítofon fez acrescentar uma emenda ao decreto proposto por Pitódoros de Anaflisto, um dos chefes do movimento, determinando que os comissários eleitos para fazer a revisão da constituição "examinassem as leis dos ancestrais estabelecidas por Clístenes quando ele instituiu a democracia, isto para que elas fossem levadas em consideração e que se decidisse pelo melhor". E o autor da *Constituição de Atenas* acrescenta: "Presumindo-se que a politéia de Clístenes não era de fato democrática, mas análoga à de Sólon" (XXIX, 3).

É preciso, pois, procurar examiná-la mais de perto, para melhor compreender a natureza do regime a partir do qual Péricles "inventou" a democracia.

---

1. Isócrates, *Areopagitique* [Areopagítico], 16.

ATENAS ANTES DE SÓLON

Quando se pretende resgatar a natureza do regime político ateniense antes de Sólon, dispõe-se apenas de reconstituições posteriores e de dados arqueológicos que podem dar ensejo a interpretações contraditórias. Na *Constituição de Atenas* encontra-se uma descrição da *archaia* politéia, que não deve ser considerada um documento baseado em dados objetivos, mas antes uma reconstrução *a posteriori*. É verdade que podemos aceitar, assim como o autor, que os cargos, os *archai*, eram atribuídos aos "melhores" e aos "mais ricos", isto é, aos membros das velhas famílias aristocráticas. Pode-se também imaginar que as três funções mais elevadas, as de rei, arconte e polemarco, derivavam dos poderes que eram dos antigos "reis", poderes religiosos, judiciários e militares, de que a tradição guardava a lembrança. Pode-se finalmente admitir que, quando se criou um primeiro "direito", instituíram-se os seis tesmotetas, encarregados de conservar as *thesmoi*, cujas decisões faziam jurisprudência para os conflitos posteriores. Em contrapartida, pode-se duvidar da afirmação de que esses cargos eram vitalícios, depois atribuídos por dez anos, para finalmente se tornarem anuais. Na verdade, sua existência certamente constitui um indício do enfraquecimento do poder real, um poder real que se mantivera depois da destruição dos grandes palácios micenianos — tendo o "palácio" situado na Acrópole escapado a essa destruição. Mas temos de nos render à evidência: não saberemos jamais como foram estabelecidas as instituições descritas pelo autor da *Constituição de Atenas*: nove magistrados eleitos anualmente e um Conselho de Anciãos, como se lê em Homero, sediado na colina do Areópago e que, a certa altura, passou a ser constituído por ex-magistrados.

Essas instituições garantiam o funcionamento de uma sociedade baseada em estruturas de parentesco mais ou menos reais: as tribos e as fratrias*. As tribos eram quatro, e no seio de cada uma delas seus membros se atribuíam um ancestral comum. As fratrias eram agrupamentos mais limitados, sem dúvida constituídos em torno de uma ou várias famílias aristocráticas e reunindo sua "clientela" e seus dependentes.

Não obstante, nas últimas décadas do século VII fez-se uma primeira tentativa, ligada ao nome de Drácon, de substituir a justiça "familial" por uma lei comum, referente ao homicídio, destinada a pôr fim às vinganças privadas. Essa legislação de Drácon anuncia o nascimento de um pensamento jurídico, ainda bastante impregnado do espírito religioso, mas que dá testemunho da afirmação dessa comunidade constituída pela cidade.[2]

Em contrapartida, há razões para se duvidar da autenticidade dessa "constituição de Drácon" descrita na *Constituição de Atenas*. A maioria dos historiadores a considera uma falsificação, que teria sido forjada no final do século V. E, de fato, algumas disposições, como as que se referem às multas aplicadas aos membros de um conselho escolhidos por sorteio e que se recusassem a dele participar, derivam antes de certas elaborações teóricas da época clássica que de uma realidade qualquer, no seio de uma sociedade que ainda ignorava o uso da moeda. Em compensação, podemos aceitar a tese de que o exercício dos "direitos políticos", limitado, de resto, à eleição dos magistrados, era reservado apenas aos membros da comunidade que participavam de sua defesa, isto é, que dispusessem de recursos para se equipar de hoplitas*, soldados com armaduras pesadas. Já falamos da tentativa de Cílon de apoderar-se da tirania, relacionando-a com uma crise por que passava a cidade. É tempo de voltar ao assunto, pois essa tentativa é o prelúdio das leis atribuídas a Sólon.

SÓLON LEGISLADOR

Nossa principal fonte relativa à crise que precedeu a eleição de Sólon ao arcontado é, mais uma vez, a *Constituição de Atenas*, que cita passagens de poemas do legislador para ilustrar sua demonstração. É dela que provêm muitas explanações da *Vida de Sólon* de Plutarco. Mas o biógrafo da época imperial também pôde recorrer a tradições que não devemos negligenciar, ainda que algumas revelem antes o uso posterior da figura do legislador que sua obra real.

---

2. Sobre o nascimento do pensamento jurídico na Grécia, consulte-se a notável análise de L. Gernet, *Recherches sur le développement de la pensée juridique et morale en Grèce*, Paris: Ernest Leroux, 1917, obra reeditada recentemente com um prefácio de Eva Cantarella, Paris: Albin Michel, 2002.

É no início do texto que chegou até nós que o autor da *Constituição de Atenas* evoca o estado da sociedade ateniense antes de Sólon e as razões da crise que ameaçava a unidade da cidade. Ele contrapõe aqueles a quem chama de "pobres" (*hoi penetes*) aos "ricos" (*hoi plousioi*), afirmando que aqueles eram "servos" destes. Em seguida ele explicita a natureza dessa "servidão" (*douleia*) e os nomes pelos quais esses "pobres" eram designados: chamavam-nos de *pelatai* e *hectemoroi* — este último termo evoca o censo (*misthosis*) a que estavam obrigados os camponeses que trabalhavam nas terras dos ricos (II, 2). E o autor esclarece que aqueles que não podiam pagar esse censo eram escravizados, juntamente com seus filhos.

Essa descrição da sociedade ateniense às vésperas da reforma de Sólon suscitou muitas discussões quanto à condição real desses *pelatai* e desses *hectemoroi*. A existência de dois termos diferentes parece indicar duas condições diferentes. Os *pelatai* tinham condição análoga à daqueles que em Roma eram chamados de "clientes", pessoas que se encontravam numa situação de dependência, sem um caráter realmente jurídico. Essa dependência revelava laços de natureza moral e religiosa que uniam os membros das famílias aristocráticas a seus "vizinhos", os quais participavam dos cultos dessas famílias e daí obtinham benefícios. Podemos ter uma idéia de como devia ser esse tipo de relação pelo exemplo de Címon que, no século V, mantinha as pessoas de seu "demo", com a diferença de que já não se tratava de uma clientela "familial", mas "política".

A questão dos *hectemoroi*, por outro lado, é mais complexa. Isso porque, nesse caso, a dependência se manifestava pelo pagamento de um censo. O próprio nome indicava o montante deste: um sexto do produto da colheita. Não se deve ver nesse "arrendamento" uma conseqüência da evolução do regime da propriedade. Cabe antes imaginar uma situação de fato, pois a *misthosis* era a contrapartida de uma proteção concedida pelo proprietário todo-poderoso. Em compensação, podemos aceitar a tese de que o não pagamento do censo podia acarretar escravidão do "devedor", sem imaginar um fenômeno de endividamento comparável àquele que se verificou no mundo grego do século IV e da época helenística. Aliás, depois de ter exposto as diferentes "leis" de Sólon, sobre as quais voltaremos a falar, o autor da

Constituição de Atenas cita, para ilustrar sua análise, versos de Sólon. Um desses poemas evoca uma reivindicação à qual Sólon se recusa a responder: a da divisão igualitária da terra (*isomoira*). Trata-se de uma informação valiosa, porque revela ao mesmo tempo uma aspiração à igualdade e a reivindicação dessa igualdade num plano preciso, a posse da terra. Sabe-se que, em outra região do mundo grego, é a partir dessa reivindicação, e para atendê-la, que alguns conseguiram assenhorear-se da tirania. Foi justamente a isso que Sólon se recusou.

Eleito arconte em 594 — data mais comumente aceita —, sua primeira medida consistiu em acabar com a dependência dos camponeses, ordenando a retirada dos sinais de demarcação, os *horoi*, que constituíam seu símbolo, e proibindo que se "fizessem empréstimos, tomando as pessoas como penhor" (*Constituição de Atenas*, VI, 1). Aqui, mais uma vez, é num grande excerto de sua obra poética que o legislador evoca o essencial de sua ação:

> Sim. O objetivo pelo qual eu reuni o povo — algum dia eu parei antes de tê-lo atingido? Ela, melhor que qualquer outro, pode me servir de testemunha no tribunal do tempo, a venerável mãe dos olimpianos, a Terra negra³, da qual arranquei os marcos plantados por toda parte; outrora escrava, agora ela é livre. Eu reconduzi a Atenas, à sua pátria fundada pelos deuses, muitas pessoas tratadas com maior ou menor justiça, umas obrigadas ao exílio por uma necessidade terrível, já não falando a língua ática de tanto terem vagado em todos os lugares, outros que sofriam aqui mesmo uma servidão indigna, tremendo diante da irritação de seus senhores — eu os libertei.

Um pouco mais adiante, Sólon acrescenta: "Eu redigi leis semelhantes para o bom e para o mau, fixando para cada um uma justiça imparcial." Por *agathos* (bom) e *kakos* (mau), Sólon pretendia distinguir as pessoas modestas das pessoas de bem, aqueles que mais tarde viriam a ser chamados de *kaloi-kagathoi** (belos e bons), entre os quais os "melhores" (*aristoi*) se tornarão os dirigentes. O importante aqui é que, embora ele tenha recusado a partilha igualitária das terras que teria

---

3. Terra negra: terra hipotecada (os marcos eram de pedra negra). [N. T.]

criado uma sociedade igualitária, Sólon concedia a igualdade jurídica, uma vez que as leis por ele promulgadas seriam iguais para todos.

A enumeração dessas leis, feita pelo autor da *Constituição de Atenas*, apresenta muitos problemas. Se deixamos de parte a proibição, reivindicada por Sólon em seus poemas, de tomar as pessoas como penhor, e também a preocupação de não favorecer um grupo em detrimento de outro, elas dizem respeito à organização da comunidade cívica, às instituições, à justiça, aos pesos e medidas.

É em primeiro lugar o estabelecimento de classes censitárias, abordado logo depois da *seisachteia*, a supressão de toda forma de dependência no seio da comunidade. Sólon teria, pois, dividido os atenienses em quatro classes: pentacosiomedimnos*, hipeus*, zeugitas* e tetes*; apenas os membros das três primeiras classes podiam aceder às magistraturas, ao passo que os tetes tinham somente o direito de participar das assembléias e dos tribunais. Essa divisão teria sido feita em função da renda obtida em medidas de produtos secos ou líquidos: quinhentas medidas para os pentacosiomedimnos, trezentas para os hipeus, duzentas para os zeugitas, e os tetes eram aqueles cuja renda era inferior a duzentos medimnos.[4] Dessas quatro denominações, duas são inequívocas, e seu uso é bem anterior a Sólon. Nos poemas homéricos, os tetes são aqueles que só dispunham dos próprios braços, os miseráveis que, para viver, alugavam-se como trabalhadores agrícolas nas terras dos poderosos. Quanto aos hipeus, os cavaleiros, são aqueles que possuem um cavalo ou uma parelha e que com isso podem concorrer em Olímpia e participar de outros jogos pan-helênicos. Na verdade, a cavalaria tem um papel secundário em Atenas, se é que não se limita aos cortejos, em que ela representa os jovens nobres da cidade. Muitos comentadores relacionaram o termo "zeugita" ao jugo (*zeugos*) da parelha de bois ou de burros do camponês. Quanto ao termo "pentacosiomedimnos", ele deriva da renda exigida para fazer parte da primeira classe (a dos quinhentos medimnos) — com apenas um senão: o fato de que o autor da *Constituição de Atenas* fala de medidas (*metra*) e não de medimnos. É verdade que esses termos se encontram em alguns raros

---

4. Medimno: medida para sólidos equivalente a 53 litros. [N. T.]

textos do século V. Mas seu uso parece não se ter difundido. Aliás, o autor da *Constituição de Atenas* os relaciona com o recrutamento das magistraturas, recrutamento baseado num sorteio, depois de uma primeira seleção que se conhece bem no século seguinte — prova disso é a lei sobre os tesoureiros mencionada em VIII, 1 —, mas é de se duvidar que tenha funcionado no começo do século VI. E tanto mais que no mesmo parágrafo explicita-se que é função do Areópago "levar os mais capazes ao poder, por um ano, distribuindo-lhes os cargos", o que é muito mais provável. Da mesma forma, é difícil imaginar quais seriam as funções desse Conselho de quatrocentos membros, supostamente criado por Sólon, visto que o Conselho do Areópago dispunha praticamente da totalidade dos poderes, tanto jurídicos como políticos.

Aliás, é surpreendente que, ao resumir as três medidas mais populares de Sólon, o autor da *Constituição de Atenas* cite a proibição de tomar as pessoas como penhor, o direito de cada um de intervir em juízo em favor de uma pessoa lesada, o direito de recorrer aos tribunais. Não se trata, pois, nem das classes censitárias nem de magistraturas, mas do que, na verdade, foi sem dúvida a contribuição mais importante de Sólon em matéria jurídica: a afirmação da responsabilidade individual, que substitui um direito ainda dominado pela estrutura "familial" da sociedade e os grupos de parentesco por um direito da cidade, ainda embrionário, mas que terminará por se afirmar.

Cumpre, naturalmente, manter certa reserva ao examinar as "leis de Sólon". Não há dúvidas de que houve uma tendência, no fim do século V, e principalmente no século IV, a atribuir a Sólon inúmeras leis que regulamentavam tanto a organização da família e do casamento quanto os pesos e medidas, ou ainda a vida econômica da cidade.[5] No que tange a isso, a *Vida de Sólon* de Plutarco é ainda mais passível de contestação. Nem por isso as medidas confirmadas pelo testemunho do legislador deixam de ser importantes, pelo fato de que implicam o reconhecimento de uma comunidade cívica na qual todos

---

5. Ver C. Mossé, "Comment s'élabore un mythe politique: Solon 'père fondateur' de la démocratie athénienne", *Annales*, XXXIV, 1979, p. 425-437; ver também: "Due miti politici: Licurgo e Solone", in: S. Settis (org.), *I greci. Storia, cultura, arte, società*, v. 2, tomo I, Turim: Einaudi, 1996, p. 1325-1335.

os membros devem igual obediência às mesmas leis, ainda que as desigualdades ligadas ao nascimento e a poderosas estruturas de parentesco se mantenham.

AS REFORMAS DE CLÍSTENES

São essas estruturas que, depois de meio século de tirania, Clístenes haverá de revolucionar. Já falamos do papel desempenhado pelos Alcmeônidas antes e durante esse meio século de tirania. Chamado do exílio pelo povo depois do fracasso da intervenção do rei espartano Cleômenes em favor de Iságoras, Clístenes iniciou uma verdadeira "revolução". É novamente ao autor da *Constituição de Atenas* que devemos o essencial de nossa informação. Clístenes, então, tendo se tornado o "chefe do povo", dividiu os atenienses em dez tribos, em vez das quatro que existiam antes. Mas não se tratava apenas de um aumento com o objetivo de "fazer que mais gente participasse da politéia", do exercício dos direitos cívicos. "Ele dividiu também o país em trinta grupos de demos, dez da cidade, dez do litoral, dez do interior; ele os chamou de tritias* e atribuiu, por sorteio, três para cada tribo, para que cada tribo tivesse sua parte de todas as regiões" (XXI, 4).

Não nos esqueçamos do papel que as alianças regionais desempenharam às vésperas da tomada do poder por Pisístrato. Criando tribos de natureza territorial, cada uma contendo uma parte — um décimo — das três regiões, Clístenes eliminava a influência local das grandes famílias e embaralhava as populações, criando entre os cidadãos uma igualdade diante da lei e pela lei, a que os historiadores do século V chamavam isonomia. O autor da *Constituição de Atenas* acrescenta que desde então "dizia-se aos que desejavam fiscalizar as listas das antigas famílias que não levassem em conta as tribos" (XXI, 2). E a propósito do *démos*, que se tornou a estrutura de base, ele acrescenta ainda: "Ele transformou em demotas aqueles que viviam no mesmo demo, isto para impedi-los de se chamarem pelo nome de seu pai, denunciando, assim, os novos cidadãos, e para fazê-los, ao contrário, se chamar de acordo com seu demo; é por isso que os atenienses ainda recebem o nome de seu demo" (XXI, 4). O patronímico era substituído pelo demótico, para que não se pudessem distinguir os atenienses de nascimento dos *neopolitai*.

A *Constituição de Atenas* nada diz sobre esses *neopolitai*, mas, em *Política,* Aristóteles lembra, de forma precisa, a atribuição de cidadania, feita por Clístenes, a *xenous kai doulous metoikous* (III, 1275 b36-37). Muito se discutiu sobre o sentido dos termos usados pelo filósofo, especialmente esses *douloi metoikoi*, esses escravos metecos*, visto que os dois termos raramente vêm associados, uma vez que na época clássica os metecos eram homens livres que tinham vindo estabelecer-se na Ática e gozavam de um status especial, que os distinguia dos estrangeiros de passagem pela região.

Na verdade, de pouco adianta ater-se a uma questão jurídica num período em que essas categorias certamente não eram definidas com muita clareza. A época dos Pisistrátidas, os cinqüenta anos durante os quais eles governaram a cidade, foi também aquela em que se verificaram as maiores transformações no plano econômico. Atenas era, no tempo de Sólon, uma cidade com características essencialmente rurais, e era em torno da posse da terra que nasciam os antagonismos. Ora, a época dos Pisistrátidas foi aquela em que se desenvolveu o artesanato em cerâmica. Os belos vasos com figuras negras, depois com figuras vermelhas, no fim do período, se difundiam por toda a bacia mediterrânea. Isso pressupõe, naturalmente, a existência de artesãos qualificados, mas também de comerciantes que vinham buscar as valiosas cargas.[6] Sabe-se, além disso, que foi também um período de construções importantes, em que se fez necessária uma mão-de-obra artesanal. É verdade que a maioria desses artesãos e a quase totalidade dos comerciantes deviam ser estranhos à comunidade cívica primitiva. Mas podemos supor que muitos dentre eles se estabeleceram em Atenas, modificando, assim, sensivelmente a população urbana, até então constituída essencialmente pelos ricos proprietários de terras na *chora*, no campo, mas que residiam na cidade, próximo

---

6. Sobre a importância da cerâmica ática e o desenvolvimento desse artesanato, ver M. C. Monaco, *Ergasteria: impianti artigianali ceramici ad Atene e in Attica dal Protogeometrico alle soglie del Ellenismo*, Roma: L'Erma di Bretschneider, 2000; ver também: P. Rouillard e A. Verbanck-Pierard (orgs.), *Le Vase grec et ses destins*, Munique: Biering & Brenkmann, 2003, p. 25-78.

aos lugares em que se tomavam as decisões. Desse modo, é provável que, desejoso de se desembaraçar de seus rivais, Clístenes tenha resolvido dar a esses recém-chegados o status cívico, integrá-los às novas tribos que criara. Na época de Cílon, pessoas vindas do campo apoiaram o arconte Mégacles. Em 508-507, o *démos* urbano sitiou Iságoras e seus sequazes, assim como Cleômenes e seu exército, que se tinham refugiado na Acrópole (XX, 3), e que, em seguida, chamou Clístenes de volta.[7] É interessante notar, além disso, o uso, pelo autor da *Constituição de Atenas*, por duas vezes na mesma frase, de dois termos para designar os partidários de Clístenes. Para resistir aos *aristoi* reunidos nas heterias, Clístenes congraçou-se com o povo (*démos*) dando a politéia à multidão (*plethos*). E esses mesmos termos se encontram a propósito do sítio da Acrópole: como a multidão (*plethos*) se reunira depois que Cleômenes entregou o governo da cidade a Iságoras e a trezentos de seus partidários, o povo (*démos*) os sitiou durante dois dias, até eles capitularem. É bem possível que, usando por duas vezes os termos *démos* e *plethos*, pretendesse sublinhar o caráter novo do grupo daqueles que apoiavam Clístenes: de um lado, o *démos*, tradicionalmente ligado aos Alcmeônidas; de outro, a multidão urbana daqueles que iriam aceder ao status de *neopolitai*.

De todo modo, investido desse poder que, diferentemente do que acontecera em 594 com Sólon, parece não se ter revestido de um caráter institucional — compreende-se por que Aristóteles, em sua *Política*, interpreta a concessão do direito de cidadania a estrangeiros e escravos residentes como um exemplo desses *metabolai*, dessas revoluções que fazem aceder à cidadania pessoas que a ela não teriam direito por nascimento (III, 1275 b35-37) —, Clístenes iria não apenas revolucionar as estruturas da cidade, estabelecendo uma organização territorial que, deixando subsistir os quadros da sociedade cívica, em especial as fratrias e os *géne* aristocráticos, estabelecia que todos os cidadãos eram doravante "isônomos", mas também, com a *bule** dos Quinhentos, criar um órgão essencial da vida política ateniense.

---

7. Sobre o papel do *démos* na "revolução clisteniana", ver J. Ober, "The Athenian Revolution of 508/7 B.C.: Violence, Authority and the Origins of Democracy", in: *The Athenian Revolution. Essays on Ancient Greek Democracy and Political Theory*, Princeton: Princeton University Press, 1996.

Já mencionamos acima as dúvidas que existem sobre a existência de um Conselho de quatrocentos membros, que teria sido instituído por Sólon. A "reforma" de Clístenes teria consistido em alinhar o número de membros desse Conselho com o das novas tribos, representadas, a partir de então, por cinqüenta conselheiros, em lugar de cem. Mas na verdade, tratava-se de algo totalmente diferente, uma vez que os membros do novo Conselho eram sorteados, à razão de cinqüenta por tribo, entre todos os cidadãos com mais de trinta anos, e dele não se podia participar mais de duas vezes. Em outras palavras, esse Conselho constituía, de certa forma, a representação da cidade. Não é de surpreender que numerosos decretos se iniciem com a fórmula *edoxe tô demô kai tè bule*, "o povo e a *bule* decidiram". Com efeito, esse Conselho haveria de ter a função de preparar os projetos que posteriormente seriam submetidos ao voto da assembléia do povo. Mas, como veremos, seus poderes não cessariam de adquirir contornos mais nítidos e de crescer no curso das décadas seguintes.

Doravante, também, toda a organização das instituições cívicas e do calendário seria determinada pelo sistema das dez tribos. Já se especulou sobre as razões que levaram Clístenes a adotar esse sistema decimal, preterindo o antigo sistema duodecimal. Alguns tencionaram ver nisso uma influência do pitagorismo e da mística dos números. No estudo já antigo, mas sempre instigante, que dedicaram a Clístenes, Pierre Lévêque e Pierre Vidal-Naquet preferiram destacar o "espírito geométrico" da reforma que, a seu ver, sofreu a influência da filosofia jônica.[8] Nunca haveremos de conhecer a personalidade de Clístenes, cuja figura não tardará a passar para o segundo plano. Como observam ainda Lévêque e Vidal-Naquet, Plutarco não escreveu uma *Vida de Clístenes*, e, como vimos acima, dar-se-ão outros "pais fundadores" ao regime democrático: Sólon, naturalmente, e até Teseu, o rei legendário, o herói mítico que derrotou o Minotauro.

Quanto ao autor da *Constituição de Atenas*, nossa principal fonte, ele termina seu relato com duas observações: por um lado, a de que, apesar do caráter sistemático da nova organização cívica, Clístenes

---

8. P. Lévêque e P. Vidal-Naquet, *Clisthène l'Athénien. Sur la représentation de l'espace et du temps en Grèce de la fin du VIe siècle à la mort de Platon*, Paris: Belles Lettres, 1964, p. 77-89.

deixou "para as famílias (*géne*), as fratrias e os sacerdócios, para que cada um os conservasse segundo as tradições dos ancestrais"; por outro, a de que ele deu às novas tribos nomes "derivados dos cem heróis fundadores escolhidos previamente, dez dos quais designados pela Pítia" (XXI, 6). E ele conclui: "Em decorrência dessas mudanças, a constituição se tornou bem mais favorável ao povo que a de Sólon."

Como já dissemos, ainda pairam muitas dúvidas sobre a obra de Clístenes. Sobretudo, teria sido ele, como informa o autor da *Constituição de Atenas*, o iniciador da lei sobre o ostracismo, que haveria de se tornar o principal instrumento dos conflitos políticos durante a primeira metade do século seguinte? Teria ele estabelecido todas as instituições que funcionavam então, em especial o colégio dos dez estrategos, o qual, segundo a *Constituição de Atenas*, fora criado onze anos antes da batalha de Maratona, isto é, em 501? É impossível responder a essas perguntas. Permanece essencial: essa revolução que, criando entre todos os atenienses a isonomia, a igualdade jurídica, e colocando o poder no centro desse espaço cívico por ele reorganizado, a partir daí dá sua fisionomia à cidade grega, da qual Atenas se tornará o modelo de referência.

Restará então "inventar" a democracia. Essa será a obra de Péricles. Mas antes disso a Grécia terá sofrido o choque das guerras médicas.

A ÁTICA

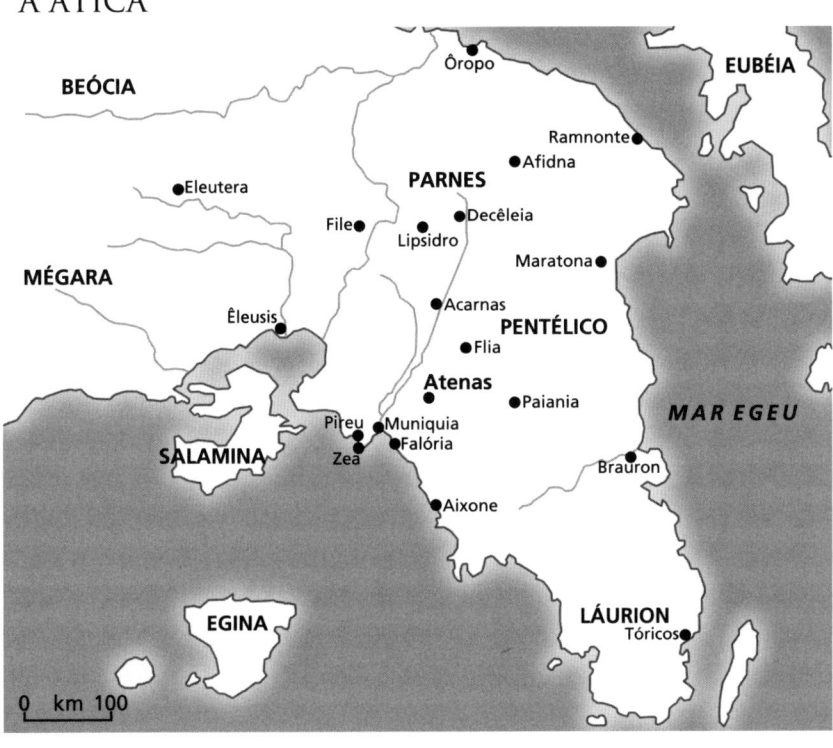

3

AS GUERRAS MÉDICAS E OS PRIMÓRDIOS DA HEGEMONIA DE ATENAS

Péricles nasceu, por volta de 495, da união de Xantipo com Agariste, filha de Hipócrates e neta de Mégacles, o adversário de Pisístrato e seu sogro por breve tempo. Hipócrates não é conhecido por essa via. Supõe-se que ele foi o último filho da primeira Agariste, motivo pelo qual sua filha recebeu o nome da avó. Quanto a Xantipo, seu casamento com uma alcmeônida implica que também ele pertencia a uma família da aristocracia dos eupátridas. Ele haveria de se fazer conhecer pouco depois da primeira guerra médica, abrindo um processo contra Milcíades, que se tinha distinguido no ano anterior ao conquistar a vitória em Maratona. Com esse processo, iniciam-se os conflitos que, durante as primeiras décadas do século V, e apesar do estabelecimento do regime isonômico, opunham os chefes das grandes famílias pelo controle da cidade. Para tentar compreendê-los, é preciso, portanto, inicialmente, lembrar os fatos que marcaram as primeiras décadas do século V na história de Atenas.

AS GUERRAS MÉDICAS

Não nos cabe aqui estabelecer as razões que levaram Dario e seu sucessor, Xerxes, a tentar subjugar a Grécia continental. O Império persa se constituíra na segunda metade do século VI, sob o impulso do meda Ciro, que em poucos anos se assenhoreara da Mesopotâmia, do reino lídio e de seus confins, das cidades gregas da costa ocidental da Ásia Menor. A conquista fora concluída por seu filho Cambises, com a tomada da costa sírio-palestina e do Egito. Os problemas que marcaram o fim do reino de Cambises e antecederam o advento de Dario abalaram apenas parcialmente a unidade do império. Mas a necessidade em que se viu o Grande Rei de restabelecer a ordem suscitara a esperança das cidades gregas da Jônia de livrar-se da tutela persa. A revolta da Jônia foi a principal causa do conflito. É preciso, porém, evitar dar-lhe o caráter que Heródoto e, mais ainda, os oradores do fim do século V e do século IV lhe atribuíram: o de um conflito entre o Oriente e o Ocidente, entre o mundo grego e o mundo "bárbaro". No que tange a Atenas, que se colocará especialmente como defensora da civilização grega, já tivemos a oportunidade de lembrar que, desde o fim do século VI, havia contatos entre os membros das grandes famílias atenienses e da corte do Grande Rei. O estabelecimento, feito por Milcíades, o Velho, de uma colônia no Quersoneso da Trácia supõe, no mínimo, um acordo tácito. E principalmente, como se viu, foi de Dario que Hípias, expulso de Atenas em 510, que recebeu o apoio com o qual contava para retomar o poder. Enfim, o caso do escudo, já lembrado, atesta que existiam laços entre a corte de Susa e os Alcmeônidas.

Não obstante, a vitória conquistada pelos hoplitas em Maratona, sob o comando de Milcíades — sobrinho-neto do fundador da colônia ateniense do Quersoneso da Trácia, da qual ele próprio foi governador, até ser obrigado a fugir diante dos citas —, acarretou a retirada dos persas enviados por Dario e garantiu aos gregos dez anos de trégua.

Ora, esses dez anos são especialmente reveladores do modo de funcionamento da vida política em Atenas no início do século VI. De fato, pela primeira vez, a acreditar no autor da *Constituição de Atenas*, se colocaram em prática os primeiros processos de ostracismo. Anteriormente, cabe lembrar, foi um processo que Xantipo abrira contra Milcíades, quando da volta de uma expedição que este fizera contra Paros. E esse processo surge como a primeira manifestação do conflito que iria contrapor, nas décadas seguintes, o filho de

Milcíades, Címon, ao filho de Xantipo, Péricles. Milcíades haveria de morrer pouco depois, em conseqüência dos ferimentos sofridos quando do cerco de Paros.

A criação do ostracismo, como vimos, era atribuída a Clístenes. Tratava-se de um processo excepcional pelo qual o *démos*, reunido na Ágora*, devia indicar aquele que parecia constituir um perigo para a cidade, isto é, que aspirasse à tirania. Essa indicação se fazia de uma forma original. Escrevia-se num caco de cerâmica (*ostrakon*) o nome daquele que era considerado perigoso. Foram encontrados milhares de *ostraka*, que atestam a realidade dessa prática.[1] E embora figurem nomes de desconhecidos em muitas dessas *ostraka*, outras, em compensação, trazem os nomes dos principais governantes da cidade durante aqueles anos. A propósito disso, logo surge uma questão: esse processo implicava pelo menos um conhecimento das letras da parte de quem se pronunciava. Ora, todos os membros do *démos* podiam ir à Ágora e participar da operação. De fato, encontraram-se nos cacos caligrafias extremamente variadas, algumas com traços bastante toscos. Mas encontraram-se também cacos com a mesma caligrafia, o que nos faz supor que o voto podia ser "preparado" com antecedência pelos adversários da pessoa visada. Cabe lembrar aqui a anedota contada por Plutarco na *Vida de Aristides*. No dia em que se devia realizar a assembléia na Ágora, "enquanto as pessoas escreviam os nomes nos cacos, um homem analfabeto, sem nenhuma instrução, estendeu seu caco a Aristides, supondo ser ele um passante qualquer, e lhe pediu que escrevesse o nome de Aristides. Este lhe perguntou se Aristides lhe tinha feito algum mal. 'Nenhum', respondeu o homem. 'Na verdade nem o conheço, mas já estou farto de ouvir por toda parte que ele é um justo.' A essas palavras, Aristides nada respondeu; ele escreveu o nome no caco e o devolveu ao homem" (Aristides, VII, 7-8).

A acreditar no autor da *Constituição de Atenas*, os primeiros a receberem a pena do ostracismo foram "amigos dos tiranos" e seu *prostátes*, seu "patrão", Hiparco, filho de Charmos, do demo de Colito. No ano seguinte, o ostracismo atingiu Mégacles, filho de Hipócrates,

---

1. Ver C. Mossé e A. Schnapp-Gourbeillon, "Quelques réflexions sur l'ostracisme athénien", in: E. Greco (org.), *Venticinque secoli dopo l'invenzione della democrazia*, Salerno: Fondazione Paestum, 1998, p. 39-50.

do demo de Alopece. Esse Mégacles era filho de Agariste, esposa de Xantipo e mãe de Péricles. Fica claro, pois, que segundo uma certa tradição da qual faz eco o autor da *Constituição de Atenas*, o caso do escudo não era, como afirma Heródoto, uma mentira vergonhosa, mas revelava um acordo entre os Alcmeônidas e Hípias, e esse acordo com os representantes dos Pisistrátidas presentes em Atenas era mesmo uma realidade. No entanto, após evocar os ostracismos que atingiram durante três anos os "amigos dos tiranos", acrescenta o autor da *Constituição de Atenas*: "Depois, no quarto ano, foram afastados também aqueles, dentre os demais, que pareciam excessivamente poderosos; e o primeiro, dentre aqueles que não tinham ligação com a tirania, a ser atingido pelo ostracismo foi Xantipo, filho de Arífron", isto é, o cunhado do primeiro a sofrer o ostracismo, o esposo da alcmeônida Agariste. Dá para imaginar por que se distingue Xantipo daqueles que o precederam na condenação: era preciso limpar o pai de Péricles de toda suspeita de uma relação qualquer com a tirania.

Entre os que foram condenados ao ostracismo, isto é, condenados a um exílio de dez anos, no período entre as duas guerras médicas, figura também Aristides, personagem que iria ter um papel importante durante o período imediatamente posterior à segunda guerra médica. Sobre este último, nossa principal fonte é a biografia escrita por Plutarco. No entanto, inúmeros pontos obscuros e contradições dificultam sua utilização. Embora por muito tempo tenha subsistido a lenda de sua pobreza — ela é evocada no século IV tanto por Demóstenes (XX, 115) como por Ésquines (111, 258) —, não é improvável que também ele pertencesse a uma dessas grandes famílias que se acham inscritas no demo de Alopece, em especial a de Mégacles e a de Cálias.

Naturalmente, seria bom saber mais sobre essas disputas de influência no seio da aristocracia ateniense e sobre a maneira como uns e outros buscavam apoiar-se nessa força representada pelo *démos*, com a qual Clístenes soubera jogar. Ora, pelo que parece, um homem saberia tirar partido disso muito mais que os outros: Temístocles. Contrariamente a uma tradição repetida por Plutarco na *Vida de Temístocles*, o homem que, antes de Péricles, haveria de criar o poder marítimo de Atenas pertencia a uma família aristocrática, a dos Licômidas. Aparentemente, estes nunca tinham tido um papel ativo na cidade. Dizia-se que sua mãe era de origem "bárbara", oriunda da Cária ou da Trácia. Mas logo veremos que tais alianças não eram raras nessas grandes famílias. E o *genos* dos Licômidas tinha um centro de culto no demo de Flia.

De uma indicação tardia transmitida pelo historiador Dionísio de Halicarnasso, infere-se que Temístocles teria sido arconte em 493-492, isto é, antes da primeira guerra médica. Não obstante, só na segunda metade da década de 480 ele aparece no primeiro plano, quando destina as rendas provenientes de uma nova jazida de prata encontrada em Láurion, na região da Maronéia, à construção de uma frota de duzentos navios. Os detalhes da operação são complicados. Heródoto (VII, 144) relata os fatos da seguinte forma:

> Como o tesouro público dos atenienses estava cheio de dinheiro proveniente das minas de Láurion, cada um receberia sua parte à razão de dez dracmas* por cabeça. Temístocles os convencera a desistir dessa partilha e, com esse dinheiro, construir duzentos navios de guerra; ele pensava na guerra contra os eginetas. Foi justamente a conjuntura dessa guerra que constituiu a salvação da Grécia, obrigando os atenienses a se tornar marinheiros; os navios não foram usados para o fim para o qual tinham sido construídos, mas lá se encontravam quando foi preciso defender a Grécia.

Com vistas à construção e amarração dessa frota, Temístocles mandara construir um novo porto para substituir a enseada de Falero, o Pireu. O objetivo da construção dessa frota, como lembra Heródoto, era manter os eginetas à distância. Mas não está excluído que Temístocles tenha entendido que os persas não tinham desistido de seus intentos. A partir de então, e nos anos que precedem e que sucedem a segunda guerra médica, ele iria ter sobre a cidade uma ascendência que levaria seus adversários a aderir a sua política. Tucídides nos deixou um retrato de Temístocles que pode muito bem traduzir uma realidade, na medida em que ele o coloca depois do relato de suas errâncias, após ter sido exilado de Atenas e se ter instalado junto ao Grande Rei:

> Com efeito, Temístocles era um homem que demonstrava seu valor natural da forma mais evidente e, por isso, mais que qualquer outro, merecia

uma admiração excepcional. Dada a sua inteligência singular, que não se devia ao estudo nem por este fora aperfeiçoada, ele se destacava pela capacidade de formular, diante dos problemas mais imediatos, a melhor proposta, valendo-se de uma reflexão rápida; no que se referia ao futuro, sempre apresentava as idéias mais acertadas em relação às perspectivas mais distantes. Além disso, possuía a habilidade de expor aos outros, com clareza, as questões que lhe eram familiares, e quanto àquelas ainda não experimentadas, era capaz de emitir infalivelmente um juízo seguro; enfim, as vantagens e desvantagens podiam estar ainda indistintas, mas ele já sabia prevê-las muito bem. Em suma: por força de uma capacidade natural e com o mínimo de esforço de espírito, ele provou ser o homem mais apto a improvisar, de pronto, o que teria de ser feito. (I, 138, 3).

Quando ficou evidente que se anunciava uma nova guerra — e é provável que trânsfugas tenham revelado a extensão dos preparativos de Xerxes —, desenvolveu-se uma grande atividade para enfrentar o perigo. A convocação dos exilados, entre os quais Aristides e Xantipo. O envio de embaixadas para tentar unir os gregos diante do perigo, que levaria à constituição de uma aliança, no fim do verão de 481, entre os gregos reunidos no istmo de Corinto. A decisão, enfim, de deter o inimigo em terra, no desfiladeiro das Termópilas; no mar, ao largo do promontório do Artemísion, no norte da Eubéia. Teria Temístocles previsto manter de reserva uma parte da frota na baía de Salamina? Teria ele assim interpretado o oráculo de Delfos, que aconselhara os atenienses a contar, para a sua defesa, com "suas muralhas de madeira", isto é, com a frota? São muitas as questões suscitadas pelos relatos embelezados pelos antigos, e às quais é impossível responder de modo afirmativo.

Sabemos o que se seguiu: a resistência heróica do rei espartano Leônidas nas Termópilas, a superioridade dos persas, que obrigou a frota grega a recuar para a baía de Salamina, e a vitória naval dos gregos sob os olhos de Xerxes, obrigado a voltar para a Ásia. Nem por isso os persas deixaram de se apoderar de Atenas, abandonada por seus habitantes, e é uma cidade em ruínas que eles deixam para trás antes de se retirarem para a Tessália. No ano seguinte, o exército do persa Mardônio foi derrotado pelos gregos, reunidos sob o comando do rei espartano Pausânias, em Platéias. Alguns dias depois, foi a vez de a frota persa ser destruída no cabo Mícale.

Durante a segunda guerra médica, e em virtude da aliança selada no istmo de Corinto, os atenienses tinham combatido com seus aliados sob o comando de chefes espartanos. Logo, porém, a vitória comum seria seguida do rompimento da aliança, rompimento este que teria conseqüências consideráveis para Atenas.

OS PRIMÓRDIOS DA HEGEMONIA ATENIENSE

Já falamos das transformações da sociedade ateniense no curso do século VI e da importância crescente do *démos* urbano. O autor da *Constituição de Atenas* dá uma curiosa explicação para esse crescimento, que ele situa imediatamente depois das guerras médicas: Aristides teria aconselhado os atenienses a "descer do campo para a cidade; lá todos encontrariam meios de vida, uns partindo em expedições, outros cuidando dos negócios públicos, e por esse meio conservariam a hegemonia" (XXIV, 1). É difícil acreditar que o crescimento da população urbana se deva à incitação de um político. Em compensação, é certo que o desenvolvimento da frota e, conseqüentemente, a maior participação na defesa da cidade daqueles que, sem meios para se equipar como hoplitas, serviam como remadores naquela frota, contribuíram fortemente para aumentar o peso do *démos* urbano e para a evolução do regime rumo à democracia.

Já antes da segunda guerra médica, algumas modificações das instituições tinham marcado as primeiras etapas dessa evolução. A criação do colégio dos dez estrategos, eleitos anualmente pela assembléia, privaria o polemarco de suas atribuições militares — e o papel de Milcíades em Maratona dá testemunho disso, pois foi ele quem fez prevalecer a tática que escolhera.[2] Além disso, teria sido nos anos imediatamente posteriores à primeira guerra médica que se adotou o sorteio para a escolha dos arcontes. Ainda que estes só pudessem ser recrutados

---

2. Heródoto (VI, 109-110) discorre longamente sobre a discussão entre os estrategos antes da batalha, e conta como Milcíades, que era a favor de travar combate imediatamente, conseguiu convencer o polemarco Calímaco.

entre os cidadãos pertencentes às duas primeiras classes solonianas e que o sorteio se fizesse depois da designação, pelos demos, de quinhentos candidatos, nem por isso essa forma de recrutamento, que aos olhos dos gregos será típica da democracia, deixaria de tirar dos membros das grandes famílias a possibilidade de serem os únicos a poder aceder ao arcontado — fazendo valer o peso de sua clientela —, aumentando, com isso, a base social da "classe dirigente". Ao mesmo tempo, o Conselho do Areópago, formado pelos ex-arcontes, muito embora, então, investido de maior autoridade (*Constituição de Atenas*, XXIII, 1-2), nem por isso deixava de representar uma parte significativa do corpo cívico.

Não obstante, a verdade é que a direção dos assuntos da cidade continuava nas mãos dos membros das velhas famílias, ainda que estes se colocassem doravante como "chefes" do *démos*. Mas antes de tentar reconstituir os conflitos políticos dos vinte anos que se seguiram a Salamina e precederam a verdadeira entrada de Péricles na política, é preciso lembrar como os atenienses "conquistaram a hegemonia" na região do Egeu.

Nossa principal fonte, aqui, será Tucídides. Preocupado em demonstrar o que ele chama de "a causa mais verdadeira" (*alethestatè prophasis*) da guerra que, durante um quarto de século, haveria de contrapor Atenas a Esparta, isto é, o aumento do poderio ateniense, ele lembrará a maneira como se formou, no período posterior à segunda guerra médica, o que viria a se chamar o Império ateniense.

Depois das vitórias de Platéias e de Mícale, e do cerco de Sestos pelos atenienses e seus aliados jônios, os lacedemônios tinham retomado o caminho do Peloponeso. Quanto aos atenienses, depois de terem resgatado seus filhos, suas mulheres e os bens que tinham deixado em lugar seguro, preparavam-se para reconstruir sua cidade e suas muralhas. Ora, segundo o relato do historiador ateniense, os lacedemônios eram contrários à reconstrução das muralhas de Atenas. Os argumentos apresentados por seus embaixadores, que vieram tratar do assunto em Atenas, são pouco convincentes: eles teriam dito que reconstruir as muralhas de Atenas poderia constituir uma ameaça se os "bárbaros" voltassem a atacá-los; elas poderiam lhes servir de base. Tucídides dá a entender que a verdadeira razão não era essa;

na verdade, os espartanos e seus aliados temiam o crescimento do poderio ateniense, dadas "a magnitude de suas forças marítimas, que era nova, e a audácia de que dera mostras na guerra contra o Meda" (I, 90,1).

Foi então que Temístocles, que fora o artífice da vitória, tomou a coisa a peito e recorreu à astúcia. Ele se fez designar como embaixador, e, enquanto defendia diante dos lacedemônios e seus aliados a causa de Atenas, iniciavam-se os trabalhos na cidade. Pretextando estar à espera de seus colegas, ele fez que as negociações se arrastassem; quando teve certeza de que as muralhas tinham sido reconstruídas, colocou os lacedemônios diante do fato consumado. Tucídides acrescenta que a pressa com que se realizaram os trabalhos se refletiu no aspecto grosseiro do conjunto: "A natureza da construção ainda agora denuncia a pressa com que foi feita. Com efeito, as camadas inferiores contêm todos os tipos de pedras, em alguns casos nem sequer ajustadas para encaixar-se, mas apenas como ficaram quando as puseram no lugar. Muitas colunas de túmulos e pedras preparadas para outros usos foram misturadas nela. De fato, a muralha em volta da cidade foi prolongada em todas as direções e, por isso, os atenienses lançaram mão de tudo em sua pressa" (I, 93, 2).

Temístocles mandou concluir também as instalações do Pireu, e, dessa vez, Tucídides descreve uma muralha muito mais trabalhada, insistindo no fato de que, a seu ver, o Pireu não apenas fora destinado, com seus três portos, a abrigar a frota de guerra, mas devia também servir de refúgio à população "se um dia se visse fortemente pressionada por terra" (I, 93, 7). Observação interessante que atribui a Temístocles a intuição de como haveria de ser a tática preconizada por Péricles às vésperas da guerra do Peloponeso.

A reconstrução dos muros de Atenas e da cidade foi a primeira etapa dessa gênese do poderio ateniense. A segunda teria lugar na Jônia. Com efeito, a guerra ainda não acabara e, para livrar-se da ameaça persa, parecia aos aliados que, depois da tomada de Sestos, o domínio do Helesponto completar-se-ia com o controle sobre Bizâncio. Assim se bloquearia o caminho de acesso das forças do Grande Rei. O comando da expedição foi confiado ao espartano Pausânias, filho do rei Cleômbrotos. Os aliados se apoderaram de Bizâncio, mas foi a partir daí que as coisas degringolaram. Pausânias foi chamado a Esparta para ser julgado: acusavam-no de simpatizar com os medas, pelo fato de ter restituído ao Rei alguns de seus parentes aprisionados quando da tomada de Bizâncio. Chegou-se a encontrar até uma correspondência entre Xerxes e o espartano (I, 128, 7; 129, 1-3). Ao mesmo tempo, Pausânias passara a viver como um sátrapa oriental: "Ele saía de Bizâncio vestido como um meda; circulava na Trácia com uma escolta de medas e de egípcios; sua mesa era servida à moda persa." De volta a Esparta, ele se defendeu e foi declarado inocente. Mas seu comportamento desagradara os aliados gregos, principalmente os jônios. Por isso eles propuseram aos atenienses assumir o comando. As aventuras de Pausânias não pararam por aí. Mas não é improvável que os atenienses tenham sabido, no momento desejado, tirar o melhor partido da situação. Tucídides tampouco dá outros esclarecimentos, limitando-se a dizer que "os atenienses determinaram que cidades deviam lhes fornecer dinheiro, em vez de navios, para ser usado contra os bárbaros" (I, 96, 1). O montante do primeiro tributo, a ser pago pelos aliados que não fornecessem contingentes de navios para a defesa comum, teria sido fixado por Aristides. Esse montante era de 460 talentos*. O tributo seria depositado no santuário de Apolo, em Delos, e os magistrados especiais, os tesoureiros dos helenos, receberam a missão de gerir o seu uso (I, 96, 2).

Durante os anos seguintes, os atenienses reforçaram sua posição no norte do Egeu e em direção às ilhas e cidades gregas da Ásia Menor. Na costa trácia, estabeleceu-se em 476-475 uma colônia em Eion, na embocadura do Estrímo; dez anos depois, uma outra colônia em Enea Hodoi, no lugar onde depois se situaria a cidade de Anfípolis. Essa colonização iria provocar a revolta da ilha de Tasos — que entrara na aliança ateniense, mas se preocupava com a instalação de colonos atenienses na costa trácia vizinha — e a resistência da população local, que em 464 massacrou os colonos atenienses de Enea Hodoi. A revolta de Tasos foi esmagada no ano seguinte. Os tasianos foram obrigados a voltar à aliança liderada por Atenas, a ceder sua frota, destruir suas muralhas e abandonar suas posições no continente. Atenas enfrentou dificuldades no norte do Egeu, mas, em compensação, fortaleceu suas posições nas ilhas e na costa da Ásia Menor, principalmente depois da vitória de sua frota sobre a frota persa na embocadura do Eurimedonte em 466-465.

O estratego que comandava a frota ateniense era Címon, filho de Milcíades, então o homem forte de Atenas. Logo depois de Salamina e de Platéias, dois homens dividiam a autoridade à frente da cidade: Temístocles, que organizara a vitória, e Aristides, que dela soube tirar partido, organizando a aliança de Delos. Na *Constituição de Atenas*, eles são apresentados como "chefes" do *démos* — e o autor entende, por essa expressão, que eles gozavam da confiança da maioria dos cidadãos. Não obstante, se lemos as biografias que Plutarco lhes dedicou, percebemos que as tradições que ele divulga os opõem vigorosamente. Aristides, apresentado como um homem "pobre" (o que, como dissemos, é contestável), figura principalmente como alguém digno do epíteto de "justo", que lhe tinham dado. Mas, para falar a verdade, não se sabe praticamente nada sobre sua atividade depois da formação da liga de Delos, e ignora-se a data de sua morte. O próprio Plutarco divulga várias versões (*Aristides*, XXVI, 1-3): ele teria morrido, já em idade avançada, na região do Ponto, ou na Jônia, ou, mais provavelmente, em Atenas. As únicas certezas: a concessão, feita pela cidade, de dotes às suas filhas e, ao seu filho, de imóveis e de uma renda vitalícia (*Demóstenes*, XX, 115) e o custeio de seus funerais pela cidade (*Demóstenes*, XXIII, 209).

A vida de Temístocles é muito mais rica e, ao mesmo tempo, suscita muitas questões. Embora admire o estratego e o político, divulga todas as calúnias de que era vítima, reveladoras da posição que ele ocupava à frente da cidade e da inveja que essa posição suscitava. Ao contrário de Aristides, ele ficou muito rico e usava essa fortuna para reforçar o próprio prestígio. Assim, ele teria feito erguer, perto de sua casa, situada em Melite, um templo dedicado a Ártemis Conselheira, "indicando, com isso que ele tinha dado os melhores conselhos à cidade e aos gregos" (*Temístocles*, XXII, 2). Plutarco toma ainda de empréstimo a dois autores do século IV, Teofrasto e Teopompo, a indicação de que quando Temístocles, condenado ao ostracismo em 471, fugiu para a Ásia, a parte de seus bens que ele não pôde levar consigo e que foi apropriada pelo tesouro público elevava-se a pelo menos oitenta talentos "sendo que ele não possuía três talentos antes de entrar na vida pública" (*Temístocles*, XXV, 3).

Já falamos da opinião de Tucídides sobre Temístocles. É evidente que o historiador pensava em primeiro lugar no vencedor de Salamina, naquele que adivinhou que o destino de Atenas seria decidido no mar. E justamente por isso, Tucídides via nele, sem o dizer explicitamente, o precursor de Péricles. Mas relatos preservados pela tradição e as histórias contadas por Plutarco, mesmo com uma cronologia não muito bem estabelecida, dizem respeito principalmente ao Temístocles pós-Salamina, o homem astucioso que fizera pouco dos lacedemônios, o ambicioso que pretendia assenhorear-se da cidade. Devemos, naturalmente, considerar as circunstâncias. Mas pode-se imaginar que essas ambições tenham suscitado temores e levado seus adversários a articular contra ele a pena do ostracismo. Essa articulação logrou êxito, e Temístocles teve de tomar o caminho do exílio. É possível ver, por trás dessa condenação, a mão de Címon? É bem possível, ainda que a política desenvolvida pelo filho de Milcíades no Egeu se filiasse à tradição da de Temístocles. Podemos ir ainda mais longe e imaginar uma oposição de caráter "político"? Nesse caso, ela teria relação com o problema das relações com Esparta, com a qual Címon mantinha laços muito estreitos, ao passo que, para Temístocles, representava o principal obstáculo à grandeza de Atenas. Naturalmente, temos de desconfiar das interpretações por demais categóricas, lá onde ainda existiam rivalidades entre grandes famílias aristocráticas. Não obstante, há, sem dúvida, uma parcela de verdade nesta última interpretação. Prova disso são as intrigas de Temístocles em Argos, onde ele se exilou inicialmente, a mesma Argos que era o principal obstáculo à hegemonia espartana no Peloponeso. Contudo, a sublevação que Temístocles teria ajudado a preparar fracassou, e ele terminou sua vida na Ásia, onde viveu dos favores do filho de Xerxes![3] Quando, anos depois, os hilotas* ameaçaram gravemente a cidade dos lacedemônios, foi graças a Címon que se organizou uma expedição de socorro para atender ao pedido dos espartanos. Címon acabava de ser declarado inocente num processo de revisão de contas aberto contra ele por um jovem orador que fazia sua estréia na vida

---

3. *Themístocle* [Temístocles], XXIX-XXXI; ver também Tucídides, I, 135 sobre as rendas auferidas por Temístocles nas cidades que lhe tinham sido dadas pelo Rei.

pública: Péricles. Címon partiu à frente de quatro mil hoplitas atenienses. Os espartanos, porém, não tardaram a mandá-los de volta, sob a alegação de que os atenienses estavam dispostos a confraternizar com os revoltosos (Tucídides, I, 102, 3).

Nesse meio tempo, Atenas conheceu o que o autor da *Constituição de Atenas* chama de uma *metabolé*, uma "revolução" da qual nasceria a democracia (XXV, 12; XLI, 2).

SEGUNDA PARTE

DEMOCRACIA E IMPERIALISMO

4

AS REFORMAS DE EFIALTES E A ESTRÉIA DE PÉRICLES NA VIDA POLÍTICA

Foi possivelmente em 463 que Péricles, então com cerca de trinta anos, fez sua entrada na vida política, figurando entre os acusadores de Címon. Já vimos o papel que desempenhou na vida da cidade o filho de Milcíades. As vitórias que ele conquistara em terra e no mar contra o inimigo persa reforçaram a aliança formada logo depois da segunda guerra médica e garantiram as posições de Atenas no norte do Egeu e na região dos estreitos. É verdade que houve reveses, e os colonos estabelecidos na Trácia foram massacrados. Mas a volta dos despojos de Teseu, o herói nacional, que Címon "encontrara" na ilha de Skiros, aumentara ainda mais seu prestígio. Prestígio que derivava também das práticas de "generosidade" evocadas pelo autor da *Constituição de Atenas* e por Plutarco, na *Vida de Címon*, em que ele lhe atribui uma dimensão ainda maior: com efeito, essa generosidade não favorecia apenas os seus demotas, que "podiam todos os dias procurá-lo e obter dele os meios de subsistência", mas todo o *démos*.[1] De fato, acusado de ter poupado o rei Alexandre da Macedônia, que, não obstante, era aliado do Grande Rei, Címon foi declarado inocente e, quando os lacedemônios, confrontados com uma sublevação dos hilotas em Messênia, pediram ajuda aos atenienses, foi a Címon que se confiou o comando de um exército de quatro mil hoplitas enviado à Lacônia.[2]

---

1. Plutarco, *Cimon*, VII; X, 1-2; Aristóteles, *Constitution d'Athènes*, XVII, 3.
2. Tucídides, I, 102, 1; Plutarco, *Cimon*, XVI, 4-XVII, 3.

É durante sua ausência, e antes da volta do contingente ateniense — acusado pelos espartanos de cumplicidade com os revoltosos —, que tem lugar o que o autor da *Constituição de Atenas* chama de sétima *metabolé* da constituição dos atenienses, e que ele atribui a um certo Efialtes, filho de Sofônides, que se tornou "chefe" do *démos*. É essa "revolução" que haverá de marcar os verdadeiros primórdios da democracia, essa democracia à qual está ligado o nome de Péricles.

AS REFORMAS DE EFIALTES

Além do nome de seu pai, não se sabe praticamente nada sobre esse Efialtes. O autor da *Constituição de Atenas* diz que ele parecia incorruptível e justo em relação à politéia, o que se traduziu como "dotado de espírito cívico".[3] Podemos nos perguntar o que significavam tais julgamentos no século IV, isto é, na época da redação de nossa principal fonte. Certamente devemos ver aqui a preocupação de distinguir Efialtes dos "demagogos" de sua época. Mas a que isso correspondia um século antes? Já se salientou o quanto, apesar da afirmação cada vez maior da soberania da assembléia, subsistiam as relações "clientelistas" que garantiam aos membros das velhas famílias uma autoridade sobre o *démos*. Efialtes pertencia a esse meio ou, ao contrário, devemos ver nele um "homem novo", que teria escolhido, como Clístenes numa época anterior, ser o "chefe" do *démos*, mas com a intenção de retirar os privilégios daqueles que, como Címon, apoiavam-se em sua "clientela particular"? O autor da *Constituição de Atenas* o dá como aliado de Temístocles, com o qual teria preparado um ardil para arruinar o Conselho do Areópago. Mas sabe-se que, à época, Temístocles estava exilado e que se pode duvidar da veracidade dessa tradição. Plutarco, que recorreu a outras fontes para escrever sua *Vida de Péricles*, faz de Efialtes um amigo e companheiro (*philos kai hetairos*) de Péricles, que de algum modo o teria usado para rebaixar o Areópago (*Péricles*, VII, 8; IX, 5). Mas Plutarco relata também uma calúnia de Idomeneu de Lâmpsaco, autor de um tratado

---

3. Aristóteles, *Constitution d'Athènes*, XXV.

Sobre os demagogos, acusando Péricles de ter mandado assassinar Efialtes "por ter inveja de sua popularidade" (*Péricles*, X, 7). Plutarco refuta essa acusação, mas acrescenta que Efialtes era então um homem temido pelos partidários da oligarquia, e "impiedoso na perseguição que fazia contra aqueles que tinham lesado o povo". De simples instrumento nas mãos do jovem Péricles, Efialtes se transforma em um personagem poderoso e temido, o verdadeiro iniciador das medidas tomadas contra o Areópago.

O que parece constituir o essencial dessa *metabolé* que haveria de reforçar o poder do *démos* é, de fato, o rebaixamento do velho conselho aristocrático. Segundo o autor da *Constituição de Atenas*, o Areópago tinha visto seus poderes aumentarem logo depois das guerras médicas. Provavelmente, devido ao fato de ter sabido assumir a organização da evacuação da cidade ante o avanço persa, tornando possível, assim, a vitória de Salamina. Não se dispõe de nenhuma prova concreta de tal aumento de poder — difícil, aliás, imaginar em que consistiria. É verdade que as reuniões da assembléia ainda não estavam estabelecidas de forma estrita e, por isso, os poderes da *bule* clisteniana continuavam limitados. O autor da *Constituição de Atenas* fala de "poderes acrescentados" (*ta epitheta*) que teriam dado ao Areópago a "guarda da constituição" (*phylaké tés politéias*). O que se deve entender com isso? O poder de abrir um processo contra alguém que pudesse representar uma ameaça às instituições? Aqui, cabe fazer uma comparação com uma inscrição do século IV, que registra um decreto expedido logo depois da derrota de Queronéia, determinando que, se a democracia fosse derrubada em Atenas, os membros do Conselho do Areópago estariam proibidos de tomar toda e qualquer decisão. Devemos concluir que o velho conselho aristocrático estaria investido de poderes especiais? Não se faz menção ao Areópago, porém, por ocasião dos acontecimentos de 411 e 404, quando, por duas vezes, a democracia foi suprimida. Cabe supor que essa supressão tenha derivado justamente das medidas tomadas por Efialtes em 462-461? E que no curso do século IV o Areópago recuperou essa *phylaké tés politéias*?

Seja como for, no que diz respeito ao papel pessoal e às medidas tomadas por Efialtes, sua orientação é, em essência, pelo enfraquecimento do conselho aristocrático. Conseqüentemente, isto se traduz num aumento dos poderes da *bule* dos Quinhentos e dos tribunais populares que herdam essas prerrogativas "acrescentadas". Ora, trata-se, aqui, de órgãos cujos membros são escolhidos por sorteio entre todos os cidadãos, ao passo que os areopagitas eram membros vitalícios do Conselho, e seu recrutamento, entre ex-arcontes, era limitado aos membros das duas primeiras classes solonianas. Só alguns anos depois se abriu o arcontado aos cidadãos da classe dos zeugitas (*Constituição de Atenas*, XXVI, 2).

Mais adiante voltaremos a falar sobre os poderes da *bule* e dos tribunais da Heliaia*. É preciso considerar, no entanto, que, ao privar o Areópago de uma parte de seus poderes para colocá-los nas mãos de órgãos que emanam diretamente do *démos*, Efialtes fez a cidade dar um passo enorme em direção ao estabelecimento de uma verdadeira democracia.

Embora nossas fontes não sejam muito eloqüentes no que tange às circunstâncias que envolvem essa "revolução", é evidente que isso não se deu sem distúrbios e agitação. O autor da *Constituição de Atenas* evoca uma série de processos que teriam sido movidos por Efialtes contra areopagitas. Ele descreve também uma cena — da qual faz participar, como já vimos, Temístocles — cuja interpretação não é muito inteligível, mas que, em todo caso, supõe ajuntamento popular e intervenção da *bule* dos Quinhentos. E, principalmente, há o assassinato de Efialtes pouco depois, prova de que os conflitos não cessaram imediatamente e de que Atenas ainda iria viver um período de agitação, talvez dominado pela rivalidade entre Péricles e Címon.

A RIVALIDADE CÍMON/PÉRICLES

O autor da *Constituição de Atenas* não nos ajuda muito na análise da rivalidade entre Címon e Péricles. No máximo, ele esclarece que, logo depois das reformas de Efialtes, Címon era o chefe das "pessoas honestas", e lembra que Péricles começara a adquirir influência fazendo-se acusador de Címon quando da prestação de contas da estratégia em cujo curso ele teria poupado o rei Alexandre da Macedônia. Sabemos que Címon foi inocentado, e, em sua *Vida de Címon*, Plutarco afirma que isso se deu porque Péricles se mostrou especialmente discreto no processo (*Címon*, XIV, 5).

A hostilidade entre os Filaidas/Cimônidas e os Alcmeônidas era antiga. É possível que a acusação formulada contra estes últimos de ter levantado o escudo para advertir os persas na batalha de Maratona tenha sido divulgada por gente do círculo de relações de Milcíades. O que as nossas fontes apresentam como uma rivalidade baseada em opções políticas deve ser visto com cautela. No máximo, poder-se-iam descobrir laços que uniam algumas dessas grandes famílias a esta ou aquela cidade. Quanto a isso, é possível que Címon fosse favorável a que se continuasse a manter relações estreitas com Esparta, num momento em que o desenvolvimento do império de Atenas, do qual ele era um dos artífices, corria o risco de comprometer o equilíbrio estabelecido logo depois das guerras médicas. Dito isso, se a versão de Plutarco tem algum fundamento, a maneira como Címon usava sua fortuna podia afastar de si aqueles que temiam que ele a usasse para adquirir uma ascendência sobre o *démos*.

De qualquer modo, foi provavelmente quando ele voltava da expedição de socorro aos lacedemônios que seus adversários manobraram para que fosse condenado ao ostracismo. Teria sido a acusação formulada por Péricles, que, segundo Plutarco, acusou Címon de ser "amigo dos lacedemônios e inimigo da democracia"?[4] Também aqui se adivinha uma aproximação que só teria sentido algumas décadas depois, quando os lacedemônios se fariam, contra as democracias defendidas por Atenas, os defensores dos regimes oligárquicos.

Não se sabe exatamente quando se dá esse ostracismo. Mas temos motivos para relacioná-lo ao rompimento com Esparta, que aconteceu em 462-461. E nada prova realmente que Péricles tenha sido o instigador. Como observa Édouard Will, em vez de ver nisso a influência de Péricles, "seria melhor continuar a reconhecer nas iniciativas atenienses, bem-sucedidas ou não, o anonimato que lhes atribuem nossas melhores fontes" (*Le Monde grec et l'Orient*, tomo I, p. 151).

Com efeito, Péricles, à época, não passa de um homem jovem, e se é possível que tenha apoiado a política de Efialtes, ele parece ainda não

---

4. Plutarco, *Périclès*, IX, 5.

ter um papel político importante. O autor da *Constituição de Atenas* só o cita nominalmente a propósito da lei de cidadania de 451. Antes, descrevendo as medidas que contribuíram para reforçar o caráter democrático do regime depois das reformas de Efialtes, ele se refere aos atenienses coletivamente: quando fala, por exemplo, da abertura do arcontado aos zeugitas (XXVI, 2) em 457-456 ou do restabelecimento dos juízes dos demos. E só no fim de sua exposição ele evoca o papel cada vez mais importante de Péricles no curso dos vinte anos seguintes (XXVII, 1).

Em compensação, Plutarco insiste na importância da rivalidade entre os dois homens. O exílio de Címon acabara antes do prazo legal. Curiosamente, teria sido de Péricles a iniciativa de chamá-lo de volta, em 456, pouco depois da derrota sofrida pelos exércitos atenienses em Tanagra, na Beócia, contra os lacedemônios e seus aliados. Sempre segundo Plutarco, o objetivo era fazer as pazes com os lacedemônios, e a trégua teria sido negociada por Címon.[5] Na verdade, essa trégua só se fez alguns anos depois, e Tucídides, quando a ela se refere, não faz menção ao nome de Címon.[6] Mais que isso, a intervenção de Péricles em favor da convocação de Címon, se é que de fato aconteceu, prova que a rivalidade entre os dois homens não era tão evidente. É a propósito disso, aliás, que Plutarco evoca uma intervenção da irmã de Címon, Elpinice, dirigida a Péricles, e a réplica, no mínimo insolente, do jovem político: "Você está velha demais, Elpinice, para levar a bom termo negócios de tanta gravidade" (*Péricles*, X, 6). Sabe-se, além disso, que Címon desposara uma alcmeônida, Isodiké. Há razões, pois, para desconfiar das tradições relativas a essa rivalidade. Não deixa de ser curioso que seja por ela que o autor da *Constituição de Atenas* explica a criação da mistoforia* — pagamento aos juízes — por Péricles, episódio relatado por Plutarco na *Vida de Címon*. Voltaremos a esse assunto.

De todo modo, Címon estava reabilitado, pois foi a ele que se confiou o comando de uma expedição contra Chipre. Ele haveria de

---

5. Plutarco, *Címon*, XVII, 8; *Péricles*, X, 1-4.

6. Tucídides, I, 112, 1. Foi pouco antes que Péricles fez sua primeira aparição no relato do historiador, à frente de uma expedição contra Sicione.

lá perecer em 451, exatamente no mesmo ano em que Péricles propunha a lei sobre a cidadania. Péricles tinha se tornado, incontestavelmente, o homem mais influente da cidade.

A AFIRMAÇÃO DA AUTORIDADE DE PÉRICLES

A *Constituição de Atenas* não nos diz grande coisa sobre o período que vai da morte de Címon, em 451, e o início da guerra do Peloponeso. Informa apenas que sob a autoridade de Péricles o poder do *démos* só aumentou. A explicação dada pelo autor é sumária: "Ele deu grande estímulo à cidade para que aumentasse sua potência marítima, o que deu à multidão (*hoi polloi*) a audácia de chamar para si, cada vez mais, toda a vida política" (XXVII, 1). Encontramos aí uma idéia cara a Aristóteles, que definiu a democracia ateniense como uma democracia de marinheiros.

Em vista disso, devemos buscar outras fontes. O relato de Tucídides, porém, fala principalmente das relações exteriores de Atenas com seus aliados, a Eubéia, inicialmente, depois Samos. E se Péricles aparece em primeiro plano, é enquanto estratego que comanda as diferentes expedições marítimas para disciplinar os aliados.

Cumpre, pois, mais uma vez, recorrer a Plutarco para esclarecer a história interna de Atenas e a consolidação da autoridade de Péricles, especialmente no conflito com Tucídides, filho de Melésias. Esse Tucídides é mencionado pelo autor da *Constituição de Atenas*, que, no arrolamento dos grupos que se contrapuseram desde Sólon até Cléon, aponta Tucídides como o rival de Péricles e chefe dos "outros", isto é, aqueles a quem ele chama ora de "ricos" (*euporoi*), ora de "pessoas de destaque" (*epiphanoi*) (XXVIII, 2-3). Plutarco, na *Vida de Péricles*, lembra que ele era parente por afinidade de Címon (não há dúvida de que era seu genro). Ele lhe atribui o mérito de ter reunido em torno de si os que eram chamados de *kaloi-kagathoi*, os "belos e bons", e de se ter contraposto a Péricles, na tribuna da assembléia, graças ao seu talento de orador.[7] A observação é interessante, porque dá testemunho

---

7. Plutarco, *Périclès*, VIII, 5; XI, 1-3.

de uma evolução importante na vida política. Diante do poder cada vez maior da assembléia, formavam-se grupos em torno de políticos de destaque, e os votos populares deviam, a partir de então, desempatar as opções políticas diferentes. Os membros das velhas famílias, que até aquele momento podiam tirar partido de sua influência pessoal para orientar a política da cidade, agora viam o poder lhes escapar. Voltaremos a falar sobre esse novo aspecto da vida política ateniense.

De todo modo, e a despeito dessa nova realidade, foi ainda a pena do ostracismo que vitimou Tucídides. Em que data teria sofrido o ostracismo aquele que o autor da *Constituição de Atenas* e Plutarco apresentam como o chefe dos "bem-nascidos"? Ele ainda está à frente de um esquadrão ateniense no início do cerco de Samos, o que situaria esse ostracismo por volta de 441. A menos que se suponha que, como outros antes dele, Tucídides só tenha sido exilado por alguns meses, caso sua condenação tenha se dado em 443, como se sugeriu algumas vezes. Fato que, mais uma vez, relativizaria a importância dessas rivalidades pessoais.

De resto, após o esmagamento da revolta de Samos, a posição de Péricles parece se consolidar definitivamente. Cumpre-nos agora abandonar o relato dos acontecimentos para apresentar essa democracia de que Péricles teria sido, ao mesmo tempo, o fundador e a personificação.

A ÁGORA NA ÉPOCA DE PÉRICLES

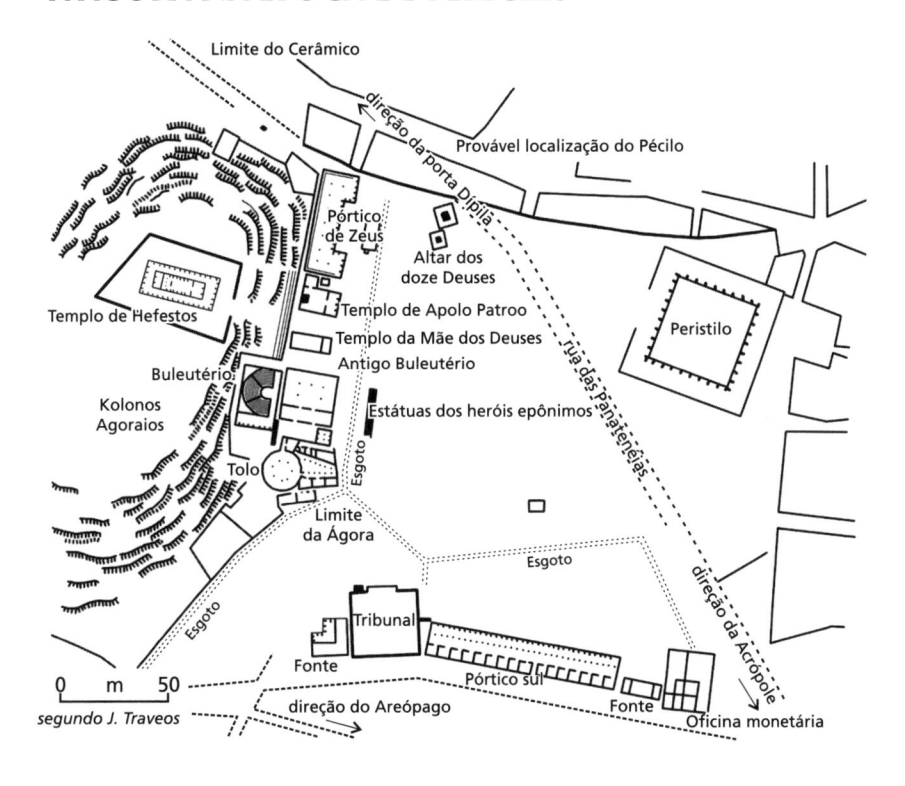

5

A DEMOCRACIA PERICLIANA

> Nosso regime político (politéia) não se propõe tomar como modelo as leis de outros: antes somos modelo que imitadores. Como tudo nesse regime depende não de poucos, mas da maioria, seu nome é democracia. Nela, enquanto no tocante às leis todos são iguais para a solução de suas divergências particulares, no que se refere à atribuição de honrarias o critério se baseia no mérito e não na categoria a que se pertence; inversamente, o fato de um homem ser pobre e de condição humilde não o impede de prestar serviços ao Estado, desde que tenha capacidade para tanto (II, 37, 2).

Essa célebre profissão de fé na democracia que Tucídides atribui a Péricles, quando este faz a *Oração fúnebre* dos mortos do primeiro ano da guerra do Peloponeso, nos servirá de guia nessa análise da democracia ateniense durante os vinte anos do "reinado" de Péricles.

A SOBERANIA DO *DÉMOS*

Depois de ter afirmado a originalidade do regime político ateniense, Péricles apresenta, em primeiro lugar, o princípio sobre o qual ele se baseia, isto é, a soberania do *démos*, o que implica a palavra democracia, orgulhosamente reivindicada. Esclareçamos desde já que o emprego desse termo é relativamente recente no momento em que

Péricles pronuncia a *Oração fúnebre*. Ele é composto de duas palavras: *démos*, cuja tradução é "povo", e o verbo *kratein*, que se refere ao exercício da soberania. Ambas as palavras encerram uma certa ambigüidade. *Démos*, como de resto o francês *peuple* [povo], pode designar o conjunto dos cidadãos — é o caso dos decretos que emanam da assembléia do povo —, mas também, por oposição aos "notáveis", a arraia-miúda. O regime chamado democracia assume, então, uma significação dupla, segundo designe um sistema político em que a soberania reside na comunidade dos cidadãos ou um sistema no qual é a arraia-miúda (os pobres) que controla a cidade. É este último sentido que parece ter sido escolhido por Péricles, quando ele diz que as decisões dependem "da maioria", do maior número (*pleiôn*). Porque é evidente que a arraia-miúda em geral compunha essa maioria.[1] Aliás, esse é o sentido que lhe atribuiriam os teóricos políticos do fim do século V e do século IV.

O termo *kratein* também é ambíguo, pois implica a idéia de força (inclusive a força física), de dominação. E logo se percebe que nisso ele se distingue do termo que define o exercício do poder nas outras formas de sistemas políticos, isto é, *arqué**, de que derivaram monarquia e oligarquia. A arqué é a autoridade delegada pela cidade aos magistrados. O fato de se ter preferido "democracia" a "demarquia" revela as circunstâncias em que se estabeleceu esse regime, ou seja, o recurso à força. E é difícil acreditar que o termo tenha sido usado inicialmente com uma conotação negativa.

Esse já não é mais o caso no discurso de Péricles, que, ao contrário, justifica a soberania da maioria. Num primeiro momento, ela se exerca no seio das assembléias. Ignoramos a partir de quando o calendário das reuniões foi fixado de forma precisa. A referência à tribo que exerca a pritania, nos decretos que chegaram até nós, nos faz supor que se trata de fato consumado no momento em que Péricles começa a dirigir os negócios da cidade. Com efeito, o ano era dividido em dez pritanias, durante as quais os cinqüenta membros da *bule* da tribo em exercício deliberavam quase permanentemente. Todo dia se

---

1. Sobre esse problema da maioria, ver F. Ruzé, "*Plethos*, aux origines de la majorité politique", in: *Aux origines de l'hellénisme. Hommage à H. Van Effenterre*, Paris: Centre G. Glotz/Publications de la Sorbonne, 1984, p. 247-263.

sorteava um presidente, epístata* dos prítanes*. Sabemos pelo autor da *Constituição de Atenas* que havia quatro sessões regulares da assembléia por pritania, isto é, quatro sessões anuais, cada uma com uma ordem do dia precisa (XLIII, 4-6). A assembléia principal "confirma, levantando as mãos, os magistrados, quando julga que eles desempenham bem suas funções. Ela delibera sobre as questões de abastecimento e da defesa do território. É nesse dia que todo cidadão que o deseje deve apresentar as acusações de alta traição. Aí se dá um relatório sobre a situação dos bens confiscados e das instâncias empenhadas na atribuição de uma herança ou o reconhecimento de uma jovem herdeira única de um bem, para que ninguém ignore a vacância de um bem... uma outra assembléia ocupa-se das petições... duas outras, dos demais assuntos." É difícil crer que uma organização tão precisa tenha existido desde meados do século V. De resto, essa assembléia, à qual podiam assistir, fazendo uso da palavra, todos os cidadãos atenienses, detinha o poder de decisão sobre todos os assuntos referentes à cidade, às relações com o resto do mundo grego, aos problemas de aprovisionamento de Atenas, à organização da vida religiosa e à regulamentação das heranças. E, além disso, ela dispunha de um controle constante sobre os magistrados aos quais era delegado o poder de executar as decisões tomadas.

O texto do autor da *Constituição de Atenas* indica também a forma como essas decisões eram tomadas: erguendo-se as mãos para votar. Isso não deixa de ser intrigante. Com efeito, como era possível contar os votos? Isso supunha, numa assembléia que podia reunir vários milhares de pessoas, uma disciplina extraordinária. Cumpria não negligenciar nenhuma das opiniões expressas, pois a decisão era tomada pela maioria. Ora, não é descabido supor que essa maioria nem sempre era evidente, o que podia motivar contestação e questionamento da decisão tomada. Conhece-se pelo menos um exemplo desse questionamento, embora alguns anos posterior à época de Péricles: o voto sobre que destino dar à população de Mitilene, que tenta, em 427, abandonar a aliança ateniense. Inicialmente o povo votara pela morte de todos os homens de Mitilene, depois recuou dessa decisão no curso de uma nova assembléia em que a proposta de poupar os mitilenenses venceu por uma pequena maioria (Tucídides, III, 49, 1).

Sabe-se ainda que, para que se pudessem tomar determinadas decisões, era preciso um *quorum* de seis mil pessoas. Isso valeria para a decisão sobre o ostracismo ou a atribuição de direito de cidadania. No que se refere ao ostracismo, como se sabe, não se votava levantando as mãos: cada um dos presentes à assembléia extraordinária reunida na Ágora devia depositar um caco de cerâmica no qual figurava o nome daquele que se considerava perigoso para a cidade e que era preciso afastar por um exílio de dez anos.

Por outro lado, o título dos decretos permite reconstituir o procedimento de tomada de decisão. A fórmula inicial revela o papel respectivo do *démos* e da *bule* dos Quinhentos: "Aprouve à *bule* e ao *démos*." Com efeito, era o Conselho que preparava as propostas (*probuleumata**) submetidas ao voto dos cidadãos reunidos em assembléia. Mencionavam-se então a tribo que exercia a pritania, o nome do secretário que redigira o texto, o nome do epístata dos prítanes que submetiam a proposta à votação e, finalmente, o nome daquele que fizera a proposta e a defendera diante da assembléia. Casos havia em que, tendo um outro orador proposto uma emenda ao texto primitivo e conseguido sua aprovação, seu nome também era mencionado.

Os modernos se perguntaram sobre o funcionamento dessa assembléia, endossando as críticas dos adversários da democracia ateniense, que questionavam a validade das decisões tomadas em meio à agitação e aos gritos da "multidão" manipulada pelos oradores e pelos demagogos.

De fato, nessa civilização da palavra, o papel do orador era fundamental. E se tivermos de nos indagar sobre a natureza da autoridade exercida por Péricles, na medida em que ele era um dos dez estrategos eleitos anualmente, não há como duvidar de que ele a devia não apenas ao fato de ter sido reeleito estratego por quinze vezes consecutivas, mas também, e no mínimo em igual medida, à magia de sua palavra. Não é de surpreender, pois, que Atenas tenha atraído aqueles que se vangloriavam de ensinar a arte da persuasão, indispensável a quem queria ter um papel político. Voltaremos a falar desse aspecto da vida cultural ateniense no tempo de Péricles e sobre a importância desses homens a quem chamavam de sofistas. Pelo menos um deles, o célebre Protágoras, haveria de participar do *entourage* do grande estratego.

Mas é evidente que se o sistema pôde funcionar, como o mostram os decretos emanados da assembléia, foi graças ao papel que tinha a *bule* dos Quinhentos nesse dispositivo. Recrutados a cada ano por sorteio entre todos os cidadãos com mais de trinta anos, os membros da *bule* representavam a totalidade dos cidadãos. E como não se podia ocupar esse cargo mais de duas vezes, grande número de cidadãos podia chegar até ele. A esse respeito, a remuneração do cargo de membro da *bule*, sobre a qual voltaremos a falar, possibilitou, assim, que todas as camadas da comunidade cívica nela estivessem representadas. Ora, a *bule* dispunha de um poder de controle sobre os negócios relativos à cidade. Ela procedia ao exame (*dokimasie*) não apenas dos magistrados eleitos ou sorteados, mas também, e sobretudo, de sua prestação de contas ao final do exercício. Por outro lado, comissões formadas no seio da *bule* controlavam um certo número de atividades públicas. O autor da *Constituição de Atenas* enumera longamente esses poderes:

> A *bule* cuida também para a manutenção das trirremes já construídas, dos equipamentos e abrigos para as belonaves. Ela faz construir navios novos, com três ou quatro fileiras de remadores, segundo o povo tenha decidido por uma ou outra opção, assim como os respectivos equipamentos e abrigos... Para a construção dos navios, a *bule* escolhe dez comissários entre seus membros. Ela inspeciona também todos os edifícios públicos... (XLVI, 1-2).

Reunida praticamente de modo contínuo, seja com todos os membros, seja com parte deles, a *bule* era, pois, o órgão essencial pelo qual se podia exercer essa soberania popular gabada por Péricles em seu discurso. Preparando os projetos a serem submetidos à assembléia, ela garantia o bom funcionamento das reuniões desta, sob a presidência dos cinqüenta membros da tribo em exercício. Ela organizava também a eleição ou o sorteio dos magistrados no início de cada ano. Além disso, exercia, desde as reformas de Efialtes, um poder judiciário que partilhava com os tribunais populares da Heliaia.

A Heliaia constituía o terceiro órgão pelo qual se exerce a soberania popular. Todos os anos se sorteavam seis mil nomes de cidadãos com mais de trinta anos. Não se sabe muito bem como funcionava o tribunal em meados do século V, porque não é certo que a descrição feita pelo autor da *Constituição de Atenas* seja válida para a época de Péricles. Mas o próprio número dos heliastas sorteados dá bem uma mostra do quanto a Heliaia, mais ainda que a *bule*, era representativa da totalidade do corpo cívico. Tendo herdado o essencial dos poderes judiciários do Areópago, os tribunais saídos da Heliaia, os *dikasteria*, tinham de examinar todos os processos, tanto os relacionados aos negócios dos cidadãos privados como os que envolviam a cidade, e funcionavam como instâncias de apelação de todas as decisões tomadas pela assembléia ou pela *bule*. Assim, por exemplo, um magistrado condenado pela *bule*, quando de sua prestação de contas, podia apelar aos tribunais. Também ali, as decisões eram tomadas por voto majoritário, um voto que não era dado, como na assembléia, levantando-se as mãos, mas com certeza expresso, desde o princípio, colocando-se um jetom numa urna, sendo que o número dos que eram chamados a reunir-se para julgar determinado processo raramente excedia 501, o que tornava mais fácil a contagem dos votos.

Mais uma vez, só no que se refere ao século seguinte podemos fazer uma idéia mais precisa do funcionamento das instituições democráticas de Atenas. No entanto, o que podemos entrever através das fontes que chegaram até nós (relatos dos historiadores, teatro, inscrições) confirma a realidade da soberania do *démos* baseada no princípio da maioria afirmado por Péricles. Esse princípio derivava da igualdade dos cidadãos.

A IGUALDADE DOS CIDADÃOS

Com efeito, era esse o segundo fundamento do regime apresentado por Péricles em seu discurso. Surge, então, um duplo problema: o das bases jurídicas dessa igualdade e o da contradição entre estas e a realidade de uma sociedade não igualitária.

Já mencionamos essa questão a propósito das reformas de Sólon. Como vimos, ele se vangloriava, em seus poemas, de ter estabelecido leis semelhantes "para o bom e para o mau", designando assim os dois grupos que se enfrentavam no momento em que ele foi chamado a resolver a crise que ameaçava cindir a cidade. Mas, em outra passagem, ele afirma também: "Ao povo (*démos*) eu dei tanto poder que é bastante, sem que seja necessário acrescentar ou retirar nada de seus direitos. No que tange àqueles que detinham a força e a impunham pela riqueza, também cuidei para que não sofressem nada de indigno. Eu fiquei de pé, cobrindo os dois partidos com um forte escudo, e não deixei que nenhum dos dois vencesse injustamente" (*Constituição de Atenas*, XII, 1). E mais adiante ele volta a afirmar sua neutralidade: "Como entre dois exércitos, me mantive tão firme como uma barreira" (XII, 5). Mas ele diz também que não quis ceder a determinadas reivindicações e que se recusou a "dar aos bons e aos maus uma parte igual da rica terra da pátria" (XII, 3).

Portanto, Sólon não quis, como certos tiranos, conquistar a simpatia do *démos* atendendo suas reivindicações de que se fizesse a partilha igualitária da terra. Além disso, ele teria dado a essa desigualdade de fato uma sanção jurídica pelo estabelecimento de classes censitárias, a fim de reservar o acesso às magistraturas aos cidadãos abastados que formavam as duas primeiras classes.

Não cabe aqui discutir problemas suscitados por essa classificação censitária. Raramente nossas fontes fazem alusão a isso, e, ao que parece, ela atendia, de início, a preocupações de ordem militar. O autor da *Constituição de Atenas* menciona, porém, uma medida à qual já aludira: a abertura do arcontado aos zeugitas (XXVI, 2). Doravante, saíam também dentre os cidadãos da terceira classe do censo os candidatos ao sorteio para as funções de arconte. Mas os tetes, que eram os mais pobres, continuavam excluídos dessas funções.

Juridicamente, portanto, não havia igualdade total entre os cidadãos, ainda que a abertura do arcontado aos zeugitas representasse um progresso no sentido de uma diminuição das desigualdades. Mas essas desigualdades refletiam também as desigualdades reais no seio da sociedade. Nem a tirania de Pisístrato, nem as reformas de Clístenes questionaram a validade da divisão da propriedade fundiária. É verdade que a sociedade certamente evoluiu, desde a época de Sólon, no que diz respeito ao crescimento da população urbana. Mas a arraia-miúda de Atenas, composta de artesãos e de modestos comerciantes, daqueles que se vêem nas peças de Aristófanes, foi antes engrossar as fileiras da classe dos tetes. Também nesse caso, não temos informações suficientes para avaliar a importância de cada uma das diferentes classes censitárias. Se consideramos, porém, as indicações dadas por Tucídides sobre o número de hoplitas de que a cidade podia dispor no começo da guerra do Peloponeso, podemos imaginar que eles pertenciam majoritariamente à classe dos zeugitas. Assim sendo, supõe-se também que os tetes compunham pelo menos metade do corpo cívico. É provável, pois, que eles tenham constituído a maioria do *démos* urbano e, portanto, a maioria dos que participavam das sessões da assembléia. Isso justificava a afirmativa de Péricles de que a pobreza não impedia um homem capaz de prestar serviço à cidade, de dedicar-se a ela, ainda que apenas participando das decisões tomadas em comum. E, por outro lado, visto que a lei era a mesma para todos, essa igualdade era real para tudo o que se referisse às desavenças particulares: diante dos juízes do tribunal popular, os ricos e os pobres gozavam dos mesmos direitos.

No entanto, quando Péricles afirmava que "para as provas de estima" só se levava em consideração o mérito, ele aludia implicitamente àquilo que, aos olhos da posteridade, haveria de ser a característica essencial da democracia, e à qual lhe atribuiriam a responsabilidade, isto é, a mistoforia, a remuneração das funções públicas.

Com efeito, é evidente que, para poder dedicar uma parte do tempo aos assuntos da cidade, era preciso estar livre de um trabalho cotidiano do qual dependia o próprio sustento e o da família. Esse, pelo menos, é o sentido que nos inclinamos a atribuir ao estabelecimento de um salário para remunerar as funções de juiz e de membro da *bule*. No entanto, é interessante levar em conta a explicação dada por autores antigos para essa medida que teria sido iniciativa de Péricles. A história é contada na *Constituição de Atenas* e retomada, na *Vida de Péricles*, por Plutarco. Péricles teria procurado rivalizar com Címon, na busca de apoio do *démos*. Címon, de fato, graças a sua imensa fortuna, digna de um tirano, tinha condições não apenas de arcar facilmente com as despesas, com as liturgias — os tributos que incidiam sobre os mais ricos e garantiam a realização das grandes festas religiosas e dos grandes banquetes públicos —, mas também de se responsabilizar pelo sustento de todos os que pertenciam ao seu demo:

"Cada um dos laquíadas podia, todos os dias, ir procurá-lo e dele obter o seu sustento; além disso, nenhuma de suas propriedades era cercada, para que as pessoas que o desejassem pudessem usufruir seus frutos" (*Constituição de Atenas*, XXVII, 3). Péricles, cuja fortuna era bem mais modesta, não podia rivalizar com ele. Por isso, a conselho de um certo Damonides de Oe, "que se supunha inspirar quase todos os seus atos e que por isso viria, mais tarde, a sofrer a pena do ostracismo" (XXVII, 4), ele resolveu distribuir ao *démos* dinheiro público sob a forma de compensação para os juízes, o primeiro misto* (*misthos*), que posteriormente foi estendido a outras funções públicas, principalmente a de membro da *bule*. É evidente que a remuneração de uma atividade cívica tinha um sentido bem diverso da generosidade pessoal de Címon. De resto, e é nisso que devemos atentar, para os antigos essa distinção não tinha o valor que lhe atribuímos atualmente. Ela revelava a importância das relações clientelistas. Mas revelava também que numa democracia direta como a democracia ateniense, uma medida de alcance muito diferente, como a remuneração das funções públicas, podia parecer derivar do mesmo tipo de relações. E podemos avaliar, pela leitura das apologias que se faziam no século IV, a importância que assumiam, em suas relações com o *démos*, as manifestações de "generosidade" da parte dos políticos, principalmente sob a forma das diferentes liturgias. De todo modo, a mistoforia continuaria a ser um dos traços característicos da democracia ateniense e se estenderia até o século IV, remunerando o comparecimento às sessões das assembléias.

O autor da *Constituição de Atenas* conclui seu relato assumindo os argumentos dos adversários do regime: "A acreditar na justeza das reclamações de alguns, foi depois disto que tudo piorou, porque havia uma correria, de que não participavam as pessoas honestas, para se apresentar para o sorteio [dos juízes]."[2] Sabe-se que Aristófanes explorou esse tema em *As vespas* para mostrar os atenienses, principalmente os mais pobres, ansiosos por serem sorteados, precipitando-se para conseguir receber o precioso tribolo que lhes garantiria a subsistência.

---

2. Aristóteles, *Constitution d'Athènes*, XXVII, 5.

É improvável, porém, que a mistoforia fosse bastante para permitir aos cidadãos mais pobres viver às expensas da cidade. Em compensação, ela permitia a todo cidadão dedicar uma parte de seu tempo aos negócios públicos. É possível que o salário dos membros da *bule* (cinco óbolos* por dia durante o ano de seu mandato, elevados a seis óbolos quando sua tribo exerce a pritania) tenha modificado a composição social do Conselho. Naturalmente, faltam-nos dados precisos que nos permitam avaliar quanto os mistos [*misthoi*] representavam na renda dos atenienses e daí tirar conclusões sobre sua participação efetiva nos negócios da cidade. Contudo, é significativo que quando os adversários do regime tomaram o poder uma primeira vez, em 411, tenham suprimido os mistos, à exceção dos que eram pagos aos nove arcontes, reduzindo os mistos dos membros da *bule* a três óbolos.[3] Tratava-se, na realidade, de fazer economia, mas também de retirar à maioria dos membros do *démos* a possibilidade de exercer seus direitos de cidadão. E quando estabeleceram uma constituição "definitiva", suprimiram pura e simplesmente a mistoforia.[4] Restabelecida com a restauração da democracia, foi novamente suprimida e restabelecida depois da segunda revolução oligárquica, e estendida, como já dissemos antes, à participação nas sessões da assembléia.[5]

Tudo isso nos leva a concluir que, qualquer que fosse a intenção inicial de Péricles ao instituir o salário dos juízes, depois o dos membros da *bule* e, talvez, dos arcontes e outros magistrados, a remuneração das funções públicas, à exceção das de estratego e de tesoureiro, permite a uma grande parte do *démos* participar efetivamente da vida pública e adquirir uma consciência política que explica o duplo fracasso das tentativas de revoluções oligárquicas do fim do século V.

Dito isso, quando Péricles se arrogava o "mérito" pelo acesso às "honras", estava enfeitando um pouco a realidade. Com efeito, as magistraturas mais importantes, aquelas que implicavam o gerenciamento de fundos, estavam reservadas aos mais ricos. Estrategos e tesoureiros eram obrigados a prestar contas das somas recebidas, e podiam ser

---

3. Ibidem, XXIX, 3.
4. Ibidem, XXX, 2.
5. Ibidem, XLI, 3.

levados a responder por elas à custa de seus próprios bens. Temos poucas informações precisas no que tange ao século V. Mas quanto ao século seguinte, os discursos dos oradores mostram os estrategos utilizando sua fortuna pessoal para pagar seus soldados, principalmente quando se tratava de mercenários estrangeiros. Por outro lado, ainda no que diz respeito aos estrategos, o exercício do comando implicava, se não uma certa competência em assuntos militares, pelo menos uma segurança que só a riqueza ou uma posição de destaque na cidade permitiam. É verdade que se elegiam todo ano dez estrategos, e entre esses há alguns que para nós não passam de simples nomes. Não obstante, a possibilidade de reeleição para essa magistratura — e Péricles, como vimos, teria sido eleito quinze vezes consecutivas — fazia da estratégia uma função à qual aspiravam todos aqueles que ambicionavam ter um papel na vida política da cidade. Não por acaso, aqueles de quem a história guardou os nomes ocuparam esse cargo.

Além disso, verifica-se que, até o início da guerra do Peloponeso, esses estrategos influentes pertenciam, em sua maioria, às velhas famílias atenienses. É provável que a posse de imóveis fosse então indispensável para aceder a esse cargo. De outro modo não se poderia entender o escândalo que representou, aos olhos de alguns, o acesso do curtidor de peles Cléon ao cargo de estratego, principal alvo dos poetas cômicos até a sua morte diante de Anfípolis, em 421. As coisas haveriam de mudar a partir do fim do século V. Mas, se muitos daqueles cujos nomes aparecem nos relatos dos historiadores ou nos discursos dos oradores pertenciam a meios sociais próximos do artesanato ou do comércio, não era menor o número de homens ricos.

Em outras palavras, se o "mérito" permitia aceder às mais altas funções, esse mérito, a princípio, era próprio daqueles aos quais a fortuna permitia a aquisição de uma certa educação e, ao mesmo tempo, o "lazer" indispensável para dedicar-se inteiramente aos negócios da cidade. Plutarco, em *Vida de Péricles*, conta uma anedota reveladora. Péricles, não desejando preocupar-se com explorar e valorizar da melhor forma os bens que herdara do pai, "imaginara uma maneira de administrar sua casa que lhe pareceu mais cômoda e mais eficiente. Mandava vender de uma só vez toda a sua colheita do ano, depois comprava no mercado tudo aquilo de que necessitava; tal era seu estilo de vida" (XVI, 3). Pouco importa a veracidade da história e do que ela pode eventualmente revelar sobre as novas condições da vida econômica de Atenas. Fica-nos o sentido que lhe atribui Plutarco, isto é, a preocupação em garantir o tempo livre necessário para cuidar dos negócios da cidade, ainda que em detrimento de seus próprios interesses.

Assim, essa igualdade perante a lei e pela lei, sintetizada no termo isonomia, era compatível com a realidade das desigualdades sociais e com uma certa desigualdade política. Mas esta última era limitada. Isso porque, embora os mais pobres não pudessem aceder às altas funções, o controle que o *démos*, de que eles compunham a maioria, exercia sobre essas funções restabelecia o equilíbrio político. Quanto ao equilíbrio social, ele era garantido não apenas pela mistoforia, mas também, e talvez sobretudo, pelos encargos financeiros que os mais ricos assumiam em nome da cidade e de que os mais pobres, em parte, se beneficiavam. Na *Oração fúnebre*, depois de lembrar as vantagens da igualdade e da liberdade com obediência às leis, Péricles fala dos "torneios e festas religiosas que se sucedem ao longo de todo ano", assim como das instalações luxuosas em que tinham lugar. Voltaremos a falar mais detidamente desse aspecto da política de Péricles. Mas é impressionante encontrar um paralelo daquilo que Péricles credita à democracia num panfleto anônimo de um adversário declarado do regime, que se supõe ser da mesma época, isto é, dos meses que precedem a eclosão da guerra do Peloponeso. O autor desse panfleto atribuído a Xenofonte, às vezes chamado de o Velho Oligarca, não tem a menor dúvida de que os mais pobres são beneficiários do regime:

> Reconhecendo não ser mais possível a cada um dos pobres celebrar sacrifícios e banquetes, ter templos e tudo o que faz a beleza e a grandeza da cidade em que mora, o povo imaginou um meio de conseguir essas vantagens. A cidade sacrifica, às expensas do tesouro, uma grande quantidade de vítimas, e é o povo que desfruta dos banquetes e das vítimas, sorteando-os (*República dos atenienses*, II, 9).

E o autor anônimo menciona também as instalações luxuosas (ginásios, banhos, palestras) construídas às expensas da cidade, a que os pobres têm tanto acesso quanto os ricos (II, 10).

Ora, eram justamente as liturgias, contribuições voluntárias dos mais ricos, que garantiam a realização de festas e banquetes públicos. Contribuições voluntárias de que derivava o prestígio daqueles que as davam. Tanto é que, como sabemos, principalmente no que se refere à coregia*, que garantia o financiamento das representações dramáticas do culto de Dioniso e as manifestações musicais presentes em inúmeras festas, havia uma espécie de disputa entre os coregos, e quem desse mostras de maior generosidade era recompensado pela cidade.[6] E é ainda essa generosidade que Péricles exalta na *Oração fúnebre*.

Ainda não esgotamos nossas referências ao texto no qual Tucídides deu uma visão ao mesmo tempo real e idealizada da Atenas de Péricles. Nosso objetivo aqui, no entanto, era definir os seus fundamentos: a soberania do *démos* e a igualdade, diante da lei e pela lei, de seus integrantes. Resta-nos indagar sobre a maneira como se tinha acesso a ela.

A PERTENÇA À COMUNIDADE CÍVICA

Lembramos, no começo desta análise da democracia ateniense no tempo de Péricles, os dois sentidos que assumia o termo *démos* nos textos e nas inscrições: por um lado, arraia-miúda, por oposição aos notáveis e aos ricos; por outro, conjunto dos membros da comunidade cívica, os *politai*. Esse termo deriva diretamente de pólis*, cidade. Mas só no curso do século V ele passa a ter um uso corrente para designar os cidadãos, aqueles que participam dos negócios da cidade, essa *koinonia tôn politôn*, essa "comunidade de cidadãos" como a haveria de definir, no século seguinte, o filósofo Aristóteles. E foi Aristóteles também que, na *Política*, definiu o cidadão como aquele que "participa do exercício dos poderes de juiz e da arqué", incluindo, entre as *archai*, magistraturas, tanto as de duração ilimitada como a

---

6. Ver H. Baldry, *Le Théâtre tragique des Grecs*, Paris: Maspero, 1975, principalmente o capítulo IV, "Les festivités théâtrales".

participação nas assembléias (*Política*, III, 1275 a22-23), e esclarecendo que essa definição se aplica principalmente ao cidadão de uma democracia. Acrescentava ainda que normalmente era cidadão aquele que nascera de pai e mãe cidadãos (III, 1275 b21-22). Ora, o autor da *Constituição de Atenas*, que se não foi Aristóteles terá sido certamente um de seus alunos, atribui a Péricles uma medida que não deixa de surpreender, caso de fato confirme a definição dada na *Política*. "Sob o arcontado de Antídoto, dado o número crescente de cidadãos, e por sugestão de Péricles, decidiu-se excluir dos direitos políticos aqueles que não tivessem nascido de dois cidadãos" (XXVI, 4).

Essa medida, restringindo o número de cidadãos e excluindo da cidadania aqueles cuja mãe não fosse ateniense, ainda que o pai o fosse, teria sido tomada em 451, isto é, logo depois da morte de Címon, quando Péricles começava a dominar a vida política da cidade. Cabe lembrar que Clístenes, avô de Péricles, em vez de reduzir, tinha aumentado o número de cidadãos, integrando ao *démos* estrangeiros residentes e talvez até escravos. Devemos aceitar a explicação dada pelo autor da *Constituição de Atenas* de que a medida teria sido tomada para evitar um crescimento excessivo do número de cidadãos? Alguns historiadores modernos levantaram a hipótese de que se trataria de uma medida circunstancial, tomada num momento de penúria em que a cidade recebeu um carregamento de trigo do Egito: era preciso, pois, limitar o número dos que se beneficiariam da distribuição gratuita desse trigo. Outros imaginaram que tal decisão poderia ter relação com a instituição da mistoforia, também nesse caso para restringir o número dos beneficiários. Ainda outros, por fim, apresentaram um argumento mais sutil: a medida visava, em primeiro lugar, os membros das grandes famílias aristocráticas que celebravam alianças matrimoniais com soberanos ou príncipes "bárbaros". Em virtude da lei de Péricles, nem Temístocles nem Címon teriam sido cidadãos atenienses.[7]

---

7. Plutarco, no início de *Vie de Thémistocle* (I, 1-2), lembra as diferentes versões sobre a mãe deste: segundo uns, ela seria de origem trácia, segundo outros, oriunda da Cária. Quanto a Címon, Plutarco esclarece, retomando o testemunho de Heródoto (VI, 39), que ele era filho de Milcíades e de Hegesípila, e esta, filha do rei trácio Oloros (*Címon*, IV, 1).

Evidentemente, esta não é uma questão sobre a qual seja fácil opinar. Ignoramos o número exato de cidadãos atenienses em meados do século V, e tampouco sabemos se o aumento desse número foi tal que justificasse essa restrição. Podemos admitir que o desenvolvimento do intercâmbio comercial, de que o Pireu constituía o centro, evocado por Péricles na *Oração fúnebre* e confirmado pelo panfleto do Velho Oligarca, tenha podido levar a Atenas um número cada vez maior de estrangeiros. De resto, Péricles, nesse texto, celebra o espírito de abertura dos atenienses em relação a esses mesmos estrangeiros (I, 39, 1). Não é impossível, pois, que se tenham celebrado matrimônios entre atenienses e esses estrangeiros. Cabe acrescentar que, mesmo no século IV, quando a legislação quanto a essa matéria se tornara mais rigorosa depois do funesto laxismo que se verificou durante a guerra do Peloponeso, não havia nada de comparável ao que nós chamamos de estado civil. Pelos discursos de defesa sobre questões relativas à usurpação da cidadania, podemos entrever de que maneira se dava o reconhecimento de um nascimento legítimo: a apresentação da criança pelo pai aos membros de sua fratria.[8] Assim sendo, um ateniense podia burlar a lei apresentando como legítimo um filho nascido de uma concubina estrangeira, com a condição, naturalmente, de que a história não viesse a público, o que podia ser relativamente fácil, dada a situação da mulher ateniense, em princípio relegada à casa, em meio aos criados, principalmente se ela era da "alta sociedade".

Nos processos que conhecemos pelos arrazoados do século IV, o ateniense cujo status era contestado por um adversário só podia justificar a legitimidade de seu nascimento recorrendo a testemunhas, que deviam afirmar, sob juramento, ser a mãe dele filha legítima de um cidadão ateniense. Portanto, era com base na boa-fé das testemunhas que os juízes deviam se pronunciar. Compreende-se, assim, que podia ser relativamente fácil, para um homem que gozasse de alguma influência ou de uma fortuna que lhe permitisse comprar testemunhas, introduzir na fratria um filho ilegítimo, principalmente se ele não tivesse outro filho varão e se sua esposa estivesse de acordo.

---

8. Sobre o reconhecimento de um filho pelo pai, ver J.-B. Bonnard, "Un aspect positif de la puissance paternelle. La fabrication du citoyen", *Métis*, N.S.1, 2003, p. 69-93.

Em vista disso, temos todos os motivos para imaginar que um século antes, quando nenhuma lei definia as condições de pertencimento à cidadania, alguns filhos e netos de estrangeiros estabelecidos em Atenas pudessem ser considerados atenienses e, conseqüentemente, gozar dos direitos de cidadãos. Mas isso não explica por que Péricles teria desejado pôr fim a tal situação, exigindo a dupla ascendência ateniense para que se tivesse acesso à cidadania. Podemos ver aí uma conseqüência do "sentimento patriótico" que se seguiu às guerras médicas? Não nos devemos esquecer, porém, de que os "bárbaros" não eram os únicos estrangeiros estabelecidos em Atenas e no Pireu, e que o termo *xenoi* designava também os gregos de outras cidades e de outras regiões do mundo grego. Não temos alternativa, portanto, senão confessar nossa ignorância no que tange aos motivos que determinaram a decisão de Péricles.

Naturalmente, ainda temos de nos indagar sobre as conseqüências dessa medida e sobre os meios que foram utilizados para a sua implementação. Ora, o que dissemos acima, com base no testemunho dos oradores do século IV, nos faz supor que isso não foi fácil. E nos parece que não poderia ser de outra forma. É verdade que, numa cidade do "face-a-face" como Atenas, para retomar a fórmula do grande historiador Moses Finley, as pessoas tinham muitas oportunidades de se conhecer, no âmbito dos demos, dos tribunais, quando das manifestações que reuniam os fiéis de um mesmo santuário ou durante as operações militares. E não há dúvida de que isso pesou, principalmente durante os primeiros anos que se seguiram à adoção do decreto. Mas sabe-se também que os anos de guerra da última terça parte do século iriam ser marcados pelo abandono, mais ou menos rápido, da exigência de uma dupla ascendência ateniense para o gozo da cidadania. E, mais importante, sabe-se que o próprio Péricles haveria de desrespeitar a medida de sua autoria reconhecendo — isto é, introduzindo na fratria —, depois da morte de seus dois filhos legítimos, o filho que tivera de uma concubina milésia — a famosa Aspásia — e ao qual ele dera o próprio nome.[9]

---

9. Plutarco, *Périclès*, XXXVII, 2-6. Péricles, o Jovem, era estratego em 406, quando da batalha das ilhas Arginusas, e foi condenado à morte com seus companheiros, depois de um processo de que Xenofonte fala longamente nas *Helléniques* [Helênicas], I, 7.

Por aí se pode ver o quanto é difícil opinar sobre o significado dessa medida. E como é difícil estabelecer o que derivava de um direito ainda frouxo e de comportamentos ligados a uma sociedade que só conhecemos através de testemunhos parciais (os Cômicos, aos quais ainda voltaremos) ou de uma época posterior, os textos do século IV.

De resto, o que unia esses cidadãos, tivessem eles um nascimento legítimo ou mais ou menos contestado, era o fato de pertencerem a uma cidade que se impusera, no período imediatamente posterior à vitória sobre os "bárbaros", a todo um segmento do mundo grego. E, sobre esse ponto, não resta dúvida que, fazendo-se herdeiro da política desenvolvida primeiro por Temístocles, depois por Címon, Péricles viesse dar àquilo que se costuma chamar de imperialismo ateniense não apenas sua maior extensão, mas também sua justificação teórica.

6

PÉRICLES E O IMPERIALISMO ATENIENSE

A cidade deve ao seu império uma parte da dignidade de que todos vós vos orgulhais, e que deveis legitimamente sustentar. Não vos esquiveis das provações, a menos que renuncieis também às honras; e não penseis que se trata apenas da escolha entre escravidão e liberdade; trata-se da perda do império e dos riscos inerentes aos ódios que haveis despertado. Ora, já não podeis abrir mão deste império, se qualquer de vós pretende, na presente crise, por amor à tranqüilidade, praticar essa ação virtuosa. Na realidade, este império é como a tirania, cuja imposição parece injusta, mas cujo abandono é perigoso... Nenhum outro povo grego exerceu na Grécia tão grande império; enfrentamos, nas guerras mais importantes, adversários os mais numerosos, unidos ou separados, e habitamos a cidade mais rica em tudo, e entre todas a maior. Esses títulos podem ser alvo de críticas dos acomodados, mas os homens de ação, como nós, sabem apreciá-los, e quem não os tem há de invejá-los. Ser odiado e detestado em certos momentos foi sempre o quinhão dos que decidiram dominar; quem aceita esse ônus, visando aos mais altos fins, opta acertadamente, pois ódio não dura muito, mas o esplendor do momento e a glória póstera ficam como lembrança eterna (Tucídides, II, 63, 1-2; 64, 3-5).

Essas palavras que Tucídides atribui a Péricles num momento de crise, quando o território da Ática sofreu as razias dos lacedemônios e a peste tinha feito grandes estragos na população no interior das muralhas da cidade, soam como uma justificação do imperialismo ateniense, essa "tirania" que Atenas exerce sobre seus aliados gregos desde a formação da liga de Delos, logo depois da segunda guerra médica. Vimos anteriormente que, sob o impulso primeiro de Temístocles, depois de Címon, os atenienses reforçaram suas posições no mar Egeu, suscitando a crescente preocupação dos lacedemônios. Nem por isso Esparta deixou de reclamar a ajuda de Atenas diante da sublevação dos hilotas de Messênia. Mas o envio de hoplitas atenienses, depois o ostracismo de Címon, principal artífice da manutenção das boas relações com os lacedemônios, iriam precipitar a ruptura, uma ruptura que deixava os atenienses de mãos livres para reforçar sua autoridade sobre seus aliados. Péricles, cuja influência começa a se fazer sentir, como vimos, haveria de ser o principal articulador daquilo que, por comodidade (e voltaremos a discutir este ponto), chamamos de imperialismo ateniense.

AS ETAPAS DO DESENVOLVIMENTO DO IMPÉRIO

Nossa principal fonte para acompanhar o desenvolvimento do poderio ateniense durante o período que vai da ruptura com Esparta (461) ao início da guerra do Peloponeso é o relato de Tucídides. Observemos, desde já, que, se o historiador ateniense menciona por várias vezes o nome de Péricles, é para lembrar que, enquanto estratego, ele tinha recebido o comando de uma determinada expedição. Em outras palavras, quando fala da decisão de empreender tal ou qual ação, ele nomeia apenas os atenienses, o que está de acordo com o funcionamento do regime democrático. E é apenas no discurso do qual apresentamos um excerto na abertura deste capítulo que Tucídides atribui a Péricles palavras que fazem dele o defensor daquilo em que se tinha transformado, em 429, a hegemonia colocada nas mãos dos atenienses pelos aliados em 478: um poder, uma arqué, no limite, uma tirania. Todavia, nem sempre é fácil distinguir o que deriva de uma iniciativa pessoal de Péricles de decisões às quais ele apenas tinha aderido. No intuito de facilitar a exposição, vamos guardar algumas datas importantes, que marcam as etapas do desenvolvimento do império.

Cumpre lembrar em primeiro lugar que, embora os atenienses tivessem conseguido estabelecer-se na Ásia e incorporar à aliança uma parte das cidades gregas da Jônia, a guerra contra o Império persa não tinha terminado. Foi sem dúvida para diminuir a autoridade do Grande Rei que os atenienses votaram em 461 pelo envio de uma expedição ao Egito. Tratava-se de atender ao apelo de um príncipe líbio, Inaro, que se rebelara contra o governador persa e tomara o poder. Os atenienses e seus aliados enviaram uma frota de duzentos navios e desembarcaram no Egito, onde chegaram até Mênfis. Não se sabe o que aconteceu em seguida; até que, em 456, os persas enviam ao Egito uma expedição que expulsa os atenienses de Mênfis, sitiam-nos durante oito meses numa ilha do delta e destroem a frota de socorro enviada de Atenas. Expedição desastrosa, pois, cujo fracasso final com certeza explica o temor de Atenas de uma contra-ofensiva persa e a repatriação do tesouro da liga de Delos em 454. A ameaça persa parecia renascer, e foi para enfrentá-la que se enviou a Chipre uma expedição comandada por Címon. Címon ali encontraria a morte, mas os atenienses e seus aliados tiveram sobre a frota persa uma vitória total, que lhes permitiu negociar com o Grande Rei. Disso resultou a paz de Cálias, celebrada em 449-448 e batizada com o nome do principal negociador ateniense. Ela confirmava o domínio da aliança ateniense sobre o Egeu, desde o Bósforo, no norte, até Fasélis, no sul — e os atenienses se comprometiam, em troca, a respeitar a autonomia das cidades da costa ocidental da Ásia Menor que entraram em sua aliança e a abster-se de toda e qualquer intervenção no Egito ou na Líbia. Houve quem questionasse a existência dessa paz que, não obstante, parece ter permitido aos atenienses não apenas reforçar seu poder marítimo, mas também liquidar a guerra que, desde a ruptura com Esparta em 461, lhes valera muitos dissabores no continente.

Na verdade, a guerra só eclodiu de fato em 457. Antes, os atenienses tinham tido atritos com as cidades aliadas de Esparta, Corinto e Egina, em primeiro lugar, por causa de Mégara, que acabara de entrar na aliança ateniense. Foi na Beócia que eles entraram em choque com os lacedemônios, que para lá tinham sido chamados pelos tebanos. Derrotados em Tanagra em 457 pelos lacedemônios, os atenienses, dois meses depois, esmagaram os beócios em Oinofita.

Esse ano de 457 parece ter sido crucial para Atenas. Um complô, que fracassou, teria ameaçado o regime. Nesse mesmo ano, o arcontado foi aberto aos cidadãos da terceira classe. Finalmente, teria sido também em 457 que Címon pôde voltar a Atenas. Isso, porém, não pôs fim às hostilidades contra os lacedemônios e seus aliados, ao contrário do que afirma Plutarco na *Vida de Címon*. Egina foi tomada entre fins de 457 e o início de 456, e obrigada a entrar na aliança ateniense. No ano seguinte, o estratego Tolmides desfechou ataques contra as costas da Lacônia e de Messênia e penetrou no golfo de Corinto, depois de contornar o Peloponeso. Em 454, foi Péricles, desta vez no comando da frota, quem voltou ao golfo de Corinto. Pouco depois, negociou-se uma trégua de cinco anos com os peloponenses.

A guerra haveria de recomeçar na Beócia. Ao que parece, depois de sua vitória de Oinofita, os atenienses apoiaram os partidários da democracia nas cidades beócias e na Lócrida. Ameaçados pela volta dos oligarcas, os democratas apelaram a Atenas. A expedição enviada em seu socorro foi esmagada em Coronéia, em 447-446. Alguns aliados de Atenas, principalmente os megarenses, não se opunham à entrada dos peloponenses, que chegaram até Elêusis, enquanto as cidades eubéias, por sua vez, se sublevavam. Não obstante, o rei espartano Plistoánax recuou sem combater. E pouco depois as cidades eubéias foram obrigadas a reingressar na aliança ateniense. Essa recuperação ateniense iria permitir, em 446-445, a celebração da paz, chamada de Trinta Anos, entre Atenas e Esparta, em que cada uma das duas cidades reconheceu a autoridade da outra sobre os aliados. Paz de compromisso, que duraria até a guerra do Peloponeso.

A exemplo de Tucídides, mencionamos, a propósito dessas operações, "os atenienses". Não resta dúvida, porém, que a partir de então Péricles tenha tomado em suas mãos os negócios de Atenas. Ele teria sido o responsável pela "compra" da retirada do rei espartano Plistoánax, em 447, e também pela resolução dos problemas da Eubéia. Em *Vida de Péricles*, Plutarco lembra, igualmente, um projeto de um congresso pan-helênico, que ele teria tido a iniciativa de organizar pouco depois, "para deliberar sobre os templos incendiados pelos bárbaros, sobre os sacrifícios que deviam aos deuses em cumprimento de promessas feitas a eles à época da luta contra os persas e, por fim, sobre o mar e os meios de garantir a todos a segurança para navegar e a paz" (XVII, 1). Enviaram-se embaixadores a todo o mundo grego, mas foi um fracasso, que Plutarco atribui à ação dos lacedemônios.

A celebração da paz com Esparta, consecutiva à da paz de Cálias com o Grande Rei, marcava para Atenas o apogeu de seu poderio. Mas ela significava também que os objetivos comuns dos aliados da liga de Delos tinham sido atingidos, o que tornava sua necessidade menos evidente. O caso de Samos iria revelar suas fraquezas.

No relato de Tucídides, passa-se sem transição da celebração da paz de Trinta Anos ao caso de Samos, como se nos cinco anos de permeio não se tivesse registrado nenhum acontecimento importante. Ora, teria sido justamente desse período a fundação, por iniciativa dos atenienses (de Péricles?), da colônia pan-helênica de Túrio. Ela constituiria uma prova do interesse de Atenas pelo Ocidente, interesse já manifestado pela celebração de alianças com algumas cidades da Sicília e da Magna Grécia (Segesta, Régio, Leontinos), alianças sobre as quais pesam, porém, muitas incertezas. A fundação de Túrio é longamente relatada por Diodoro (XII, 10, 4 *et seq.*). Ela se inscreve nas lutas que contrapunham, na Magna Grécia, Crotona e Síbaris. Esta última foi destruída pelos crotonienses, depois refundada e de novo ameaçada. Foi no lugar onde se erguia a antiga Síbaris que, convocados pelos atenienses e sob a orientação do adivinho Lampon, gregos vindos de diferentes partes da Hélade participaram da fundação da nova cidade. Entre esses gregos estavam o historiador Heródoto, o filósofo milésio Hipódamo e, talvez, Protágoras, o sofista amigo de Péricles, que teria redigido a Constituição de Túrio.

Ver nessa fundação, que não se apresenta de modo algum como uma colônia ateniense, a expressão das ambições imperialistas de Atenas, talvez seja um exagero. Além disso, aquele era um período em que Atenas passava por uma crise interna, na qual o conflito entre Tucídides, filho de Milésias, e Péricles devia resultar no ostracismo do primeiro. É difícil saber como a fundação de Túrio se insere nesse clima de conflitos políticos. Só uma coisa é certa: os laços entre Atenas e Túrio logo se enfraqueceram.

O silêncio de Tucídides nos convida à prudência no que diz respeito a uma hipotética política ocidental de Atenas. Em contrapartida, no que tange ao caso de Samos, estamos no âmago da história do imperialismo ateniense e do papel que Péricles nela desempenha.

Na origem desse caso, uma guerra entre sâmios e milésios por causa de Priene, e a chegada a Atenas de uma embaixada milésia reivindicando a ajuda da cidade. Segundo Tucídides, a essa embaixada se uniram sâmios, desejosos de estabelecer em Samos um regime democrático.[1] A acreditar nos Cômicos citados por Plutarco, os contemporâneos viram na ajuda dos atenienses aos milésios a influência sobre Péricles de sua companheira, a milésia Aspásia.[2] Seja como for, os atenienses enviaram uma expedição a Samos, apoderaram-se da cidade e lá estabeleceram um regime democrático, sob a vigilância de uma guarnição ateniense.

Mas os sâmios exilados no continente asiático conseguiram fazer uma aliança com o sátrapa de Sardes, Pissutnes, que lhes deu a ajuda necessária para retomar Samos. Donos da cidade, dela expulsaram a guarnição ateniense, que foi entregue aos persas. Em seguida, tendo conseguido afastar Bizâncio da aliança ateniense, eles se preparavam para atacar Mileto. Uma expedição comandada por Péricles conseguiu vencer a frota sâmia, depois fez o cerco da cidade de Samos por terra, onde os atenienses conseguiram desembarcar, e por mar, onde receberam a ajuda de uma frota enviada por Quios e Lesbos, cidades aliadas que, como Samos, participavam diretamente da defesa comum.

Aproveitando-se de uma ausência de Péricles, que partira com sessenta navios ao encontro de uma esquadra fenícia que se preparava para apoiá-los, os sâmios fizeram uma investida e destruíram uma parte da frota que tinha permanecido no porto. De volta a Samos, Péricles mandou buscar novos reforços de Atenas, Quios e Lesbos, num total de noventa navios. Depois de nove meses de cerco, os sâmios capitularam. Eles foram obrigados a demolir suas fortificações, entregar seus navios e pagar uma multa destinada a cobrir as despesas de guerra, que se elevavam a 1.276 talentos. Tucídides não fala do estabelecimento da democracia em Samos. Alguns modernos supuseram, porém, que, como da primeira intervenção, Atenas teria apoiado seus simpatizantes e, portanto, favorecido o

---

1. Tucídides, I, 115, 2.
2. Plutarco, *Périclès*, XXIV, 2; XXV, 1.

estabelecimento de um regime democrático. Voltaremos a falar dessa questão a propósito do imperialismo ateniense.

Antes disso, algumas palavras sobre o que se entrevê da política ateniense nos anos que se seguem ao esmagamento da revolta de Samos. Segundo Plutarco (*Péricles*, XX, 1-2), Péricles teria conduzido uma expedição ao Ponto Euxino, certamente depois de ter submetido os bizantinos, que foram obrigados a reingressar na aliança. Para os atenienses, a região dos estreitos constituía, sobretudo nos anos seguintes, uma região vital, porque era por lá que vinham os comboios de cereais, cada vez mais necessários para o abastecimento da cidade.

Foi provavelmente no curso desse mesmo período que os atenienses enviaram uma colônia a Brea, no fundo do golfo Termaico — colônia cujo decreto de fundação foi encontrado. Os atenienses participaram da fundação de Anfípolis, no baixo Estrímo, em 437-436, lá onde trinta anos antes Címon instalara colonos que foram massacrados pelos trácios. Anfípolis era uma posição estratégica de primeira importância, e disso dão testemunho os combates que lá se travaram nos primevos da guerra do Peloponeso. Mas ela era também um porto onde os atenienses podiam obter madeira para construção de seus navios, e é essa função que Tucídides lembra quando Anfípolis cai nas mãos do espartano Brásidas em 425 (IV, 108).

Dois anos depois, outra cidade da costa trácio-macedônia, Metone, adere à aliança ateniense, reforçando assim o controle dos atenienses sobre o norte do Egeu.

É a natureza do controle exercido pelos atenienses sobre seus aliados — e, portanto, a natureza do imperialismo ateniense — que agora vamos tentar definir.

O IMPERIALISMO ATENIENSE NA ÉPOCA DE PÉRICLES[3]

O termo "imperialismo", usado pelos modernos para definir a autoridade exercida por Atenas sobre os aliados da liga de Delos, remete

---

3. Sobre tudo o que se lhe segue, veja-se a análise de E. Will em *Le Monde grec et l'Orient*, tomo I, *Le V*ᵉ *siècle*, p. 276-291.

a conceitos alheios à língua grega. O que inicialmente uniu os gregos em torno de Atenas logo depois da segunda guerra médica foi uma *symmachia*, uma aliança militar, destinada a garantir sua defesa comum contra a volta da ameaça persa. Mas uma aliança militar tinha necessidade de um chefe, de um *hegémon**, e é o termo *hegemonia* que Tucídides usa para definir a autoridade que os aliados (*hoi summachoi*) delegam aos atenienses:

> Assim, os atenienses receberam a hegemonia concedida espontaneamente pelos aliados, por causa da hostilidade que havia contra Pausânias (o rei espartano); eles determinaram quais cidades deviam lhes fornecer dinheiro ou navios para a luta contra o Bárbaro — o objetivo declarado era devastar os territórios do Rei em represália pelas violências de que tinham sido vítimas (I, 96, 1).

Tucídides evoca então o estabelecimento do primeiro tributo (*foro**), gerido por magistrados, os helenotamias*, tesoureiros dos helenos. Ele seria depositado no santuário de Apolo em Delos, onde teriam lugar as reuniões comuns dos aliados. Com efeito, cada cidade membro da aliança era autônoma, e as decisões seriam tomadas depois de deliberações comuns. Mas Tucídides acrescenta que, entre as guerras médicas e a guerra do Peloponeso, a autoridade de Atenas não parou de crescer. Foi por isso que ele introduziu em sua exposição das origens da guerra do Peloponeso uma digressão para mostrar como os acontecimentos desses cinqüenta anos iriam transformar a hegemonia de Atenas em arqué, em dominação sobre os aliados, que tendiam cada vez mais a se tornar subordinados (*hypekooi*). Ora, antes mesmo de entrar nos detalhes, Tucídides dá a explicação dessa transformação. Tendo salientado que a autoridade dos atenienses já não se exerce com a concordância de todos, ele acrescenta:

> Os responsáveis por essa situação eram os próprios aliados. Com efeito, sua aversão ao serviço militar havia levado a maioria, avessa a permanecer muito tempo longe do lar, a atribuir-se um valor em dinheiro, correspondente ao valor das naus a suprir: assim, a frota ateniense cresceu graças aos fundos então obtidos, ao passo que os contribuintes, em caso de defecção, entravam em guerra sem equipamento nem experiência [I, 98, 2-3].

De fato, só as cidades de Quios, Samos e Lesbos contribuíam para a defesa comum com sua frota, e, por isso, não eram obrigadas ao pagamento do foro.

Ora, esse foro, cujo montante era decidido pelos atenienses, era, em si mesmo, um sinal de dependência. Supôs-se que, durante os primeiros anos da aliança, o foro teria sido fixado a cada ano pela assembléia dos aliados. Mas disso não há nenhuma prova material, dado que os documentos epigráficos que chegaram até nós são posteriores a 454-453, isto é, à transferência de Delos para Atenas. A interpretação desses documentos, muitas vezes fragmentários, nem sempre é fácil. Com efeito, essas *tribute lists* contêm a soma da parte (1/60) do foro que era recolhido para o tesouro de Atena. O que permite calcular de forma aproximada a quantia exigida a cada cidade. Ao que parece, o estabelecimento do foro era revisto a cada quatro anos, por ocasião das Grandes Panatenéias. Um documento de 425-424, referente a uma taxação excepcional, menciona o papel de uma comissão tirada da *bule*, a qual, com ajuda dos dez estrategos, teria fixado o foro devido por cada cidade aliada por quatro anos. Não se sabe se essa comissão de fato funcionava antes dessa data, embora seja bem provável, considerando-se as atribuições da *bule* em assuntos financeiros. O montante era então comunicado aos embaixadores das cidades aliadas presentes em Atenas por ocasião da festa. Eles tinham a possibilidade, em caso de discordância, de apresentar um recurso à Heliaia. Em seguida, a lista era fixada em caráter definitivo e ratificada pela *bule*. O recebimento do foro, assim fixado por um período de quatro anos, era anual. Um decreto que data do ano seguinte ao da celebração da paz de Cálias, cujo autor era um certo Clínias, permite entrever como o foro era recebido. Os magistrados atenienses residentes nas cidades aliadas cuidavam para que os fundos fossem levados a Atenas por ocasião das Grandes Dionísias, no começo da primavera. Os atrasos nesses pagamentos implicavam uma multa. Era a *bule* que fazia o registro dos pagamentos e em seguida transferia o dinheiro para os helenotamias.

Sabe-se que o primeiro foro foi estabelecido por Aristides em 478, e que somava 460 talentos. É impossível saber se essa quantia se manteve durante todo o período anterior à guerra do Peloponeso ou se variou em função das necessidades e do número de aliados. Os cálculos que se puderam fazer a partir das listas fragmentárias que possuímos são pouco confiáveis. Supõe-se que até a guerra do Peloponeso o montante total do foro se manteve próximo dos quatrocentos talentos. O que representa, se se considera que o número dos aliados sujeitos ao tributo variou de cinqüenta a duzentos, uma contribuição modesta para a maioria deles, excluindo-se o caso de Egina, que em 454-453 foi taxada em trinta talentos. É verdade que a cidade teve de capitular diante das forças atenienses, e que isso constituía uma espécie de "punição".

Não há dúvida de que o foro era para os atenienses um meio de obrigar seus aliados a se manterem fiéis e se justificava por sua utilização para a defesa comum. Mas, se as coisas assim funcionavam nos primeiros anos da aliança, mudaram depois que a ameaça persa se tornou mais distante, com a celebração da paz de Cálias. Sabe-se também que foi do tesouro da liga que saíram os recursos para os grandes trabalhos da Acrópole, realizados por iniciativa de Péricles. Calculou-se que entre 449-448 e 434-433 mais da metade dos recursos do foro foi destinada a esses trabalhos — o que explica, de resto, que à época do caso de Samos o tesouro federal não tenha podido cobrir as despesas, tendo sido necessário recorrer ao tesouro da Deusa.

A acreditar em Plutarco (*Péricles*, XII, 2-3), esse uso do dinheiro teria suscitado protestos, pois os aliados constataram que os fundos recolhidos para a guerra serviam para o embelezamento de Atenas. Péricles teria, então, respondido que os atenienses não tinham de prestar contas aos aliados, visto que faziam a guerra por eles: "Os aliados, dizia ele, não fornecem nem cavaleiro, nem navio, nem hoplita; eles só trazem dinheiro. Ora, o dinheiro não pertence mais àqueles que o dão, mas aos que o recebem, pois prestam serviços por conta do que recebem."

De fato, era em primeiro lugar na frota ateniense e, em menor medida, nas das três cidades que não estavam sujeitas ao pagamento do foro (Quios, Lesbos e Samos, esta última até 440-439) que repousava o poderio militar da aliança. Mas isso permitia aos atenienses fazer sentir o peso de sua presença de forma mais intensa. Isso porque, se o foro era inicialmente o sinal evidente de sua hegemonia, à medida que essa hegemonia ia se transformando em arqué, sob o impulso de Péricles, a superioridade ateniense iria se manifestar no plano militar, no plano político e — mas o problema é mais complexo — no plano financeiro e econômico.

No plano militar — e muitas vezes em resposta a tentativas de abandono da aliança —, pela presença, no território das cidades aliadas, de guarnições atenienses e principalmente de clerúquias*. O que distinguia as clerúquias das simples guarnições era o fato de que os soldados atenienses estabelecidos no solo de uma cidade aliada recebiam um lote de terra cuja renda constituía seu soldo. Isso implicava uma permanência por um período bastante longo. Só sabemos sobre a forma como os soldados se estabeleciam por uma passagem do relato de Tucídides (III, 50) na qual o historiador expõe os acontecimentos de Mitilene, em 427. Depois do esmagamento da revolta, uma parte do território foi dividida em três mil lotes. Segundo a tradição, um décimo desses lotes foi reservado aos deuses. Os dois mil e setecentos lotes restantes foram distribuídos por sorteio a igual número de hoplitas atenienses. Os mitilenenses continuavam a cultivar suas terras, mas pagavam um foro de duzentas dracmas. Os clerucos continuavam sendo, pois, soldados que viviam dessa renda. Há boas razões para supor que o mesmo sistema foi aplicado nas outras clerúquias, estabelecidas em Andros e em Naxos em 450, na Eubéia em 447-446, no Quersoneso da Trácia no mesmo ano. Essas clerúquias eram estabelecidas seja de modo preventivo, seja, como vimos no caso das cidades eubéias ou de Mitilene, logo depois de uma tentativa de abandonar a aliança.

Algumas vezes as clerúquias foram apresentadas como parte de uma política "social" de Péricles. Teria sido uma forma de dar terras a cidadãos pobres. Em parte, é o que dá a entender Plutarco em sua *Vida de Péricles* (II, 6). Lembrando as diversas clerúquias estabelecidas na Trácia, ele concluía: "Ele agia assim não apenas para aliviar a cidade de uma população ociosa, que se tornava agitada pela inação, mas também para mitigar a miséria do povo e, estabelecendo guarnições no território dos aliados, inspirar-lhes o temor e impedi-los de tentar alguma revolta."

Um dos argumentos apresentados em favor dessa interpretação "social" das clerúquias é precisamente essa renda de duzentas dracmas anuais, que Tucídides menciona a propósito dos clerucos de Lesbos. Pois ali estava o censo, pelo menos em teoria, que permitia aceder à classe dos zeugitas. O estabelecimento de clerucos teria tido, pois, uma dupla vantagem: garantir a fidelidade das cidades aliadas e também diminuir o número de tetes no seio do corpo cívico.

Podemos, porém, questionar as bases de tal argumentação. Porque os soldados estabelecidos como guardas do fisco ou como clerucos eram hoplitas, isto é, muito provavelmente já pertenciam à classe dos zeugitas, ou, de todo modo, estavam entre aqueles que tinham condições de conseguir a panóplia de hoplita. Dito isso, se esses clerucos já eram proprietários na Ática, a renda que tinham era equivalente a um soldo. Sabe-se muito pouco sobre as cleruquias do século V para se fazer uma afirmação categórica. Permanece evidente apenas o objetivo de tais estabelecimentos: reforçar militarmente a presença ateniense no território dos aliados.

O que nos leva à seguinte questão: essa presença se manifestava também no plano político? Questão que dá margem a muitas respostas. A primeira deve ser relacionada com a forma do regime: Atenas, sob a direção de Péricles, teria imposto aos seus aliados o regime democrático? Lembramos acima esse aspecto a propósito de Samos. E vimos que a resposta era ambígua: porque embora os atenienses tivessem inicialmente favorecido o estabelecimento da democracia em Samos, depois da sublevação (e de seu esmagamento) que se seguiu à volta dos oligarcas ao poder, não parecem ter imposto à cidade uma mudança de regime. Parece-nos razoável pensar que se Atenas, em circunstâncias precisas, podia se ver tentada a apoiar os democratas, seu verdadeiro interesse era, contudo, garantir o pagamento regular do foro, e, portanto, que se colocassem à testa das cidades aliadas homens capazes de cumprir essa tarefa, em outras palavras, cidadãos ricos. A justificação do imperialismo como uma tirania, que Tucídides atribui a Péricles, implica que os atenienses não se deixavam perturbar por considerações "sentimentais" que os teriam levado a distinguir, entre as cidades aliadas, aquelas que tinham regimes democráticos e as que eram dominadas por oligarquias de mentalidade mais ou menos estreita. É isso o que dirá o demagogo Cléon, por ocasião do problema criado por Mitilene em 427: todos os mitilenenses eram igualmente culpados, tanto os democratas como os demais. Foi somente no curso da guerra do Peloponeso, e quando a luta contra Esparta se revestiu cada vez mais de um caráter "ideológico", que o estabelecimento de regimes democráticos nas cidades aliadas se tornou uma necessidade: o que fica demonstrado, principalmente, no caso de Samos, em 412.

No entanto, se, por um lado, a dominação de Atenas sobre seus aliados não se traduzia, necessariamente, na obrigatoriedade da adoção de instituições democráticas, por outro, Atenas dispunha de meios de controle político sobre os aliados. Temos a certeza, em especial, da presença de magistrados atenienses em certas cidades do império, com o título de vigilantes (*episkopoi*) ou, mais freqüentemente, de arcontes. Ao que parece, suas funções eram bastante amplas, mas não muito precisas. Eles são mencionados em diversos decretos, com a missão de fiscalizar a aplicação destes pelos aliados. Além disso, eles podiam ser encarregados de garantir a cobrança do foro, ou, como veremos, o uso exclusivo de moedas atenienses. Podiam também zelar para que os processos em que os aliados estivessem implicados fossem julgados em Atenas.

Com efeito, isso constituía um outro aspecto do controle político exercido por Atenas sobre seus aliados. Os negócios privados envolvendo gente das cidades aliadas concerniam aos acordos (*symbola*) celebrados entre Atenas e essas cidades. Em contrapartida, no que dizia respeito aos negócios públicos, isto é, o descumprimento, por parte dos aliados, dos acordos feitos com Atenas, relativos, mais uma vez, ao foro ou ao uso das moedas atenienses, e também a atos hostis aos atenienses, concerniam à *bule* ou ao tribunal da Heliaia. Parece mesmo que essa proteção terminou por se estender aos partidários de Atenas nas cidades aliadas, especialmente àqueles que gozavam do status de próxeno*, hóspede dos atenienses de passagem por sua cidade. Os adversários da democracia, em especial o autor anônimo de *República dos atenienses*, não deixarão de denunciar essa ingerência dos tribunais atenienses nos negócios das cidades aliadas, a obrigatoriedade dos nativos de outras cidades virem defender-se diante dos tribunais de Atenas.[4]

---

4. Xenofonte, *République des Athéniens*, I, 16.

Naturalmente, não devemos tomar ao pé da letra as críticas dos adversários da democracia ateniense e de Péricles. Mas não se pode negar o fato de que, colocando os aliados sob a alçada de seus tribunais, os atenienses limitavam sua autonomia.

Ora, se existia um símbolo da autonomia política, este era a moeda. Com efeito, cada cidade cunhava suas próprias moedas, e o símbolo que nelas figurava era o sinal mais visível dessa autonomia. Isso dá um peso ainda maior à decisão tomada pelos atenienses, numa data incerta, mas provavelmente próxima da celebração da paz de Cálias, de impor aos seus aliados o uso de sua moeda. As moedas mais antigas de Atenas remontam à época dos Pisistrátidas. Bem depressa, graças principalmente à exploração das jazidas argentíferas do Láurion, as "belas" atenienses que traziam de um lado a imagem da deusa protetora da cidade, Atena, e do outro o pássaro símbolo dessa divindade, tornaram-se moedas procuradas em todo o mundo mediterrâneo, por seu alto teor de prata e pela qualidade de sua gravura. Mas o decreto posto em votação por um certo Clearco tinha objetivos desprovidos de relação com o valor intrínseco das moedas atenienses. Tratava-se de proibir aos aliados o uso de pesos e medidas e de toda a moedagem que não os de Atenas. Para justificar essa medida, inegavelmente "tirânica", alegaram-se razões de ordem prática: isso simplificaria o cálculo do foro. Invocaram-se também razões políticas: a melhor maneira de afirmar a superioridade de Atenas era privar os aliados, agora em posição subalterna, desses símbolos de sua soberania que eram as moedas. Apresentaram-se, enfim, razões "econômicas": facilitar o intercâmbio comercial, cujo centro era o Pireu.

Malgrado essas diferentes explicações, o fato é que, efetivamente, nos anos imediatamente posteriores ao fim da guerra contra os persas e à adoção do decreto de Clearco, as moedas atenienses difundiram-se cada vez mais na região do Egeu, ao mesmo tempo em que desapareciam, de forma mais ou menos temporária, algumas moedas locais — que reapareceram quando se tornou patente a debilidade cada vez maior de Atenas nas últimas décadas do século, decorrente das derrotas sofridas na luta contra os lacedemônios e seus aliados. Somos, portanto, tentados a considerar, em primeiro lugar, a afirmação do poderio ateniense, sem, no entanto, rejeitar os outros motivos invocados.

Entre esses outros motivos, devemos, sem embargo, aceitar, em parte, a explicação econômica, em outras palavras: o imperialismo tinha também um caráter "econômico"?[5]

Como dissemos no início desta análise, o termo "imperialismo" não existe em grego, e temos de desconfiar das conotações que por vezes nos sentimos tentados a lhe atribuir. Se os imperialismos dos séculos XIX e XX tiveram uma dimensão econômica incontestável, pode-se dizer o mesmo do imperialismo ateniense? Temos de voltar mais uma vez à célebre *Oração fúnebre*. Com efeito, Tucídides atribui as seguintes palavras a Péricles: "Vemos chegar até nós, devido à importância de nossa cidade, todos os produtos de toda a terra, e ainda temos a sorte de colher os bons frutos de nossa própria terra com certeza de prazer não menor que o experimentado em relação aos produtos do resto do mundo" (II, 38, 2). O que é retomado pelo autor de *República dos atenienses:* "Tudo o que existe de delicioso na Sicília, na Itália, em Chipre, no Egito, na Lídia, no Ponto, no Peloponeso ou em qualquer outro lugar — tudo isso aflui para esse mesmo mercado, graças ao domínio do mar" (II, 11). E mais adiante ele acrescenta: "Só os atenienses estão em condições de reunir em suas mãos as riquezas dos gregos e dos bárbaros. Se uma cidade é rica em madeiras para a construção naval, onde as irá vender se não se entender com os senhores do mar? E se uma cidade possui muito ferro, cobre, linho, onde os irá vender se não se entender com os senhores do mar?" (II, 11).

Péricles e o Velho Oligarca se unem, pois, numa mesma apreciação das vantagens que o domínio do mar garante a Atenas. E, com efeito, podemos considerar que o Pireu, cujas instalações àquela altura estavam concluídas, já é o centro dos intercâmbios comerciais que os oradores do século IV nos dão a conhecer.

Mas isso nos autoriza a falar de um imperialismo econômico? Porque se o domínio do mar — e é nisto que insiste o Velho Oligarca — permite aos atenienses garantir o transporte para o Pireu

---

5. Ver, a propósito dos aspectos "econômicos" do poder imperial de Atenas, M. I. Finley, "L'empire athénien: un bilan", in: *Économie et société en Grèce ancienne*, Paris: La Découverte, 1984, p. 59-88 [ed. bras.: *Economia e sociedade na Grécia antiga*, trad. Marylene Pinto Michael, São Paulo: Martins Fontes, 1989].

dos produtos necessários à construção de seus navios e o abastecimento da cidade em cereais, e se, por outro lado, os comerciantes afluem de bom grado para um centro de comércio, um *emporium*, onde têm certeza de poder vender seus produtos contra uma moeda de valor reconhecido, isso não implica que a cidade exerce algum controle sobre a produção ou distribuição dessas diversas mercadorias. Se existe controle, ele se situa apenas no âmbito das taxas que pesam tanto sobre os produtos que entram no porto quanto sobre os que saem, sem que aqui se manifeste nenhuma "preferência imperial". E só quando a guerra ameaçou o abastecimento da cidade, os atenienses trataram de exercer um controle mais rigoroso dos carregamentos de trigo procedentes do Ponto Euxino e de garantir de alguma maneira um quase-monopólio desse comércio.

Se, portanto, é inegável que o domínio exercido por Atenas sobre a região do Egeu durante o período em que Péricles dirige a política da cidade não é alheio à prosperidade de que ela goza, se, por outro lado, o pagamento dos soldos dos marinheiros recrutados entre os cidadãos mais pobres e as clerúquias permitiram à sociedade ateniense conhecer um real equilíbrio durante os anos posteriores à celebração da paz de Cálias e anteriores à eclosão da guerra do Peloponeso, nem por isso o imperialismo ateniense poderia ser qualificado de imperialismo econômico. E o termo arqué, empregado por Tucídides, bem o define. Trata-se, antes de mais nada, de uma autoridade militar e política que transformou os aliados em "subordinados" da cidade "tirana". É por isso que o historiador ateniense vê nesse imperialismo e em sua afirmação a "causa mais verdadeira" da guerra do Peloponeso, uma guerra cuja responsabilidade pode ser imputada, sem sombra de dúvida, a Péricles.

7

PÉRICLES E AS ORIGENS DA GUERRA DO PELOPONESO

> Tucídides de Atenas escreveu a história da guerra entre os atenienses e os peloponésios. Ele se pôs a trabalhar desde os primeiros sinais da guerra, na expectativa de que ela alcançasse proporções muito maiores que todas as precedentes. Com efeito, foi a maior crise que sacudiu a Grécia e uma parte do mundo bárbaro; a bem dizer, ela atingiu a maior parte da humanidade (I, 1, 1-2).

É assim que Tucídides apresenta a tarefa a que dedicou uma parte de sua vida e que nos valeu um conhecimento dos acontecimentos que se desenrolaram de 431 a 411, pois a morte o impediu de prosseguir seu relato até os últimos combates que, em 405 a.C., puseram fim a esse duelo e resultaram na vitória dos lacedemônios e na queda desse império tão estreitamente associado ao nome de Péricles.

Para quem pretenda reconstituir a obra do grande estratego e político ateniense, Tucídides, seu contemporâneo, é uma fonte incomparável. E é precisamente no momento em que o conflito está prestes a eclodir, e nos primeiros anos da guerra, que Tucídides lhe atribui três discursos que se apresentam como uma defesa da obra realizada e implicam também que, em meio aos acontecimentos que tiveram lugar entre 433 e 429, data da morte de Péricles, este foi de fato o único responsável pela política ateniense.

OS CASOS DE CORCIRA E DE POTIDÉIA

O relato de Tucídides começa com a evocação de duas séries de acontecimentos que acarretaram o rompimento da paz de Trinta Anos. Ambas dizem respeito às relações entre Atenas e Corinto. Desde o fim da tirania dos Cipsélidas, Corinto entrara na aliança espartana. Essa cidade marítima, aberta tanto ao mar Egeu como ao mar Jônio, tivera um papel importante na expansão grega para o Ocidente. Devia-se aos coríntios a fundação de Siracusa, a principal cidade da Sicília, e por mais que os laços a unir a metrópole e sua poderosa colônia estivessem um tanto frouxos, o Ocidente continuava sendo um espaço sobre o qual ainda se exercia certo controle coríntio. Esse controle, porém, era contestado por uma outra colônia de Corinto, Corcira. Esta se tornara uma potência marítima, tendo fundado, à entrada do golfo da Jônia, a cidade de Epidamno, com colonos vindos também de Corinto. E é justamente essa dupla origem coríntia e corciréia dos fundadores de Epidamno que haverá de provocar um conflito entre as duas "metrópoles". As frotas das duas cidades se enfrentaram numa batalha naval que terminou com a vitória dos corcireus. Os coríntios prepararam a revanche, e o povo de Corcira, temendo não poder resistir a essa ofensiva, enviou uma embaixada a Atenas para pedir ajuda. Ao tomarem conhecimento dessa notícia, os coríntios resolveram também mandar uma embaixada a Atenas para impedir a intervenção da frota ateniense no conflito. Reuniu-se, então, uma assembléia em Atenas, diante da qual os dois adversários expuseram as suas queixas. Tucídides, fiel ao princípio que se propusera desde o início de seu relato, reconstitui os dois discursos.[1] A princípio, a argumentação dos coríntios parece convencer os atenienses, mas uma segunda assembléia, reunida no dia seguinte, pende antes em favor dos corcireus. Entretanto, ao que tudo indica, os atenienses não ficaram insensíveis ao principal argumento dos coríntios: uma intervenção ateniense significaria o rompimento da paz com os peloponésios. Por isso, diz Tucídides, eles não fizeram uma verdadeira aliança com os corcireus,

---

1. O discurso dos corcireus encontra-se nos capítulos 32 a 36 do livro I; o dos coríntios, nos capítulos 37 a 43 do mesmo livro.

mas um simples acordo defensivo: eles só interviriam se os coríntios atacassem Corcira.² Nem por isso eles deixaram de enviar uma frota de dez navios, comandada por um dos filhos de Címon e dois outros estrategos, com ordens de só intervir em caso de ataque contra o território de Corcira.

Podemos, evidentemente, nos perguntar sobre a boa-fé dos atenienses. Enviar uma frota recomendando a seus comandantes que não interviessem, tendo plena consciência de que os coríntios preparavam-se para atacar, era um ato de dissimulação. E o que tinha de acontecer aconteceu: atenienses e coríntios travaram uma batalha que se desenrolou ao longo das ilhas Sibota. Batalha incerta, em que a atitude dos atenienses, cuja frota fora reforçada por vinte navios, não se revelou menos ambígua, uma vez que, a acreditar em Tucídides, eles teriam respondido às queixas dos coríntios reafirmando sua preocupação em não "romper o tratado" (I, 53, 4).

A questão persistia, e seria reforçada por uma série de acontecimentos que ocorreram na cidade de Potidéia, ao norte do mar Egeu. Assim como Corcira, Potidéia era uma colônia coríntia. Mas, devido a sua posição geográfica, fora atraída para a órbita de Atenas e participava da aliança. Teria sido a ameaça de uma ruptura com Corinto que levou os atenienses a reforçar seu controle sobre Potidéia? Durante o verão de 432, isto é, cerca de um ano depois da batalha ao longo das ilhas Sibota, uma frota ateniense se dirigiu a Potidéia com a missão de fazer reféns para garantir a fidelidade da cidade.³ Ora, esta celebrara uma aliança com Perdicas, rei da Macedônia, e com as outras cidades da Calcídica. A princípio os atenienses esforçaram-se para resolver o problema macedônio, depois começaram o cerco de Potidéia.

Os coríntios, a quem os antigos colonos pediram ajuda, enviaram socorro à cidade sitiada. Ao mesmo tempo, eles reclamaram a intervenção dos aliados da liga peloponense, julgando que Atenas tinha rompido o tratado celebrado com os peloponésios. Tucídides, mais uma vez, reconstitui, tal como imagina, o debate que teve lugar em

---

2. Tucídides, I, 44, 1.
3. Ibidem, 56, 2.

Esparta, diante dos aliados.[4] O discurso do delegado coríntio é um ataque em regra contra o imperialismo dos atenienses. O orador contrapõe Esparta a Atenas, a cidade que preza a tranqüilidade, relutante diante da ação, à cidade inovadora, em constante estado de alerta, pronta a agir a qualquer momento. Não se sabe o que disseram os outros aliados de Esparta. Mas os atenienses teriam, então, desejado responder e, convidados a se manifestar diante da assembléia de Esparta, pediram encarecidamente que não acatassem, sem antes ponderar, as acusações feitas pelos coríntios, justificando sua dominação sobre o mundo Egeu com a menção ao que os gregos em geral, e os espartanos em particular, lhes deviam, isto é: a salvação da Grécia quando foi atacada pelos bárbaros. E se, logo depois da vitória, os gregos confiaram sua defesa aos atenienses, isto se devia ao fato de que os lacedemônios não quiseram continuar a luta contra o resto das frotas bárbaras. "Os aliados, então, vieram nos procurar, a nós, para nos pedir espontaneamente que assumíssemos sua liderança." Seguiu-se então, no discurso dos atenienses, uma defesa do império exercido pela cidade, que anuncia os discursos de Péricles, e poderia ter sido elaborada por ele. Porque se trata de um discurso ao mesmo tempo moderado e implicitamente ameaçador. Atenas deseja a paz e o respeito aos tratados, mas se os peloponésios querem a guerra, os atenienses não se furtarão a ela. A conclusão dos atenienses não poderia ser mais clara:

> Os homens, quando se lançam a uma guerra, prendem-se inicialmente àquilo que se deveria fazer em seguida, isto é, à ação; e, uma vez experimentado o mal, voltam à discussão. Pois bem! Como nós ainda não estamos envolvidos nesse erro, e vemos que vós também não estais, exortamo-vos, enquanto conselhos sensatos ainda são matéria de livre escolha para ambas as partes, a não violar o tratado e não violar os vossos juramentos, e a optar pela solução de nossas divergências mediante arbitragem; do contrário, se começardes a guerra, tomando como testemunhas os deuses pelos quais juramos, trataremos vos enfrentar, seguindo o caminho aberto por vós (I, 78, 3-4).

---

4. Ibidem, 67-88.

Depois de ouvirem as queixas de seus aliados coríntios e os argumentos dos atenienses, os espartanos deliberaram entre si. Nem seria preciso ressaltar que Tucídides, integrando a embaixada ateniense, não poderia ter tomado conhecimento dos argumentos apresentados pelo rei espartano Arquídamos. Teremos ocasião de voltar a falar de Tucídides e de sua concepção do relato histórico. Mas fica evidente, no discurso reconstituído de Arquídamos, que estamos longe do que se poderia chamar de documento histórico. No máximo, Tucídides pode ter tentado imaginar o que poderia ter dito um homem sensato que temesse as conseqüências, para sua cidade, de uma guerra que poderia ser longa, e que chamaria a atenção para o poderio de Atenas, nos termos que anunciam aqueles de que se valerá Péricles, um pouco mais adiante, no relato do historiador: a superioridade marítima, os recursos financeiros e mesmo uma certa indiferença no que tange à defesa do solo pátrio. "Terras, teria dito, em suma, Arquídamos, eles têm muitas outras em seu império, e eles farão vir por mar aquilo de que carecem" (I, 81, 2). Como se o rei espartano tivesse adivinhado a estratégia que haveria de ser escolhida por Péricles. Em termos imediatos, ele defendia a negociação, ao mesmo tempo em que aconselhava os lacedemônios a se prepararem para a guerra, caso não houvesse acordo.

Tucídides então acha por bem, para dar ao debate interno em Esparta maior verossimilhança, dar a palavra ao éforo* Stenelaídas, que retoma a argumentação dos coríntios e denuncia os atentados contra a paz perpetrados pelos atenienses. Tucídides só atribui umas poucas frases ao defensor da ruptura. Mas é este, porém, que consegue fazer aprovar a decisão de convocar uma nova assembléia dos aliados "para que, caso se optasse pela guerra, tivesse lugar em seguida a uma deliberação comum" (I, 87, 4).

Tucídides passa então a explicar o voto dos lacedemônios em favor da guerra com esta conclusão que anuncia a interrupção provisória de seu relato: "Se os lacedemônios votaram pelo rompimento do tratado e pela declaração de guerra, isso se deu não tanto pela influência dos discursos de seus aliados, mas pelo fato de temerem que Atenas ampliasse ainda mais o seu poder, porque eles já viam boa parte da Grécia em suas mãos" (I, 88).

AS ÚLTIMAS NEGOCIAÇÕES E O ROMPIMENTO

Só depois de lembrar como se constituíra o Império ateniense, Tucídides irá retomar seu relato das últimas negociações (I, 118, 3 *et seq.*). Primeiro, no seio da liga peloponésia, onde os coríntios voltaram a falar da necessidade de pôr fim às ambições atenienses e a essa tirania que ameaçava reduzir toda a Grécia à servidão, propondo, também, medidas concretas para garantir a superioridade militar dos aliados peloponésios; em seguida, em Atenas. Os lacedemônios tinham pedido aos atenienses que afastassem "a desonra cometida contra a deusa" (I, 126, 2). Evidentemente, o alvo aqui era Péricles, pois descendia, por linha materna, dos Alcmeônidas, sobre os quais pesava a lembrança dessa desonra ligada à repressão da tentativa de Cílon. Tucídides não faz segredo disso:

> Aparentemente eles defendiam em primeiro lugar os deuses, mas na verdade sabiam que Péricles, filho de Xantipo, estava implicado na maldição pelo lado materno, e acreditavam que, se ele fosse banido, ser-lhes-ia mais fácil obter dos atenienses as concessões desejadas; eles não tinham certeza, porém, de conseguir o banimento, mas esperavam, no mínimo, desacreditá-lo na cidade, onde haveriam de acreditar serem seus infortúnios pessoais responsáveis, em parte, pela guerra vindoura. Com efeito, ele era o homem mais poderoso de seu tempo e dirigia a política; ora, ele se opunha em tudo aos lacedemônios e, sem tolerar concessões, exortava sempre os atenienses à guerra (I, 127, 1-3).

Tudo é dito numa frase, e tudo o que até então fora atribuído aos "atenienses" na verdade traduz o ponto de vista do homem que efetivamente dirige os negócios da cidade. Além disso, a réplica dos atenienses, convidando da mesma forma os espartanos a afastarem outras "desonras" pelas quais eram responsáveis, não foi senão o preâmbulo para novas exigências lacedemônias: suspensão do cerco de Potidéia, revogação do decreto que proibia aos megarenses o acesso aos portos e à Ágora de Atenas, respeito à autonomia das cidades da região do Egeu.

Então os atenienses convocaram uma assembléia e abriram um debate: ficou resolvido que somente após terem apreciado o assunto sob todos os aspectos dariam uma resposta; muitos oradores fizeram uso da palavra, uns reiterando que era necessário ir à guerra, outros afirmando que o decreto não devia ser um obstáculo no caminho da paz, e teria de ser revogado (I, 139, 4).

Entre esses oradores estava Péricles, autor do primeiro grande discurso no relato de Tucídides. Podemos certamente nos perguntar o que, nesse discurso, se deve ao historiador, e o que corresponde às palavras efetivamente pronunciadas. De todo modo, nele se encontra a imagem que Tucídides pretende dar da política preconizada por Péricles. O início do discurso não deixa margem a dúvida: "Qual é meu pensamento, atenienses? É sempre o mesmo: não devemos ceder aos peloponésios." Não se trata, pois, de uma opinião ditada pelas circunstâncias, mas de uma posição assumida de longa data e que se baseia numa evidência: "Já era evidente que os lacedemônios estavam tramando contra nós, e agora o é ainda mais" (I, 140, 1-2).

Com efeito, enquanto os tratados — isto é, a paz de Trinta Anos — previam negociações em caso de litígio, os lacedemônios fazem exigências sem oferecer compensações, "preferindo, para resolver os pontos em litígio, a guerra à discussão". Prova disso são suas exigências em relação a Potidéia, a Egina, ao decreto de Mégara e à autonomia dos gregos. A propósito do decreto de Mégara, Péricles observa ser patente que este, por si mesmo, não poderia motivar a ruptura. Mas renunciar ao decreto seria ceder ao arbitrário, e logo surgiriam novas exigências:

> Qualquer que seja o pretexto — quer se trate de muitas ou de poucas coisas —, nós não cederemos e não viveremos temendo pelos bens que possuímos. Pois toda reivindicação de direito, da menor à maior, resulta na mesma sujeição quando, sem um julgamento prévio, nos é apresentada sob a forma de exigência por alguém igual a nós (I, 141, 1).

Péricles explica então por que Atenas não deve temer a guerra, fazendo um paralelo, semelhante ao que tinham feito os coríntios no congresso de Esparta, entre uma cidade marítima rica em navios de guerra e em recursos monetários e uma cidade de camponeses habituados a só combater para defender suas terras, sem nenhuma experiência de guerra no mar e dispondo apenas de parcos recursos.

Algumas passagens do discurso, porém, nos levam a pôr em dúvida a espantosa "lucidez" de Péricles. Com efeito, Tucídides não hesita em fazê-lo lembrar a possibilidade, da parte dos lacedemônios, de estabelecer um posto fortificado em território ático e "provocar danos numa parte da região por meio de incursões ou a deserção de escravos..." — o que de fato viria a ocorrer quando, em 413, o rei espartano Ágis se apoderou da fortaleza de Decêleia, ocasionando a fuga de vinte mil escravos!

O essencial, porém, é o destaque dado pelo orador àquilo que, a seu ver, mais importa, isto é, a superioridade de Atenas, o poderio de sua frota e o conhecimento "técnico" de seus marinheiros, cidadãos e metecos. Já se anuncia a estratégia que será adotada, uma vez esgotadas as últimas negociações: "Não devemos nos importar com a terra nem com as casas, mas sim com o mar e com a cidade" (I, 143, 5).

Não obstante, Péricles não conclui seu discurso rejeitando categoricamente a retomada das negociações: "Estamos dispostos a nos submeter a um julgamento com base no disposto no tratado; não tomaremos a iniciativa da guerra, mas, se eles começarem, nós nos defenderemos" (I, 144, 2). Para em seguida reafirmar que, a seu ver, a guerra era inevitável.

De fato, antes mesmo que as negociações tivessem sido definitivamente abandonadas, um ataque desfechado pelos tebanos contra Platéias, tradicional aliada de Atenas, iniciou as hostilidades.

OS PRIMÓRDIOS DA GUERRA

Não nos deteremos aqui sobre os acontecimentos que tiveram lugar em Platéias, longamente evocados por Tucídides (II, 1-6). A partir daí, a guerra se tornou inevitável, e ambas as partes empenhavam-se em reforçar suas alianças. Os lacedemônios enviaram embaixadas ao Grande Rei, na esperança de conseguir subsídios, e a seus aliados da Itália meridional e da Sicília. Os atenienses, por sua vez, ao mesmo tempo em que estreitavam os laços com seus aliados, buscavam apoio nas regiões vizinhas do Peloponeso: Corcira, Cefalônia, Zacintos, Acarnânia.

A iniciativa do ataque foi dos peloponésios, que reuniram suas forças na região do istmo de Corinto. Arquídamos enviou uma última embaixada aos atenienses. Péricles nem mesmo lhes permitiu a entrada na Ática. Foi então que ele tomou uma decisão que devia dirimir qualquer dúvida quanto à existência de laços de hospitalidade entre ele e o rei espartano: ele declarou diante da assembléia que se suas terras não fossem submetidas à mesma pilhagem que a dos outros atenienses, ele as cederia ao Estado, pois não queria ser objeto de nenhuma suspeita. Ao mesmo tempo, lembrava aos atenienses os recursos de que dispunham, principalmente as grandes reservas de dinheiro, os homens e também as fortalezas inexpugnáveis. Diante da invasão iminente da Ática, anunciada pela reunião de seus inimigos no istmo de Corinto, ele recomendava que se abandonassem os campos, que as mulheres e crianças ficassem sob o abrigo das muralhas e que os rebanhos fossem levados para a Eubéia. Tucídides fala da insatisfação dos atenienses diante dessas decisões. Além de não gostarem nada de ter de abandonar suas casas, suas condições de vida no interior das muralhas eram muito difíceis:

> Ao chegarem à cidade, poucos conseguiram alojamento ou abrigo em casa de amigos ou parentes: em sua maioria, instalaram-se em áreas não habitadas da cidade, nos terrenos dos templos consagrados aos deuses e aos heróis... Muitos se instalaram também nos torreões das muralhas da cidade ou alhures, cada um da forma como lhe foi possível (II, 17, 1-3).

A invasão da Ática se deu no início do verão. Os peloponésios devastaram Elêusis e a planície de Tria, avançando em seguida até a região de Acarnas, onde Arquídamos instalou seu acampamento, deixando que seus soldados devastassem a região. Indignados, os atenienses reunidos dentro das muralhas viam seus bens sendo pilhados e se enchiam de fúria contra Péricles, que, fiel à estratégia que escolhera, os impedia de sair. Acusavam-no de covardia, e os poetas cômicos o atacavam. Tucídides conta que, para evitar a hostilidade dos atenienses, Péricles "não convocava a assembléia ou qualquer outra reunião, temendo que o povo, deixando-se levar pelo rancor, tomasse alguma decisão precipitada" (II, 22, 1). Observação carregada de significado, por revelar a extensão dos poderes que Péricles se arrogou — ele, que era apenas um dos dez estrategos. Não obstante, ele autorizou algumas investidas de cavaleiros contra os sitiantes. E, finalmente, essa estratégia se revelou acertada, uma vez que os peloponésios acabaram por recuar, depois que Péricles acionou a segunda parte da estratégia: enviar uma frota ateniense de cem navios para dar uma volta ao Peloponeso. Os atenienses desembarcavam num ponto da costa e se entregavam a pilhagens mais ou menos bem-sucedidas. Foi nesse mesmo verão que eles se apoderaram de Egina e expulsaram seus habitantes. E foi sob o comando do próprio Péricles que eles invadiram e devastaram o território de Mégara.

No inverno que se seguiu a essas primeiras operações, Péricles foi escolhido para pronunciar a oração fúnebre dos primeiros mortos da guerra. Já se falou longamente desse célebre discurso, elogio de Atenas e de seu regime político, assim como dos que morreram para defendê-los. O fato de Péricles ter sido escolhido para tal missão faz supor que, dados os resultados obtidos quando da campanha em volta do Peloponeso, já se tinha amainado a insatisfação provocada pela primeira invasão da Ática.

Mas tal não passou de uma breve trégua, porque logo no início do verão seguinte os peloponésios e seus aliados tornaram a invadir a Ática. Foi então que se manifestou em Atenas a epidemia que iria se alastrar rapidamente e afetar grande parte da população refugiada no interior das muralhas. Não se sabe de onde ela veio. Tucídides nos transmite a opinião, com certeza mais corrente, de que a doença teria sido levada ao Pireu por pessoas vindas do Egito ou da Líbia. Seu testemunho é particularmente interessante porque, tendo ele próprio sido contaminado, descreve com precisão os primeiros sintomas, depois a evolução normalmente fatal da doença, da qual bem poucos tiveram, como ele, a chance de escapar. De sua longa exposição (II, 47, 3-54, 5), guardar-se-á na memória principalmente a impotência dos médicos diante de um mal que desconheciam e do qual eram as primeiras vítimas, e também a grande aflição dos doentes, amontoados no interior das muralhas e vivendo em condições de higiene deploráveis, além da perda de todos os valores morais.

> Diante da desgraça que os atingia, os homens, não sabendo o que os esperava, tornaram-se indiferentes a todas as leis, quer divinas, quer humanas. Os costumes até então observados em relação às sepulturas foram subvertidos: cada um enterrava seus mortos como podia, e muitos recorreram a modos escabrosos de sepultamento, porque haviam morrido tantos membros de suas famílias que já não dispunham de material funerário adequado; então, valendo-se das piras dos outros, algumas pessoas, antecipando-se aos que as haviam preparado, jogavam nelas seus próprios mortos e lhes ateavam fogo; outros lançavam o cadáver que carregavam sobre um corpo que já se consumia no fogo e iam embora (II, 52, 3-4).

O descaso com as práticas funerárias era acompanhado do abandono de todo pudor e recato. Como se podia morrer amanhã, o melhor era aproveitar ao máximo o dia de hoje, sem a menor preocupação de respeitar os deuses e as leis dos homens: "Vendo que todos estavam morrendo da mesma forma, as pessoas passaram a pensar que a piedade e a impiedade eram a mesma coisa; além disso, ninguém esperava estar vivo para ser chamado a prestar contas e responder por seus atos" (II, 53, 4).

Esse estado de confusão, essa perda de todas as referências eram agravados ainda mais pela presença do exército inimigo no território da cidade. Depois de terem devastado a planície (*pedion*), os peloponésios passaram para a região litorânea (*paralie*) e chegaram à região do Láurion, onde se entregavam a constantes pilhagens. Não obstante, Péricles continuava fiel à estratégia que adotara desde o início do conflito. Deixando os peloponésios instalados na Ática, ele enviou uma frota de cem navios atenienses, aos quais se juntaram cinqüenta navios de Quios e de Lesbos, para atacar o Peloponeso. Os hoplitas atenienses desembarcaram em Epidauro, devastaram seus arredores, sem conseguir conquistar a cidade. Em seguida, eles prosseguiram fazendo incursões rápidas contra os territórios de Trezena, Halieis e Hermione, e se apoderaram da praça-forte de Prásias, na Lacônia. Quando o corpo expedicionário voltou à Ática, os peloponésios se tinham retirado, depois de uma permanência de quarenta dias em solo ateniense, sem terem sido incomodados. Ao mesmo tempo, uma expedição comandada pelos estrategos Hágnon e Cleôpompos veio reforçar as tropas que continuavam sitiando Potidéia. Mas ela teve conseqüências desastrosas, porque os soldados vindos de Atenas levaram com eles a doença que, segundo Tucídides, provocou a morte de 1.050 sitiantes.

Pode-se imaginar, portanto, que a insatisfação não parava de crescer entre os atenienses, que, pela segunda vez, viam suas terras devastadas. E era bastante evidente que essa insatisfação dirigia-se contra Péricles, considerado responsável por tal situação. E é nesse ponto do relato que Tucídides coloca o terceiro grande discurso de Péricles, pronunciado diante de uma assembléia que ele resolvera reunir. Desde o início do discurso, ele põe os atenienses face ao dilema que têm de resolver: colocar seus interesses particulares antes do interesse comum. "Transtornados pela miséria que atinge vossas casas, renunciais à preservação do interesse comum, e dirigis vossas queixas contra mim, que aconselhei a guerra, e contra vós mesmos, que votastes essa resolução" (II, 60, 4). Ora, se é preciso evitar a guerra quando tudo vai bem, em compensação, é preciso aceitá-la quando estamos diante de exigências iníquas e obrigados a nos submeter. E não ceder diante das dificuldades. Mas, em seu discurso, Péricles procura demonstrar principalmente o quanto o império é indispensável à vida da cidade. Senhora dos mares, Atenas nada tem a temer enquanto mantiver esse domínio:

> Não é o uso das casas e das terras, cuja privação vos parece tão importante, que define esse poder, e nem é razoável que vos amargureis por elas: antes deveis considerá-las, comparadas a esse poder, como um mero jardim de recreio e um luxo pelo qual se perderá o interesse (II, 62, 3).

E dirigindo-se àqueles que talvez já tivessem entabulado negociações com o inimigo e estavam dispostos a vender o império a preço vil, Péricles demonstra que tal atitude condenaria Atenas à servidão:

> Ora, já não podeis abrir mão deste império, se qualquer de vós pretende, na presente crise, por amor à tranqüilidade, praticar essa ação virtuosa.

Na realidade, este império é como a tirania, cuja imposição parece injusta, mas cujo abandono é perigoso. Tais cidadãos arruinariam rapidamente uma cidade, se obtivessem o apoio de outros ao seu ponto de vista, ou estabelecessem em outras terras um governo independente para si mesmos. Com efeito, os homens acomodados não estão seguros a não ser que tenham ao seu lado homens de ação, e não condiz com uma cidade imperial, mas somente com uma cidade submissa, buscar segurança na escravidão (II, 63, 2-3).

Péricles terminou o discurso exortando os atenienses a não ceder e não procurar negociar com os espartanos, mas a continuar a luta para manter o império sobre o qual repousava a grandeza da cidade.

Evidentemente, podemos questionar a realidade desses arrazoados que Tucídides atribui a Péricles. É verdade que eles vão no sentido da política que ele tinha desenvolvido desde que tomara em suas mãos o governo efetivo da cidade. De todo modo, a reação dos atenienses foi contraditória. Péricles, acusado por seus adversários — apoiados tanto pelos camponeses pobres que tinham perdido tudo quanto pelos ricos proprietários que tinham assistido, impotentes, à destruição de suas ricas residências no campo —, foi condenado a pagar uma pesada multa no valor de quinze ou cinqüenta talentos, de acordo com as fontes citadas por Plutarco em *Vida de Péricles* (*Péricles*, XXXV, 4). Mas pouco depois Péricles foi reeleito estratego, e os atenienses lhe confiaram, segundo Tucídides, a direção de todos os negócios. Ele não haveria de exercer o poder por muito tempo. Acometido pela doença que já vitimara seus dois filhos, morreu em fins do ano 429. Tucídides não se estende muito sobre as circunstâncias de sua morte, e é nesse ponto que ele faz um breve elogio do homem que dirigira os negócios da cidade com autoridade, não se curvando nunca, nem diante do povo, nem dos ricos, desprezando o dinheiro e mantendo-se fiel ao caminho que traçara para Atenas. É nessa altura, também, que ele define o poder de Péricles: "Sob o nome de democracia, Atenas na verdade foi governada pelo primeiro de seus cidadãos" (II, 65, 9).

E Tucídides, que escreve esta conclusão quando já conhece o resultado desastroso da guerra, procura demonstrar a responsabilidade, nesse desastre, dos sucessores de Péricles, que não souberam se manter fiéis a sua política:

Ele havia dito aos atenienses que, mantendo-se tranqüilos, cuidando de sua frota e abstendo-se de tentar aumentar o seu império durante a guerra e pôr a cidade em perigo, levariam a melhor. Ora, eles fizeram o contrário de tudo isso; além do mais, para satisfazer suas ambições e interesses pessoais, num domínio aparentemente alheio à guerra, tomaram medidas tão ruins para eles próprios como para seus aliados (II, 65, 7).

Evidentemente, podemos questionar a validade dessa conclusão, que talvez vise Alcibíades. E a leitura do próprio Tucídides nos leva a questionar a natureza do imperialismo ateniense defendido por Péricles. É inegável, no entanto, e sem por isso ceder à sedução do relato do historiador, que a dominação exercida por Atenas sobre o mundo egeu foi, incontestavelmente, uma das bases para o desabrochar do regime inventado pelos atenienses e personificado por aquele que o levou ao apogeu e fez de Atenas, durante algumas décadas, o centro econômico, intelectual e artístico da Hélade.

TERCEIRA PARTE

A ATENAS DE PÉRICLES

Valendo-nos do texto de Tucídides, e principalmente da célebre *Oração fúnebre*, procuramos mostrar o papel de Péricles tanto na afirmação do regime democrático quanto no desenvolvimento de um imperialismo ateniense que iria desembocar na guerra do Peloponeso. Quando Péricles morre, em 429, sendo ele uma das últimas vítimas da epidemia, deixa aos atenienses uma cidade ainda poderosa, mas cada vez mais ameaçada.

Essa cidade, no entanto, não se resume ao seu sistema político e ao seu imperialismo sobre a região do Egeu. Por trás do relato do historiador preocupado em dar aos seus leitores uma "lição para sempre", existem homens e mulheres cuja vida cotidiana, crenças, lazeres e condições reais de vida material gostaríamos de conhecer melhor. Sobre esses aspectos Tucídides não nos diz praticamente nada, exceto nas breves referências às aflições dos camponeses refugiados no interior das muralhas da cidade ou às vantagens da situação do Pireu. Para tentar entrever as realidades da vida das populações da Ática, carecemos principalmente de meios de informação. Só no século seguinte, graças sobretudo aos discursos dos oradores, podemos nos inteirar de algumas dessas realidades sociais e econômicas. As coisas são um pouco diferentes no que se refere ao desenvolvimento da cidade, e principalmente dos grandes trabalhos da Acrópole, sobre os quais dispomos dos testemunhos da arqueologia e da epigrafia.

Evidentemente, temos também o que nos foi transmitido de forma mais ou menos direta — ainda que disponhamos apenas de uma parte —, isto é, as obras dos poetas trágicos e cômicos, e os vasos pintados que, de um outro modo, nos falam também da cidade.

É a partir dessa frágil documentação, e sem procurar dela tirar mais do que nos pode dar, que devemos tentar traçar um quadro da Atenas de Péricles.

ATENAS E O PIREU NA ÉPOCA CLÁSSICA

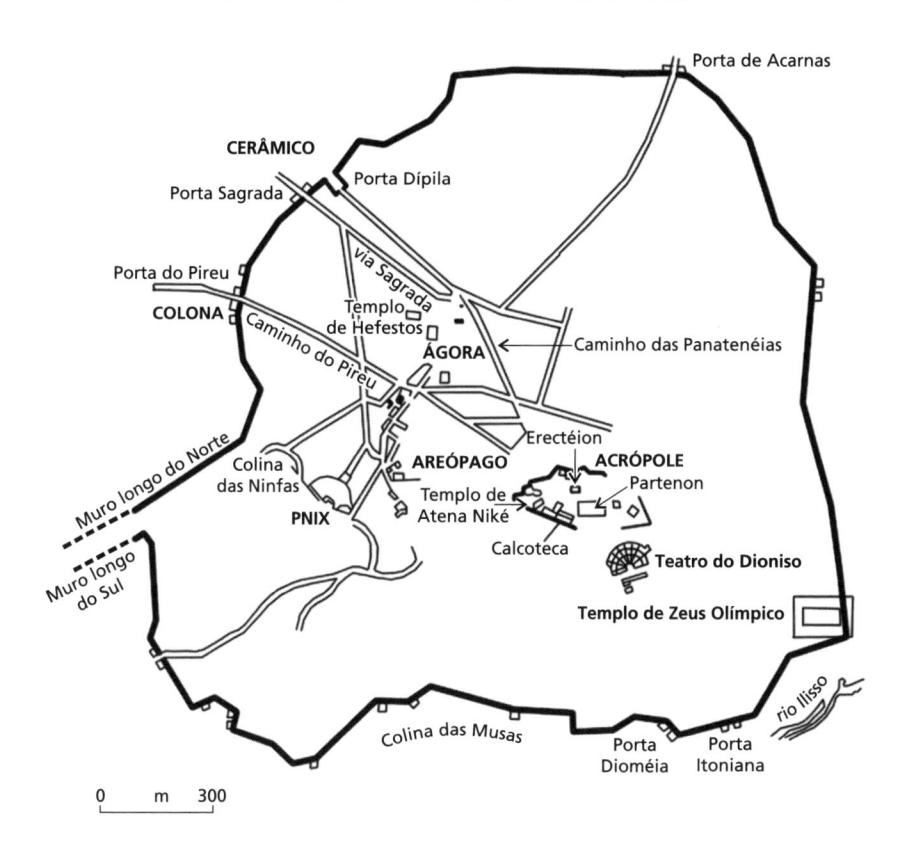

8

ECONOMIA E SOCIEDADE

Cumpre esclarecer desde já que este título não deve dar a falsa impressão de postular que as estruturas econômicas determinam a natureza de uma sociedade no seio da qual, como veremos, os status se mostram independentes do modo da atividade econômica. É preciso também ter em mente que um estudo da vida econômica de Atenas no século V baseia-se em indícios tão frágeis que a exposição exige extrema prudência.

A VIDA ECONÔMICA DE ATENAS NO SÉCULO V

De que elementos dispomos para tentar descrever a atividade econômica de Atenas no século V? A Ática, como sabemos, é uma região de colinas e montanhas, pouco propícia, portanto, à cultura de cereais, exceto na estreita planície da Mesogéia. As tradições míticas, assim como as realidades climáticas, dão testemunho de que a vinha e a oliveira eram as culturas predominantes, que mal alimentavam um comércio de exportação: o vinho ateniense, ao contrário de certos vinhos das ilhas, era pouco apreciado. Outras culturas completavam essa atividade rural que a princípio visava apenas a mera subsistência. Com certeza alguns grandes proprietários vendiam uma parte de sua colheita de azeitonas ou de cereais. Disso dá testemunho, caso tenha algum fundamento, a história contada por Plutarco de que Péricles mandava vender de uma só vez a produção de suas terras, preferindo comprar no mercado os produtos de que precisava, para não ter de se afastar da atividade política a fim de tratar de assuntos domésticos. Ela revela sobretudo que a maioria dos atenienses ainda vivia em regime de autarcia. Nem por isso as trocas deixavam de ser uma realidade no próprio interior da cidade. Mas não é certo que a moeda tenha tido um papel importante nas trocas internas, pois àquela altura ainda não existiam as pequenas moedas divisionárias, que só iriam surgir no fim do século.

Em compensação, não há dúvida de que se usava moeda nas transações comerciais externas. Já falamos da forma como Péricles insiste no fato de que o Pireu recebia o afluxo de produtos de toda a região do Egeu. A mesma idéia é expressa pelo Velho Oligarca, quando ele salienta a vantagem de ter o domínio dos mares, que não apenas permite abastecer-se de cereais ao longo de todo o ano, mas também garante que se desfrute de grande variedade de alimentos: "Tudo o que há de delicioso na Sicília, na Itália, em Chipre, no Egito, na Lídia, no Ponto, no Peloponeso ou em qualquer outra terra, tudo isso aflui para o mesmo mercado, graças ao domínio do mar" (*República dos atenienses*, II, 7). Um poeta cômico contemporâneo se mostra ainda mais explícito: "De Cirene vêm o sílfion [planta usada como alimento, condimento e medicamento] e peles de animais. Siracusa fornece porcos e queijo; do Egito vêm o linho para as velas dos navios e o papiro; a Líbia vende marfim, Rodes, passas; da Síria vem o incenso, de Creta, madeira de cipreste, etc."

Produtos de primeira necessidade (cereais, peixes secos, madeira, linho...) e produtos de luxo afluem ao Pireu, para, ao mesmo tempo, prover as necessidades da maioria e permitir o luxo de uma pequena minoria de ricos. Ora, essas importações não eram "contrabalançadas" por exportações de mesmo valor. É verdade que não dispomos de nenhuma indicação, em termos numéricos, que nos permita medir o volume das importações e das exportações. Mas a agricultura ateniense, como dissemos, fornecia apenas um pequeno excedente de produção exportável (salvo, talvez, o caso do azeite). Durante a primeira metade do século V, Atenas vendia principalmente vasos, aquela cerâmica pintada necessária para servir os banquetes, da qual se encontraram inúmeros exemplares em toda a volta do Mediterrâneo. Mas essa produção declina na segunda metade do século, e para pagar as importações de cereais, a moeda passa a ocupar o primeiro plano, seja porque permite aos comerciantes oriundos de Atenas pagar em espécie suas compras nos portos do mar Negro, seja porque lhes permite comprar mercadorias no Pireu para revendê-las nos mercados do Ponto. Também nesse caso, dispomos de poucas informações sobre essas transações antes do século IV. Elas revelam uma economia cujo funcionamento é totalmente diferente da economia moderna — mas nem por isso "primitiva". É inegável que, em meados do século IV, o Pireu era um espaço dinâmico em que as transações comerciais tinham um lugar importante, mas essas transações só diziam respeito à cidade na medida em que ela cobrava taxas à entrada e à saída dos navios, taxas que incidiam tanto sobre os produtos importados quanto sobre os que eram exportados, e na medida em que essas trocas permitiam abastecer a cidade de cereais e de produtos necessários para equipar os navios.

Além disso, ignora-se em que mãos estava essa atividade comercial. Trata-se de uma velha questão que suscitou muitas controvérsias entre os historiadores modernos. Evidentemente, não está excluído que atenienses tivessem seu próprio navio e participassem de uma parte dessas transações. É mais provável, porém, que os comerciantes que freqüentavam o porto do Pireu fossem, em sua maioria, estrangeiros, estabelecidos, permanentemente ou não, na Ática. O que se consegue entrever da condição dos *emporoi*, comerciantes que se dedicavam ao comércio marítimo no século seguinte, nos leva a pensar, sem que isso implique necessariamente um "desprezo" pelas atividades mercantis, que assim era.

No que diz respeito às atividades artesanais, as coisas podem ter sido um pouco diferentes. Como dissemos, no século V os atenienses eram, em sua grande maioria, proprietários fundiários que viviam dos produtos da sua terra, ainda que esta fosse uma parcela de dois ou três hectares. Numerosas atividades artesanais desenvolviam-se no seio do *oikos*, da "casa", pois as coisas pouco tinham mudado desde a época de Hesíodo, em que o próprio camponês fabricava seu arado e suas ferramentas. E como na propriedade do interlocutor de Sócrates no *Econômico*, de Xenofonte, a dona da casa tecia as roupas de todos os que ali viviam, livres e escravos.

Havia, porém, um artesanato especializado: o ferreiro, o curtidor de peles, o carpinteiro, o oleiro eram artesãos dedicados a um ofício específico que exigia o conhecimento de uma *techné*. Eles se encontravam mais comumente nas cidades e portos que nos campos. Mais uma vez, só podemos ter uma idéia da estrutura desse artesanato no que diz respeito ao século IV: em geral, oficinas de dimensões modestas em que o mestre trabalhava auxiliado por alguns escravos. Esse era certamente o caso dos oleiros, cujas oficinas podemos entrever em algumas pinturas de vasos, dos carpinteiros da marinha, dos curtidores de peles e dos ferreiros. Esses artesãos podiam ser cidadãos ou estrangeiros residentes. As raras informações que provêm do último terço do século V nos levam a crer que alguns desses artesãos, principalmente os que fabricavam armaduras e armas, podiam possuir um número considerável de escravos, e por isso tirar dessa atividade ganhos que lhes permitiam aceder aos cargos mais importantes, como aconteceu com Cléon, o "curtidor de peles", e com Hipérbolos, o "oleiro". Sabe-se também que Aristófanes, em *A paz*, peça apresentada pouco antes da celebração da paz de Nícias em 421, punha em cena fabricantes de capacetes e de escudos queixando-se diante da perspectiva do término de uma guerra que lhes permitia obter grandes lucros. Para além da caricatura cômica, havia nisso a expressão de uma realidade confirmada por alguns exemplos bem claros.

Se entrevemos algumas dessas realidades, muita coisa, entretanto, continua na obscuridade. Ignoramos, por exemplo, como os produtos do artesanato eram postos no mercado. Com certeza a oficina também funcionava como loja, onde o cliente podia comprar. Mas que dizer dos produtos exportados, como era o caso dos vasos? Podemos imaginar que os comerciantes compravam diretamente nas oficinas do bairro da Cerâmica, na medida de suas necessidades imediatas, sem que houvesse nenhuma regularidade nessas compras nem em seu destino. *A fortiori*, isso era ainda mais verdadeiro no caso das outras atividades artesanais. O cidadão hoplita tratava de conseguir as próprias armas, e o armeiro a quem ele procurava muito provavelmente trabalhava sob encomenda. Quanto às construções navais, elas eram certamente da alçada da cidade. Mas também aí, pelo menos no século V, não devemos imaginar a existência de arsenais produzindo em grande escala. Como veremos no que tange às construções públicas, sobre as quais temos um pouco mais de informações, trabalhava-se na base de "contratos" feitos com artesãos isolados.

E com certeza isso se aplicava também à indústria de mineração, de fundo e de superfície, ainda que aí pudessem existir, em alguns períodos, se não uma concentração de "empresas", pelo menos uma concentração de uma massa considerável de escravos mineiros, pertencentes a um mesmo proprietário, que os alugava a diferentes concessionários. Esse teria sido o caso de Nícias e de alguns outros cidadãos de destaque, como conta Xenofonte em *As rendas* (IV).

Assim sendo, devemos encerrar estas considerações sobre como era a economia ateniense em meados do século V, quando Péricles começa a presidir os destinos de Atenas, com extrema cautela. Uma atividade variada, baseada numa terra explorada por aqueles que a partilhavam — sem que se possa precisar a natureza dessa divisão, mas que se pode supor dominada pela pequena propriedade —, num artesanato especializado e de qualidade que atendia às necessidades de todos os membros da comunidade, em intercâmbios comerciais dinâmicos, que garantiam à cidade rendas consideráveis, ao mesmo tempo que a abasteciam de cereais e de produtos indispensáveis à construção de sua frota — e, enfim, numa moeda de bom quilate, graças à exploração das riquezas minerais do Láurion, que permitia à cidade adquirir todos os bens indispensáveis e, pela obrigação imposta aos seus aliados de garantir seu uso exclusivo, aumentar sua hegemonia.

Mas é bem evidente que tal atividade econômica inserida nas próprias estruturas da cidade, como o demonstrou o grande historiador inglês Moses Finley, nem por isso determinava a natureza da sociedade.[1] Era sobre outras clivagens econômicas que se estruturavam as relações sociais.

---

1. M. I. Finley, *The Ancient Economy*, 2.ed. com um posfácio, Londres: The Hoggarth Press, 1985 (ed. franc.: *L'Économie antique*, trad. Max Peta Higgs, Paris: Les Éditions de Minuit, 1975).

A SOCIEDADE ATENIENSE NO SÉCULO V

Quando tentamos descrever a sociedade ateniense à época de Péricles, deparamo-nos com uma dificuldade considerável: a falta de fontes. Não dispomos de informação alguma que nos permita fazer uma estimativa do número de atenienses — a não ser que nos baseemos em cálculos mais ou menos hipotéticos a partir do número de hoplitas de que a cidade dispunha às vésperas da guerra do Peloponeso —, e tampouco de fazer um cálculo aproximado da proporção, no seio da população da Ática, daqueles que trabalhavam a terra em relação aos artesãos e aos comerciantes. Apenas uma fonte põe em cena essas diferentes categorias, o teatro cômico. Mas logo se percebe também o quanto é difícil para o historiador utilizar essa fonte. Não dispomos senão de uma parte — é verdade que uma parte considerável — da obra de um só poeta cômico, Aristófanes, testemunha do período que se segue à morte de Péricles e é dominado pela guerra. Os outros poetas, anteriores ou contemporâneos, só os conhecemos por fragmentos, os quais nem sempre são explícitos. Além disso, a comédia é um testemunho que se deve usar com cuidado, visto que as situações são sempre exageradas ou fantasiosas. Não obstante, o historiador Victor Ehrenberg tentou elaborar *"a sociology of old Attic comedy"* [uma sociologia da comédia ática antiga], subtítulo de um livro publicado em Oxford em 1943, *The People of Aristophane*. Obra muito rica e sugestiva, cujas conclusões, bastante cautelosas, deixam, não obstante, diversas questões em aberto. Além disso, em um momento em que a história econômica tendia a ocupar o primeiro lugar nas pesquisas dos historiadores, Ehrenberg tentava conciliar as categorias socioeconômicas tradicionais (camponeses, artesãos, comerciantes) com as divisões que se revelavam nos discursos dos atenienses: livres e não-livres, cidadãos e não-cidadãos, ricos e pobres, que ele abordava em capítulos distintos dos primeiros. Ora, parece-me que é dessas divisões que se deve partir, evitando construir uma análise da sociedade ateniense com base no que os historiadores contemporâneos chamam de categorias socioprofissionais. É isso que procuraremos fazer aqui.

Atenas, vista da Acrópole, © Mauritius/LatinStock

Posêidon, Apolo e Ártemis, friso do Partenon, 440-435 a.C., Atenas, Museu da Acrópole, © Album Art/LatinStock/Erich Lessing

Hoplitas e carro, pedestal de Kouros, baixo-relevo em mármore, 490 a.C., Atenas, Museu Nacional de Arqueologia, © Akg/LatinStock/Nimatallah

Triere com remadores, baixo-relevo, século VI a.C., Atenas, Museu da Acrópole, © Akg/LatinStock/John Hios

Ensaio de uma peça satírica, detalhe de um vaso com figuras vermelhas, 410 a.C., Nápoles, Museu Nacional Arqueológico, © Akg/LatinStock/Nimatallah

Posêidon com tridente num cavalo, acompanhado de jovem cavaleiro (Hermes?), vaso de pintor de Policoro (Basilicata, Itália), fim do século V a.C. © Akg/LatinStock/Andrea Baguzzi

Guerreiros se armando, parte inferior de uma taça atribuída a Makkon, 500-475 a.C., Paris, Museu do Louvre, © Album Art/LatinStock/Erich Lessing

Guerreiros exercitando-se, detalhe de vaso ático com figuras em preto, século VI a.C., Nápoles, Museu Nacional Arqueológico, © Akg/LatinStock/Nimatallah

Cena de sacrifício, detalhe de um vaso com figuras em vermelho, 430 a.C., Paris, Museu do Louvre, © Akg/LatinStock/Erich Lessing

LIVRES E NÃO-LIVRES

Este é com certeza o primeiro critério de distinção no seio da população ateniense. As fontes, tanto literárias como epigráficas e iconográficas, confirmam a presença dos escravos no seio da sociedade ateniense. O teatro, cômico e trágico, com freqüência os põe em cena. Mas se trata, amiúde, daquilo que se pode qualificar de escravos domésticos: a ama, confidente das heroínas da tragédia, a pequena serva, que o camponês do teatro cômico se compraz em levar para a cama, e aqueles porteiros, cozinheiros, jardineiros cuja presença adivinhamos tanto em cena como nos vasos pintados. Bem entendido, isso não nos permite avaliar o volume dessa população servil em relação à população livre, nem seu lugar nas atividades produtivas. Foi somente a propósito das conseqüências da tomada da fortaleza de Decêleia pelos espartanos, em 413, que Tucídides mencionou os vinte mil escravos que fugiram da região de Láurion. E foi Xenofonte quem, como vimos, em seu tratado *As rendas*, escrito em meados do século IV, fez referência aos mil escravos que Nícias alugava a concessionários das minas.[2] Como revelaram, em especial, as escavações de Tóricos, as minas de Láurion estavam em plena atividade no século V, e temos boas razões para supor que a quase totalidade da mão-de-obra que trabalhava nas minas e nas oficinas de superfície era composta de escravos. Da mesma maneira, os escravos estão presentes entre os operários dos canteiros de obras do Erectéion, e é de supor que fossem muito numerosos quando se iniciaram, por volta de 443, os trabalhos de construção da Acrópole, principalmente nos canteiros de obras do Partenon e dos Propileus. Nesse caso também, só no que diz respeito ao fim do século V e, principalmente, ao início do século IV, dispomos de indicações mais precisas que nos permitem ter uma idéia do volume da mão-de-obra servil nas oficinas, especialmente de curtição de peles e couros (Cléon, Ânito) e de fabricação de armas (o pai de Lísias e o de Demóstenes). É de supor, também, que se empregavam escravos nas carpintarias da marinha e nas olarias.

---

2. Tucídides, VII, 27, 5; Xenofonte, *Revenus* [*As rendas*], IV, 14.

Mas nada disso, que podemos supor ter existido desde as primeiras décadas do século V, nos dá a menor idéia do número de pessoas livres em relação ao número de não-livres. Os historiadores aventaram os números mais fantasiosos, a partir de cálculos mais ou menos artificiais, segundo se procurava demonstrar a preeminência da mão-de-obra servil na produção ou, ao contrário, minimizá-la; estimativas essas ligadas à idéia que se tinha, *a priori*, da Atenas de Péricles, cidade escravagista, não obstante o seu caráter "democrático", ou, ao contrário, justamente por esse seu caráter democrático, cidade que, verdade seja dita, admitia a escravidão, mas somente de forma marginal. Os partidários dessa escravidão limitada compraziam-se em citar o Velho Oligarca, que, em *República dos atenienses*, afirmava: "Quanto aos escravos, eles gozavam em Atenas da mais ampla liberdade. Não era permitido espancá-los, o que se explica pelo fato de que nada os distingue dos homens livres pobres." Ele chegava a afirmar que os escravos gozavam da mesma liberdade de palavra (*isegoria*) que os homens livres (I, 10-12).

É fácil compreender que aqui temos um falso problema.[3] É verdade que havia escravos em Atenas e que eles se encontravam em todos os ramos da produção, nas oficinas, nas minas, nos canteiros das obras públicas e também no campo. Privados de liberdade, eram, ao mesmo tempo, objetos de propriedade: podiam ser comprados, alugados e vendidos, como qualquer outro bem. Podiam igualmente ser libertados por seu dono. Enfim, havia escravos também a serviço da cidade, como os escravos citas, que, armados de bastões, mantinham a ordem nas ruas e no porto. Comprados nos mercados orientais ou "crias da casa", de todo modo eles não representavam qualquer ameaça para a cidade, ao contrário dos hilotas de Esparta. E os acontecimentos que se seguiram à tomada de Decêleia o provam: a fuga era sua única possibilidade, além de uma hipotética alforria, de escapar a sua sorte.

Quanto ao seu número, embora provavelmente não fosse tão limitado quanto se chegou a imaginar, tampouco podia ameaçar a

---

3. Sobre os debates relativos ao lugar dos escravos e ao seu número na Atenas clássica, ver o livro de M. I. Finley, *Escravidão antiga e ideologia moderna*, trad. Norberto Luiz Guarinello, Rio de Janeiro: Graal, 1991.

ordem da cidade. E se consideramos o problema que representava, para Atenas, o abastecimento de cereais, temos de concluir que aumentar indefinidamente seu número só teria agravado a situação ainda mais.

Fizemos referência, no início deste capítulo, ao desinteresse de Péricles pela exploração de sua propriedade, cuja produção ele vendia de uma só vez, para não ter de se ocupar em gerenciá-la. É razoável supor que, tal como o personagem de *Econômico*, de Xenofonte, ele tinha um escravo para ocupar-se dos serviços materiais aos quais não queria sacrificar o tempo dedicado aos assuntos da cidade.

Portanto, devemos nos ocupar agora apenas dos homens livres. Ora, entre esses também havia uma distinção importante, aquela que separava os cidadãos dos não-cidadãos.

CIDADÃOS E NÃO-CIDADÃOS

Já falamos anteriormente da famosa lei de 451, atribuída a Péricles, que limitava o acesso à cidadania aos nascidos de pai e mãe atenienses. Ainda que, como ficou dito, sua aplicação nem sempre tenha sido fácil, e sempre houvesse a possibilidade de fraudar a lei, é fato que esta ficou em vigor durante muitos anos e foi restabelecida em todo o seu rigor logo em seguida à segunda restauração democrática, depois de um período conturbado durante o qual deve ter sido, por diversas razões, se não abandonada, pelo menos posta de lado.

A definição do cidadão era, pois, clara e distinta, e é de supor que, na falta de listas oficiais que dessem conta da situação civil de cada habitante, as categorias em que se enquadravam os cidadãos — fratrias, tribos, demos — garantiam o controle de sua aplicação. Além disso, visto que era no seio do demo e da tribo que se faziam as listas dos passíveis de mobilização e também dos nomes submetidos aos sorteios para os cargos de juiz, de membro da *bule* e de diversos cargos públicos, dá para imaginar que, ainda que o sistema não apresentasse coerência absoluta, nem por isso deixava de existir, e permitia circunscrever aqueles que faziam parte do *démos* do corpo cívico detentor da soberania política.

Isto posto, cumpre dizer que apenas de forma aproximada tentamos avaliar o número dos cidadãos em meados do século V. Teriam sido de quarenta a quarenta e cinco mil em idade de empunhar armas, ou pelo menos de servir na frota, se aceitamos a hipótese de que no mínimo metade deles pertencia à classe dos tetes. O número de hoplitas de que Atenas dispunha às vésperas da guerra do Peloponeso elevava-se a treze mil, aos quais se somavam os dezesseis mil que faziam a guarda das muralhas. Mas entre estes últimos, além dos cidadãos mais jovens e mais velhos, havia também os metecos, que dispunham de meios para adquirir o próprio equipamento (Tucídides, II, 6-7). A esses hoplitas acrescentavam-se 1.200 cavaleiros e arqueiros, estes últimos certamente recrutados entre os metecos (ibid., 8). Como se vê, trata-se de indicações por demais vagas, pelo menos no aspecto que nos interessa aqui, isto é, a relação cidadãos/não-cidadãos. E igualmente imprecisas no que diz respeito aos homens que compunham a tripulação das trezentas trieres em que cidadãos pobres e não-cidadãos eram igualmente confundidos, se não na realidade, sobre a qual nada sabemos, pelo menos na avaliação apresentada pelo historiador, preocupado apenas em fazer uma estimativa das forças de que dispunha Atenas no início do conflito.

Assim, é com base também nessas únicas estimativas que avaliamos em cerca de quinze mil o número de metecos, também nesse caso os homens em idade de servir. É uma pena que a contabilidade do *metoikion*, a "taxa de permanência" de doze dracmas, para os homens, e de seis dracmas, para as mulheres, não tenha chegado até nós nem mesmo de forma fragmentária. Não obstante, é possível reconstituir o status dos metecos, estrangeiros residentes, distintos do *xenus*, estrangeiro de passagem.

Além do pagamento de uma taxa de residência, o meteco devia ter um "patrão" (*prostatés*) que respondia por ele diante das instâncias da cidade. No século V, os metecos eram, em sua maioria, gregos que tinham vindo se estabelecer em Atenas, seja por razões políticas, isto é, a necessidade de fugir de sua cidade de origem, como Céfalos, pai do orador Lísias, seja por razões de ordem material e, principalmente, para lá negociar ou exercer um ofício artesanal, seja, enfim, por se sentirem atraídos pelo prestígio da cidade. Eles dividiam com os cidadãos inúmeras obrigações, principalmente militares, servindo como hoplitas ou como remadores na frota. Eram inscritos nos registros dos demos em que residiam, como o revelam as contas do Erectéion, em que seus nomes eram seguidos de "morador do demo de...". As obrigações dos metecos mais ricos limitavam-se às liturgias, contribuições "voluntárias" que cobriam um certo número de despesas públicas (coregia, ginasiarquia, banquetes e animais para os sacrifícios), mas eles eram excluídos da trierarquia, que implicava um comando militar, pelo menos no século V. Quando, durante a guerra do Peloponeso, foi instituído, pela primeira vez, o imposto destinado a cobrir as despesas militares (eísfora*), os metecos foram obrigados a pagá-los, e uma inscrição do século IV indica que sua contribuição representava um sexto do total, mas esse dado corresponde a um período em que o número de metecos tinha diminuído.

Eles participavam também da vida religiosa da cidade, como o mostra o célebre friso das Panatenéias, mas não podiam aceder aos vários sacerdócios, na medida em que estes constituíam cargos do mesmo caráter cívico que as outras magistraturas.

O que mais os distinguia dos cidadãos era, evidentemente, o fato de serem privados de toda atividade política. Eles não podiam participar da assembléia, nem exercer nenhuma função. Estreitamente ligados à vida da cidade, não deixavam, entretanto, de estar reduzidos a uma posição de passividade quanto à tomada de decisões, das quais eram excluídos, ainda que elas lhes dissessem respeito. Isso, porém, não impedia relações estreitas com cidadãos, sobretudo quando eles se encontravam em atividades comuns no Pireu ou nos canteiros de obras dos edifícios públicos. Essas relações podiam existir até mesmo fora dessas atividades. É na casa de Céfalos, no Pireu, que Platão ambienta o diálogo de *A República*, tendo Sócrates e seus discípulos — entre os quais os dois filhos de Céfalos — se dirigido ao Pireu para assistir às festas noturnas da deusa trácia Bêndis. Da mesma forma, metecos ter-se-iam envolvido, ao lado de Alcibíades e de seus amigos, no caso dos hermocópidas[4] e das paródias de iniciações eleusinas às

---

4. Hermocópida, do grego *hermokopídês*, significa mutilador (ou destruidor) de Hermes. [N. E.]

vésperas da expedição da Sicília em 415. É verdade que todos esses exemplos são de alguns anos depois da época de Péricles. Mas sabe-se também, por outro lado — e voltaremos a falar sobre isso —, que este abrigava, em seu círculo de relações, estrangeiros, como Protágoras, de Abdera, ou Anaxágoras, de Clazômenas. Com certeza esses dois não tinham o status de metecos, mas, como muitos estrangeiros, sentiram-se atraídos por Atenas, embora não tivessem o desejo de aí residir. Entre os estrangeiros "de passagem", numerosos também eram os comerciantes, que tinham a certeza de poder adquirir mercadorias vindas, como vimos, de todas as partes do mundo mediterrâneo, e aí vender as suas. Foi tendo em vista esses estrangeiros, e principalmente para arbitrar eventuais litígios nos quais eles se envolvessem, que se investiram magistrados especiais, encarregados de aplicar os acordos firmados entre Atenas e determinadas cidades, que assim garantiam a proteção de seus naturais.[5] Era um dos arcontes, o polemarca, que instruía e dirigia os processos que envolviam estrangeiros.

Compreende-se, assim, que Péricles, em sua *Oração fúnebre* — esse texto essencial para compreender não tanto o pensamento do político ateniense, mas aquilo que se poderia chamar de ideologia que ele professava —, tenha podido proclamar: "Nossa cidade está aberta a todo mundo e nunca, pela expulsão de estrangeiros, impedimos alguém de fazer algum estudo ou assistir a algum espetáculo que, não estando oculto, possa ser visto por um inimigo e ser-lhe útil" (II, 39, 1). Evidentemente, é para melhor contrapor essa abertura ao estrangeiro à xenelasia espartana que Péricles achou necessário mencioná-la. De resto, essa atitude explica, também, o prestígio de que gozava Atenas.

RICOS E POBRES

Talvez seja esse o critério de que mais se valiam os atenienses e que no século seguinte haveria de se tornar o *leitmotiv* de análise dos

---

5. Sobre essas convenções, ver P. Gautier, *Symbola. Les étrangers et la justice dans les cités grecques*, Nancy: Université de Nancy, 1972.

sistemas políticos, visto que a democracia era considerada como o "governo dos pobres", e a oligarquia, o "dos ricos", ao passo que o termo "plutocracia" aparece mais raramente, pelo menos na obra de Platão.

No nível das representações, ele só dizia respeito aos membros da comunidade cívica. Já vimos que, na *Oração fúnebre*, salientava-se o fato de que a pobreza não podia ser um obstáculo ao exercício desse poder de decisão que a democracia concedia a todos os cidadãos. No panfleto do Velho Oligarca, não se destaca apenas o direito concedido aos pobres de participar igualmente da vida política, mas se afirma a preeminência desses pobres na determinação da política da cidade. O autor retoma a terminologia aristocrática tradicional, contrapondo os *kakoi*, os "maus", aos *agathoi*, os "bons". O sistema político dos atenienses, o *Athenaiôn politéia*, favorece os primeiros, em detrimento dos últimos. É verdade que há boas razões para isso. "É o povo [aqui assimilado aos pobres] que conduz os navios de guerra e que dá à cidade seu poder" (I, 2). Em vista disso, é lógico que os pobres tenham a possibilidade de acesso a todas as magistraturas, tanto aquelas em que a escolha é feita por sorteio quanto as eletivas. Mas eles têm o cuidado de abster-se de pleitear os cargos "de que depende a salvação da cidade", os de estrategos ou de comandantes de cavalaria, aspirando apenas àqueles que se exercem "em troca de um salário" (I, 3). Argumento falacioso, uma vez que esses cargos eletivos, a acreditar no autor da *Constituição de Atenas*, só eram acessíveis aos cidadãos das duas primeiras classes do censo. Mas argumento que retoma o tema das conseqüências nefastas da mistoforia: é o chamariz do ganho, mais que o interesse da cidade, que motiva aqueles que aspiram a exercer as funções de juiz ou de membro do Conselho. É o que afirmará também, no século seguinte, o autor da *Constituição de Atenas*, depois de expor as circunstâncias que levaram Péricles a instituir os primeiros mistos: "Foi a partir desse momento, a acreditar na queixa de alguns, que tudo piorou, porque cidadãos quaisquer se apressavam muito mais que os cidadãos honestos a se apresentar para o sorteio" (XXVII, 5). O autor da *Constituição de Atenas* não fala de pobres nem de ricos. O que ele questiona é antes o caráter aleatório do sorteio. A idéia, porém, está subjacente.

O Velho Oligarca é menos cauteloso. Para ele, a oposição entre "bons" e "maus", entre "ricos" e "pobres" deriva de considerações de ordem moral: "É entre o povo que se encontra a maior ignorância, agitação e maldade, porque ele é mais propenso às más ações por causa da pobreza, da falta de educação e da ignorância" (I, 5).

Senhores da cidade, os pobres dela tiram muitas vantagens. Eles se beneficiam da generosidade dos ricos, que assumem a responsabilidade pelas coregias, ginasiarquias, trierarquias e lhes dão também a oportunidade de cantar, dançar, correr, navegar, e de estender seu domínio sobre os outros gregos, tirando daí proveitos materiais. Um exemplo, entre outros: "A cidade sacrifica, à custa do tesouro, uma grande quantidade de vítimas, e é o povo que toma parte nos banquetes e partilha as vítimas por sorteio" (II, 9).

Voltaremos a falar sobre a importância das festas religiosas na vida dos atenienses. Mas desde já se percebe que aquilo que é apresentado de forma positiva na *Oração fúnebre* de Péricles, no texto do Velho Oligarca é exposto como uma das provas de que os pobres se apropriaram da cidade. Encontraremos esse tema da democracia, "governo dos pobres", também no discurso dos oligarcas, que por duas vezes tentaram tomar o poder no fim do século. Voltaremos a encontrar a mesma preocupação de diminuir o número dos cidadãos "ativos", daqueles "que participam da politéia", para reduzi-lo a cinco mil, em 411, e três mil, em 404. No discurso que Xenofonte atribui ao oligarca moderado Terámenes, essa preocupação em afastar os mais pobres da cidade se expressa de forma bastante vigorosa: "Quanto a mim — diz ele a Crítias, o chefe dos Trinta —, nunca deixei de combater aqueles que consideram só poder haver uma boa democracia quando todos os que, devido à miséria, venderiam a pátria por uma dracma participem do poder" (*Helênicas*, II, 3, 48).

Terámenes não hesitava em afirmar que a democracia extrema chegaria a integrar os escravos ao poder, indo ainda mais longe que o Velho Oligarca, que se limitava a observar que a democracia lhes concedia a mesma liberdade que aos cidadãos, dos quais nada os distinguia. (I, 10). Em compensação, este último acrescentava haver em Atenas escravos "que viviam no luxo", apagando-se dessa forma a distinção entre ricos e pobres, uma vez que havia escravos entre os "ricos". Curiosamente, porém, ele não assinalava, a propósito desse tema, que também havia metecos ricos.

Desde então, a oposição ricos/pobres sai da esfera da comunidade cívica para se tornar a expressão de uma realidade social. Mais uma vez, defrontamo-nos com a ambigüidade do discurso dos antigos sobre sua própria sociedade. A democracia ateniense é o regime que, na *Oração fúnebre* de Péricles, concede a pobres e ricos o mesmo direito de participar da vida política, e o discurso do Velho Oligarca faz desses pobres os verdadeiros donos da cidade. Mas trata-se de "ricos" e "pobres" que integram o corpo cívico. Na cidade real, as coisas são muito mais complicadas. Entre os cidadãos, há ricos e pobres, mas o limite entre a pobreza e a riqueza não é precisamente formulado. O primeiro termo designaria apenas aqueles que dispõem de tempo livre e podem, como diz o Velho Oligarca, dedicar-se à ginástica e à música, isto é, ao saber poético? Ou designaria antes, como o dirá Terámenes, "aqueles que são capazes de defender a cidade, seja com um cavalo, seja com seu escudo" (*Helênicas*, II, 3, 48), acrescentando à minoria dos hipeus os cavaleiros e toda a classe dos hoplitas? Logo se percebe o problema levantado por essas definições contraditórias. A quanto se elevaria o número desses "ricos"? No primeiro caso, uma pequena minoria de ricos proprietários, gozando dos lazeres que só estavam ao alcance do *agathos*, do "homem de bem". No segundo caso, um grupo mais extenso, se tivermos em mente o número de hoplitas de que Atenas dispunha em 431, às vésperas da guerra do Peloponeso, número de todo modo superior aos cinco mil ou aos três mil dos regimes oligárquicos de 411 e 404. Sabe-se que em 411 havia na verdade nove mil inscritos nas listas estabelecidas pelas autoridades, número que, considerando-se as perdas sofridas durante a guerra, parece compatível com as indicações dadas por Tucídides. Nesta segunda definição, estariam incluídos entre os "ricos" o que os historiadores modernos chamariam de "classe média", o *meson* de Aristóteles, ao passo que a categoria "pobres" englobaria principalmente aqueles que serviam como remadores na frota, os que integravam a classe soloniana dos tetes, pequenos camponeses que cultivavam seu pedaço de terra com a ajuda de um ou dois escravos, pequenos artesãos que fabricavam em sua própria oficina, sob encomenda, utensílios, cerâmica comum, sandálias, etc., pequenos comerciantes da Ágora, como o vendedor de salsichas que, na comédia de Aristófanes, consegue eliminar o paflagônio[6] (Cléon) e se impor junto ao velho *démos*. É certo que, embora houvesse camponeses entre esses pobres, não era contra eles que se voltavam os ataques dos inimigos da democracia. Era antes contra aqueles que integravam o *démos* urbano e que, por isso, estavam mais próximos dos lugares em que se debatiam as questões políticas. Na enumeração feita por Sócrates daqueles que compunham a assembléia do povo, artesãos e comerciantes constituem a maioria. Na medida em que a maioria deles pertencia a essa classe dos tetes que se confundia com os "pobres", entende-se melhor como se podia apresentar a democracia como o "governo dos pobres", dado que as decisões relativas à política da cidade, e também os julgamentos dos tribunais, resultavam de votos dados pela maioria. Como haveria de constatar Aristóteles no século seguinte, visto que em toda parte os pobres são mais numerosos que os ricos, um sistema político que baseia suas decisões no voto da maioria fica necessariamente nas mãos dos pobres.

Será que as coisas se colocavam dessa forma na época de Péricles? Como vimos, os homens que aparecem em primeiro plano na história de Atenas dos anos 450-430 pertenciam quase todos a essa categoria de "homens de bem", "homens de lazer", em outras palavras, aqueles que se enquadrariam na definição estrita da classe dos ricos. É verdade que as decisões por eles propostas eram votadas por uma maioria em que predominavam os pobres, mas estes últimos não intervinham pessoalmente na tribuna. Se Péricles se afigura a Tucídides "o primeiro dos cidadãos", não é apenas por ter sabido convencer o *démos*, pela magia de sua palavra, a seguir os seus conselhos, mas também porque, no seio dessa "classe política" que exerce as principais magistraturas, ele soube se impor lançando mão das armas tradicionais das lutas entre grandes famílias, especialmente o ostracismo. A guerra, que faz aflorar as frustrações, dará à morte de Péricles um sentido que Tucídides interpretará sob um ângulo político: "Seus sucessores, todavia, equivalentes uns aos outros, mas cada um desejoso

---

6. Paflagônio, natural da Paflagônia, antiga região da Ásia Menor. [N. E.]

de ser o primeiro, procuravam sempre satisfazer dos caprichos do povo e até lhe entregavam a condução do governo" (II, 65, 10). Mas os poetas cômicos contemporâneos interpretariam essa mudança de modo muito diferente, atribuindo-a à entrada na cena política de homens de baixa extração, como o curtidor de peles Cléon, o oleiro Hipérbolos, o *luthier* Cleofon. Os modernos viram na emergência desses "novos políticos" um fenômeno social: a intrusão, no grupo dos "homens de bem", de indivíduos vindos do artesanato, de *banausoi*.[7] É verdade que esses indivíduos eram homens ricos, e ainda que, pelo que diziam os poetas cômicos, Cléon não pudesse se livrar de seu cheiro de curtume, não deixava, entretanto, de ser um "homem de lazer", extraindo sua renda do trabalho de uma vintena de escravos. A definição de "rico" já não era, de modo algum, a do Velho Oligarca, isto é, aqueles que tinham os meios e o desejo de aceder a uma *paideia* que conservava o caráter aristocrático dos tempos antigos. Dado que, desde então, figuravam entre os ricos homens vulgares e "mal-educados" como o demagogo Cléon, o critério da riqueza tinha perdido seu sentido original. E nas lutas pela preeminência à frente da cidade, o ostracismo logo seria abandonado, por ter atingido um homem que dele não era "digno", o outro demagogo, Hipérbolos.

E, da mesma forma que Terámenes podia unir no mesmo opróbrio os cidadãos "que venderiam a cidade por uma dracma" e a massa de escravos, seria possível também confundir, na classificação dos ricos, não apenas metecos que partilhavam os lazeres e as atividades não-políticas dos cidadãos, como é o caso daqueles que se envolveram com Alcibíades no caso dos hermocópidas ou ainda o siracusano Céfalos, mas também escravos enriquecidos no serviço dos respectivos donos e que se libertaram, como o famoso banqueiro Pasion, que terminou inclusive por receber a cidadania ateniense.

A sociedade da Atenas de Péricles se nos apresenta, pois, como um momento de transição entre dois tipos: a velha sociedade baseada nos valores aristocráticos do tempo de Sólon e de Clístenes, também descrita na *Oração fúnebre*, e uma nova sociedade que ainda se

---

7. Ver W. R. Connor, *The New Politicians of Fifth Century Athens*, Princeton: Princeton University Press, 1971.

reporta a esses antigos valores, mas que se baseia em novos interesses, uma sociedade em que o dinheiro — e já não mais a terra, exclusivamente — serve de critério para definir pobreza e riqueza. Não é por acaso que Platão, para designar um sistema político em que o poder está nas mãos dos ricos, usa o termo "plutocracia", com um matiz pejorativo, e que algumas décadas depois, logo depois da Guerra Lamíaca, será com base na avaliação da fortuna em dinheiro, e não mais da capacidade de "defender a cidade com seu cavalo e seu escudo", que se definirá o status daqueles que "participariam da politéia".

Voltaremos a falar sobre os efeitos que, a longo prazo, essa evolução haveria de ter sobre a imagem que Péricles deixou para a posteridade. Seria interessante mostrar os seus primórdios nesta breve análise da sociedade ateniense durante os dois decênios em que ele governou Atenas.

À MARGEM DA SOCIEDADE: AS MULHERES

Até aqui, estiveram em pauta cidadãos, isto é, homens que tinham poder de decisão na cidade democrática, e não-cidadãos, livres e não-livres, sem nenhuma distinção de "gênero", que, justificada no que diz respeito ao exercício dos direitos políticos, já não o era no que diz respeito às outras atividades aqui consideradas.

Não vamos insistir sobre a evidência de que, até uma época relativamente recente, as mulheres estiveram ausentes da história. Nas últimas décadas, porém, como o desenvolvimento dos movimentos de "libertação" das mulheres, estas últimas passam a ocupar um lugar cada vez mais importante nas obras de história. Na França, isso se materializou principalmente com a publicação de *História das mulheres no Ocidente,* coleção dirigida por dois grandes historiadores, Georges Duby e Michelle Perrot, cujo primeiro volume, organizado por Pauline Schmitt-Pantel, ocupa-se da Antigüidade. Surgiram outras publicações sobre temas mais específicos não apenas na França, mas em toda a Europa e principalmente nos Estados Unidos, onde o movimento se originou.

No que diz respeito à Grécia antiga, eu mesma tentei uma breve síntese em princípios da década de 1980.[8] Não é o caso de reabrir aqui todo esse debate, sobretudo porque nossa documentação sobre a situação da mulher, mais ainda que sobre a sociedade ateniense em geral, se limita a duas séries de fontes: de um lado, temos o testemunho do teatro, em que as mulheres têm presença constante, mas trata-se de "representações"; de outro, dispomos de textos de caráter jurídico, como os discursos dos oradores, mas que datam do fim do século V e do século IV, isto é, do período em que se observa uma evolução da sociedade tradicional.

O que torna a análise especialmente complexa é que temos de levar em conta, ao mesmo tempo, a realidade do "gênero" mulher, que encerra numa mesma categoria as mulheres em geral, independentemente de seu status social, e a não menos real distinção que existe entre as mulheres dos cidadãos e as demais; e, nesse conjunto de mulheres "cidadãs", as mulheres "ricas" e as mulheres "pobres".

No que tange ao "gênero" mulher, poderíamos, valendo-nos de citações tomadas de empréstimo aos poetas trágicos e cômicos do século V, traçar uma espécie de "retrato falado". A mulher é um mal necessário, pois o homem não pode procriar sozinho, pelo menos no mundo dos homens. Sua principal função consiste, pois, em dar filhos a seu esposo e cuidar da casa. É isso que Antígona nunca haverá de conhecer, condenada por ter violado a proibição de dar uma sepultura a Polinice: "Eu não terei conhecido nem leito nupcial, nem o canto do himeneu; não terei tido, como uma outra, um marido e filhos crescendo sob as minhas vistas" (Sófocles, *Antígona*, versos 916-918). No seio do *oikos*, a mulher deve zelar pelo bem-estar do esposo. Eis como Electra se dirige ao camponês a quem desposou: "Há muito trabalho para você, fora de casa. Mas as tarefas domésticas cabem a mim: voltando ao lar, o trabalhador se compraz em encontrar tudo em ordem em sua casa" (Eurípedes, *Electra*, versos 74-76). É pelo fato de serem as guardiãs do lar que as mulheres de Atenas, como o proclama sua "chefe" Praxágora na *Assembléia das mulheres*, de Aristófanes, saberão governar uma cidade que se tornou um só *oikos*.

---

8. C. Mossé, *La Femme dans la Grèce antique*, Paris: Albin Michel, 1983 (reed. Complexe, 1992).

Essa imagem da boa dona de casa, porém, não deve nos enganar. As mulheres são astuciosas, tagarelas, sensuais, propensas ao vinho e ao amor. Lisístrata e suas companheiras contam com os meios com os quais despertam o desejo dos homens para forçá-los a celebrar a paz, recusando-se a eles: "É isto que nos salvará: as pequenas túnicas cor de açafrão, as essências, as peribares [calçado feminino], a orcaneta, as camisolas transparentes" (Aristófanes, *Lisístrata*, versos 46-48).

Indispensáveis para procriar e cuidar da casa, mas perigosas e perversas, era assim que apareciam as mulheres no teatro ateniense do século V — fossem elas heroínas malditas, como Clitemnestra ou Medéia, ou simples mulheres de Atenas, como Lisístrata ou Praxágora.

No entanto, para além dessa representação da "mulher", há a realidade "das mulheres" de Atenas. E, nessa realidade, encontram-se elementos que estruturavam a realidade dos homens. Só as mulheres atenienses, nascidas de pai e mãe atenienses, podem ser dadas em casamento legítimo. Só elas dão à luz futuros cidadãos atenienses. A partir da lei de Péricles, a definição de cidadania é a mesma para as mulheres e para os homens. E isso permite distinguir as mulheres "cidadãs" (*astai*) das mulheres estrangeiras. Da mesma maneira, as mulheres estrangeiras residentes têm o status de metecos, pois são obrigadas a pagar o *metoikion*. É bastante óbvio que, se o valor pago pelo direito de residência é menos da metade do que se exige dos homens, isso se deve ao fato de essas mulheres "metecos" serem, em sua grande maioria, esposas, mães ou filhas de metecos. É de se imaginar que o meteco Céfalos, que teria vindo estabelecer-se em Atenas a convite de Péricles, tinha uma esposa, mãe de seus dois filhos, Lísias, o futuro orador, e Polemarco, que morreu vítima dos Trinta, ambos discípulos de Sócrates. Mas havia também mulheres estrangeiras entre as cortesãs mencionadas em certos textos. E é impossível deixar de pensar na milésia Aspásia, companheira de Péricles — sobre a qual voltaremos a falar. E finalmente, com toda certeza, numerosas mulheres escravas, as servas, as babás, aquelas que junto à dona da casa fiavam a lã e teciam os tecidos para vestir toda a gente da casa. Elas estão presentes no teatro, principalmente na tragédia, em que muitas vezes fazem o papel de confidentes, mas também na cena cômica, preparando as refeições e partilhando o leito do dono, quando este o deseja.

As distinções que observamos no seio da sociedade masculina também se encontram, pois, entre as mulheres de Atenas: livres e escravas, cidadãs e não-cidadãs — e, somos tentados a acrescentar, ricas e pobres. À esposa orgulhosa de Strepsiade, em *As nuvens*, de Aristófanes, que se gaba de ser uma Alcmeônida, opõe-se a esposa do pobre camponês de *Electra*, de Eurípedes, que, sendo filha de rei, nem por isso deixa de estar condenada a partilhar a vida medíocre do esposo que a acolheu depois da tragédia que se abateu sobre a família maldita dos Atridas. Pensa-se, também, mais prosaicamente, na mãe de Eurípedes, que ia vender no mercado as ervas de seu quintal, como faziam, sem dúvida, grande número de esposas de camponeses pobres, ainda que só pelo discurso de um ateniense do século seguinte tenhamos notícia dessas mulheres que a miséria obrigava a fazer o serviço de babás, a trabalhar na colheita de uvas ou a vender na Ágora as fitas que faziam em casa.

Não vamos nos alongar mais sobre a questão do lugar que tinham as mulheres na sociedade ateniense, visto que carecemos de fontes confiáveis. O máximo que tentamos foi pôr em cena, nessa Atenas menos ideal que a descrita por Péricles em sua *Oração fúnebre*, uma sociedade cujo equilíbrio, em parte, ia ser perturbado pela guerra.

No fim do discurso em homenagem aos mortos do primeiro ano da guerra, Péricles, dirigindo-se às mulheres presentes no Cerâmico, exprime numas poucas palavras o que marcava a distância entre elas e seus esposos:

> Enfim, se tenho de falar também das virtudes femininas, dirigindo-me às mulheres agora viúvas, resumirei tudo num breve conselho: será grande a vossa glória se vos mantiverdes fiéis a vossa própria natureza, e grande também será a glória daquelas de quem menos se falar entre os homens, seja pelas virtudes, seja pelos defeitos (II, 45, 2).

Péricles — ou Tucídides — quer muito reconhecer que existe também uma *areté gunaikeia*, uma virtude própria às mulheres, mas ela é frágil e supõe que estas se mantêm fiéis a sua natureza (*phusis*) e evitam agir de modo a dar azo a que se fale demais delas. Tucídides ignora ou finge ignorar o lugar que Aspásia ocupava na vida de Péricles. Razão para admirar ainda mais a brevidade dessa única alusão às mulheres atenienses.

9

A ACRÓPOLE

Mas o que causou o maior prazer a Atenas, embelezou-a e encheu de admiração o resto dos homens, único testemunho que nos prova, atualmente, que a famosa potência e o antigo esplendor da Grécia não são invenções, foi a construção dos monumentos sagrados (Plutarco, *Péricles*, XII, 1).

É com certeza o que, ainda hoje, impressiona o visitante que chega a Atenas: aquelas vestes de mármore de que se atavia a Acrópole. E não estamos distorcendo os fatos ao atribuir a Péricles o mérito dessa realização excepcional, cuja conclusão ele não chegou a ver. Com efeito, dispomos de inscrições que permitem datar com precisão a construção do Partenon e dos propileus. Ergueu-se o Partenon entre 447-446 e 433-432, como revelam os fragmentos de contas que chegaram até nós. Os trabalhos de construção dos propileus começaram em 438-437 e a parte central foi terminada em 433-432. E foi em 438-437 que foi consagrada a grande estátua de Atena, de autoria de Fídias. Trata-se, portanto, exatamente do período durante o qual a vida da cidade, sem a menor dúvida, estava dominada pela personalidade de Péricles.

A ORGANIZAÇÃO DOS TRABALHOS

Tratava-se de reconstruir o que fora destruído pelos persas quando estes tomaram Atenas em 480. Primeiro foi preciso reconstruir as defesas da cidade para protegê-la de uma nova ofensiva. Foi nisso que se empenhou Temístocles. Era preciso também reforçar o que constituía a principal arma da cidade, sua frota, e lhe garantir um abrigo mais seguro que a enseada do antigo porto de Falero. Era necessário, enfim, que se afastasse a possibilidade de qualquer ameaça da parte dos bárbaros: em 449-448, a paz de Cálias fazia que se pudesse contar com isso. Ainda que persistissem, como já vimos, apreensões em relação ao continente, que logo se aplacariam com a celebração da paz de Trinta Anos, doravante era possível destinar uma parte das rendas da cidade a essa restauração dos monumentos que ornamentavam a colina sagrada de Atena.

Temos de evocar, desde já, um dos argumentos apresentados por Plutarco em sua *Vida de Péricles* e repetido por muitos modernos para justificar a magnitude dos trabalhos empreendidos. A idéia seria dar emprego aos atenienses pobres, e as construções da Acrópole ilustrariam a política "social" que o próprio Péricles se atribui:

> Visto que a cidade está devidamente aparelhada para a guerra, é preciso que ela use seus recursos em obras que, depois de terminadas, lhe propiciem uma glória eterna, e, durante sua execução, uma prosperidade imediata. Com efeito, vamos assistir ao surgimento de todo tipo de atividades e de necessidades variadas que recorrerão aos serviços de todas as artes e de todos os braços, garantindo, dessa forma, renda a quase toda a cidade (*Péricles*, XII, 4).

E Plutarco prosseguia esclarecendo que, visto que aqueles que participavam das expedições navais recebiam um salário da cidade, era justo que a multidão de artesãos que não faziam a guerra também obtivesse algum benefício:

> De forma ousada, ele propôs ao povo grandes projetos de construção e planos de obras cuja execução ocuparia todos os ofícios e exigiria muito tempo. Desse modo, a população sedentária teria o direito de beneficiar-se

dos fundos públicos da mesma forma que os marinheiros, os homens das guarnições e os soldados em campanha (*Péricles*, XII, 5).

Entre Péricles e Plutarco, seis séculos tinham transcorrido, e este último, vivendo no seio do Império Romano, aplicava ao passado ateniense uma escala de leitura anacrônica. Com efeito, vimos que, se havia artesãos entre os cidadãos atenienses, também havia em Atenas estrangeiros que, da mesma forma, se dedicavam aos ofícios artesanais. Isso era ainda mais evidente nas construções públicas, como o provam as contas do Erectéion, que datam de trinta anos depois das do Partenon e dos propileus. Estas, embora nos informem sobre o custo de certo número de trabalhos, não mencionam — pelo menos nos fragmentos que chegaram até nós — o status dos trabalhadores empregados nos canteiros de obras, mas é de se supor que a situação já fosse a mesma. Além disso, sabemos que muitas vezes contratavam-se os trabalhos de equipes itinerantes que iam de um canteiro a outro e que, portanto, não pertenciam à cidade em que trabalhavam.

É mais provável, pois, que o desejo de dar trabalho e salários à *banausos ochlos*, à multidão de artesãos, não fosse o objetivo da política de Péricles. Tratava-se antes de exaltar a cidade e a deusa que a protegia. E nesse ponto estamos na linha da ideologia desenvolvida na *Oração fúnebre*.

Não deixa de ser verdade, porém, que se tratava de utilizar os fundos públicos para adquirir as matérias-primas e garantir o pagamento do salário dos operários, dos escultores e dos arquitetos chamados a realizar aquela imensa obra. Sabe-se, pelo autor da *Constituição de Atenas*, que as despesas referentes às construções públicas e a escolha dos arquitetos que iriam coordenar os trabalhos eram de responsabilidade do Conselho, que formava comissões tanto para cuidar das construções navais, das quais dependia a defesa da cidade e de seu império, como para supervisionar as obras públicas, principalmente os edifícios sagrados.[1] Tentou-se avaliar o montante dos gastos com as construções da Acrópole. Com base nos fragmentos de contas que chegaram até nós, calcula-se que só os ornamentos esculturais do

---

1. Aristóteles, *Constitution d'Athènes*, XLVI, 2.

Partenon custaram 469 talentos, o que daria um custo total de setecentos a oitocentos talentos. Os editores das inscrições relativas aos propileus, ao Partenon e à estátua de Atena consideram como provável um montante de dois mil talentos para o conjunto das construções realizadas no período que vai de 449-448 a 433-432. Nem é preciso dizer que se trata de estimativas com base em indicações fragmentárias. Mas não cabe dúvida quanto à magnitude das somas gastas na restauração dos edifícios da Acrópole.

Como o tesouro de Atenas podia conseguir tanto dinheiro? A hipótese mais aceita, e mais plausível, é a de que uma parte desse dinheiro, se não a totalidade, provinha do foro que se exigia dos aliados. Pelo menos é disso, a acreditar em Plutarco, que os adversários de Péricles o acusam.

> O povo, bradavam eles, está desonrado. Ele se expôs aos insultos de todos por ter levado de Delos a Atenas o tesouro comum dos gregos. Quanto à desculpa honrosa que podíamos apresentar aos nossos acusadores, afirmando ter trazido para cá o bem comum para colocá-lo a salvo dos bárbaros, Péricles no-la tirou. A Grécia acredita ser vítima de uma terrível injustiça e de uma tirania flagrante: ela vê que, com as somas que ela deu para as despesas de guerra, cobrimos de ouro e de ornatos nossa cidade, como a uma filha coquete, ornamentando-a com pedras preciosas, estátuas e templos que custam mil talentos (*Péricles*, XII, 1-2).

Ao que Péricles teria respondido que os atenienses, que faziam a guerra pelos aliados, estavam livres para dispor, como bem lhes aprouvesse, das somas destinadas a garantir a defesa comum, a partir do momento que esta estivesse assegurada.

Já mencionamos qual crédito se deve dar ao argumento de que os trabalhos proporcionavam um meio de vida aos despossuídos. Mas é preciso levar em conta as indicações valiosas que Plutarco nos oferece, em sua *Vida de Péricles* — na seção referente aos grandes trabalhos da Acrópole —, sobre a grande quantidade de matérias-primas que eles exigiram e a diversidade de mão-de-obra reunida naquela ocasião:

Dispunha-se das matérias-primas, mármore, bronze, marfim, ouro, ébano, cipreste, e, para trabalhá-las, dispunha-se de equipes de profissionais dos diferentes ofícios: carpinteiros, escultores, carroceiros, canteiros, douradores, escultores que trabalhavam com marfim, pintores, incrustadores, gravadores — sem contar o pessoal encarregado de fornecer e fazer a entrega de tudo isso, os comerciantes, os marujos e capitães, no mar; em terra, os fabricantes de carroças, os criadores de animais de carga, os cocheiros, os cordoeiros, os tecelões, os correeiros, os cantoneiros e os mineiros. E os agentes responsáveis por cada ofício, tal como um general e seu exército, tinham sob suas ordens toda uma multidão de mercenários não especializados que estavam a seu serviço como instrumentos ou membros de seu corpo (*Péricles*, XII, 6).

Essa enumeração impressionante explica a relativa rapidez com que os trabalhos de construção do Partenon e da parte mais importante dos propileus foram concluídos: dez anos para o Partenon e cinco para os propileus. Plutarco o notou: "O mais espantoso foi a rapidez com que tudo isso se realizou. Era de se imaginar que cada uma dessas obras exigiria pelo menos várias gerações para ser construída a duras penas. Mas todas foram concluídas durante os mais belos anos do governo de um só homem" (*Péricles*, XIII, 1-2). Na realidade, o conjunto do projeto da Acrópole só foi concluído depois da morte de Péricles. Como foi o caso, em especial, do Erectéion e do pequeno templo de Atena Niké. Mas Plutarco nesse passo está pensando não apenas no Partenon e nos propileus, mas na estátua criselefantina (de ouro e marfim) de Atena Partenos, e também no Odeon, na parte externa da colina sagrada, em que se apresentavam, depois dos concursos dramáticos, os poetas selecionados e os coregos, e onde se realizavam os concursos musicais. Caberia também a Péricles a decisão de construir o santuário das cerimônias de iniciação em Elêusis.

Plutarco dá também os nomes dos arquitetos a quem coube a direção dos trabalhos. Fídias foi o mestre de obras do conjunto da Acrópole, Calícrates responsabilizou-se pelo Partenon, e Mnésicles, pelos propileus. Metágenes e Xênocles teriam dirigido, sucessivamente, os trabalhos em Elêusis.

É fácil imaginar o que foi esse gigantesco empreendimento, e a forte impressão que deve ter causado não apenas aos atenienses, mas também a todos os gregos. Do mesmo modo despertou, como dissemos, os comentários acerbos dos adversários de Péricles. Já falamos das críticas à forma como se financiaram os trabalhos, e ao fato de os tributos terem sido desviados de seu objetivo inicial. Mas Plutarco dá conta também das zombarias às quais se entregavam os poetas cômicos, principalmente Cratino, e das insinuações pérfidas contra Fídias, que foi acusado de ter desviado uma parte do ouro destinado a revestir a estátua da deusa e condenado ao exílio.[2] Ainda assim, em poucos anos Atenas estava ornamentada com um conjunto arquitetônico cuja maravilhosa conservação era admirada por Plutarco e que, 25 séculos depois de construído, e graças às restaurações de que foi objeto, ainda atrai multidões sobre o rochedo sagrado.

OS MONUMENTOS

Limitar-nos-emos, aqui, a lembrar os dois monumentos contemporâneos de Péricles, dando especial destaque à escultura, na medida em que ela dá testemunho não apenas de um momento importante da história da arte grega, mas principalmente do sentido de que se revestia a própria escolha dos temas escultóricos.

Não se sabe ao certo que monumento o Partenon iria substituir: um antigo templo de Atena ou o famoso Hecatômpode de Pisístrato? Chega-se a discutir até sua destinação, pois o Erectéion é que foi construído para abrigar a velha estátua de madeira da deusa protetora da cidade, Atena Polias. Na verdade, certamente se tratava de substituir um primeiro Partenon, dedicado não mais a Atena Polias, mas à (Atena) Partenos, à deusa virgem, de vocação essencialmente militar, como devia ser a estátua que ele deveria abrigar, de que temos apenas representações mais ou menos fiéis.

O monumento, todo de mármore, media 69,51 por 30,86 metros. O teto, as portas e as guarnições eram de cipreste. Tratava-se de um templo períptero, em que o peristilo tinha dezessete colunas enfileiradas ao longo dos lados maiores, e oito ao longo das duas fachadas.

---

2. Plutarco, *Périclès*, XIII, 14-15; XXXI, 2-5.

A cela era dividida em três naves por duas fileiras de dez colunas dóricas. Atrás da cela, separada por uma parede contínua precedida de cinco colunas, situava-se o partenon propriamente dito, uma sala cujo teto era sustentado por quatro colunas. Na parte da frente e na de trás, havia dois pórticos de seis colunas com tetos com ornamentos de mármore.

Os propileus constituíam a entrada monumental da Acrópole. Eles tinham um corpo central flanqueado de duas alas, a noroeste e a sudoeste. Mas, na verdade, a ala sudoeste foi em parte abandonada para permitir a construção do templo de Atena Niké. Duas outras alas, nordeste e sudeste, mal tinham sido começadas quando os trabalhos foram abandonados, às vésperas da guerra do Peloponeso. O corpo central era precedido de uma fachada cujo frontão era sustentado por seis colunas dóricas.

Não cabe aqui discutir o abandono do projeto original, abandono devido à guerra, mas que implicava a renúncia ao projeto elaborado por Fídias. Em contrapartida, o que merece um pouco mais de atenção é, como já dissemos, a decoração escultórica.

Antes de entrar nos detalhes, cumpre fazer um esclarecimento que não deixará de surpreender o viajante dos dias de hoje que admira a brancura dos monumentos da Acrópole: essa decoração escultórica era multicor, sendo que o vermelho e o azul eram as cores predominantes. Além disso, algumas partes (principalmente os capacetes e os escudos dos guerreiros) eram revestidas de bronze dourado.

Foi o Partenon que recebeu a decoração escultórica mais importante, obra de Fídias e de seus alunos. Houve muitas discussões sobre que partes teriam sido decoradas em primeiro lugar. Em geral se considera que as esculturas das métopas e do friso precederam as dos frontões. Não nos cabe aqui entrar nas discussões que dividem os especialistas. Mais interessantes são os temas abordados nas diferentes partes do edifício. Ora, ao que parece, podemos reuni-los sob três rubricas, correspondentes aos três tipos de suportes diferentes.

A decoração dos frontões evoca mitos propriamente atenienses: de um lado, o nascimento de Atena, de outro, a disputa entre Posêidon e Atena pela posse da Ática. Atena era filha de Zeus e de Métis. O senhor do Olimpo, advertido por sua mãe Gaia de que Métis, se lhe nascesse uma filha, em seguida daria à luz um filho que o haveria de destronar, engoliu a futura mãe. Foi então do próprio Zeus que nasceu Atena, que saiu totalmente armada de seu crânio. A cena desse nascimento estava representada no frontão central, com as diferentes figuras dispostas em torno de Zeus, ao centro. A disputa entre Posêidon e Atena pela posse da Ática estava associada ao mito do primeiro rei de Atenas, Cécrops. Este consultara o oráculo de Delfos sobre um duplo prodígio que se manifestara na Ática: o surgimento de um charco de água salgada e o nascimento de uma oliveira. Cécrops recebeu do deus a resposta de que ele tinha de escolher entre as duas divindades representadas por esses prodígios: a oliveira simbolizava Atena, a água salgada, Posêidon. Dessa escolha dependeria o nome da cidade. Cécrops teria então convocado a assembléia dos atenienses, homens e mulheres. Os homens votaram por Posêidon, as mulheres, por Atena. E como as mulheres tiveram um voto a mais, Atena foi a escolhida. Pelo menos essa é a versão do mito dada pelo romano Varrão, acrescentando que, por causa desse voto, a partir daí as mulheres perderam o direito de votar...[3] História que nos faz rir, mas tende a justificar a presença de uma divindade feminina como protetora e patrona da cidade. Divindade esta que, graças ao seu nascimento excepcional, pois "nascida do pai", herda suas virtudes guerreiras. Segundo outra tradição, foi um tribunal convocado por Zeus e composto pelos deuses do Olimpo que decidiu em favor de Atena. Infelizmente, restam apenas fragmentos do frontão oeste, onde a cena estava representada.

A decoração das métopas — algumas das quais ainda se encontram em seus lugares, outras em diferentes museus — pôde ser reconstituída com mais precisão. No lado leste estava representada uma gigantomaquia, no lado oeste, uma amazonomaquia, no lado sul, o combate dos lápitas e dos centauros, no lado norte, provavelmente um combate entre gregos e troianos. Não é preciso lembrar o conteúdo desses mitos. Seu ponto comum era contrapor os representantes da civilização (deuses, gregos, atenienses, lápitas) aos diferentes tipos de "bárbaros", os gigantes, os centauros, as amazonas e mesmo

---

3. Varrão, citado por Santo Agostinho, *La Cité de Dieu*, 18, 9. [Ed. bras.: *A Cidade de Deus*, trad. Oscar Paes Leme, Bragança Paulista: Editora Universitária São Francisco, 2003, 2 vols.]

os troianos, tão próximos dos gregos na *Ilíada*, mas que a iconografia da época transformou em "persas", dos quais usavam o traje característico, que era uma calça de perna curtas. Tratava-se, pois, de uma forma de proclamar a todos o valor dos atenienses, vencedores de Maratona e de Salamina.

O friso que cingia o muro exterior da cela é, sem a menor dúvida, a parte mais célebre do monumento. É também a mais conhecida, porque foi, em grande parte, transportada para o British Museum, o Louvre e o museu da Acrópole, tendo permanecido no lugar apenas alguns fragmentos. Ele representa o cortejo que se fazia em Atenas a cada quatro anos por ocasião das Grandes Panatenéias, a mais importante das festas em honra de Atena. A festa tinha lugar em hecatombeon, o primeiro mês do ano (por volta de junho/julho). O cortejo, que era seu momento mais importante, partia do Cerâmico para chegar, depois de passar pelos propileus, ao altar situado no lado leste do Partenon. Todos os cidadãos eram convidados a participar. O que o caracterizava, porém, era a presença das jovens, as ergastinas, que levavam consigo o *peplos*, roupa tecida por elas próprias, cujos bordados lembravam os feitos da deusa. Elas entregavam essas roupas ao arconte-rei, que com elas vestia a velha estátua de madeira da deusa, que ficava no santuário em cujo lugar, alguns anos depois, seria erguido o Erectéion.

O friso executado por Fídias e seus alunos não era uma representação realista desse cortejo, mas antes uma série de seqüências que simbolizavam seus momentos mais importantes. Por exemplo, representava-se a cavalgada que se fazia na partida do cortejo, ao passo que os cavaleiros não faziam a ascensão do rochedo da Acrópole. Em compensação, não se vêem no friso cidadãos em trajes de hoplita, pois a cidade era representada por anciãos que encarnariam os heróis das dez tribos. Nele se viam também os animais para o sacrifício que se fazia no momento culminante da festa, depois da entrega do *peplos*. Figuravam também mocinhas, as ergastinas, e canéforas.

Fídias, caso tenha sido mesmo o responsável pela coordenação dos trabalhos do friso, dividiu o cortejo em duas seções, uma no norte, outra no sul, que se encontravam no leste, onde estava representada a assembléia dos deuses que recebiam os fiéis. Passava-se, pois, de uma representação dos diferentes grupos que participavam do cortejo e que encarnavam a cidade e seus aliados a uma imagem simbólica que fazia o espectador passar do mundo dos homens ao mundo dos deuses.

As esculturas do Partenon são consideradas como especialmente representativas da arte grega clássica. Os especialistas demonstraram, não obstante, que havia diferenças de estilo sensíveis, mas que traduzem uma mesma maneira de representar as formas e atingir o ideal do belo característico desse classicismo.

Cumpre finalmente dizer algumas palavras sobre a última grande obra, que a tradição associou à época de Péricles e que é atribuída, sem contestação, a Fídias: a estátua de Atena Partenos. Pausânias, que percorreu o mundo grego no século II de nossa era, deixou da estátua uma descrição precisa:

> A estátua é feita de marfim e ouro. O capacete que cobre a cabeça da deusa traz no centro a figura de uma esfinge, e grifos em cada lado. A estátua representa Atena de pé. Ela está vestida com uma túnica que desce até os pés. Em seu peito está representada, em marfim, a cabeça de Medusa. Ela tem, em uma das mãos, uma Vitória de quatro côvados de altura e, na outra, uma lança. Perto do escudo há uma serpente que representa sem dúvida Erecteu. O nascimento de Pandora está esculpido em relevo no pedestal da estátua (*Periegesis*, I, 24, 5).

Evidentemente, seria necessário interpretar todos os mitos a que se referia essa decoração escultórica, ao qual cumpre acrescentar uma amazonomaquia, na face convexa do escudo, e uma gigantomaquia, na outra face. Esses mitos eram tanto próprios à deusa (a serpente evocando Erecteu), quanto destinados, mais uma vez, a contrapor civilização, de que a deusa era fiadora, e barbárie, como já vimos na decoração do Partenon.

A estátua media 11,55 metros. A mão direita, que trazia uma Niké, certamente se apoiava numa coluna. Só conhecemos Atena Partenos por reproduções mais ou menos fiéis, como a célebre estátua do Varvakeion, da época de Adriano, e por moedas. Estamos tão habituados a ver, em nossos museus, estátuas (autênticas ou cópias da época romana) de uma brancura imaculada, que temos um pouco de dificuldade de imaginar essa Atena Partenos revestida de ouro e marfim. As fontes antigas nos informam sobre o valor do ouro usado por Fídias: mais de quarenta talentos. Péricles teria, aliás, falado aos atenienses da possibilidade de usar esse ouro em caso de necessidade: "Se eles estivessem absolutamente faltos de recursos, seria possível lançar mão dos adornos de ouro da própria deusa; porque a estátua — esclareceu ele — era recoberta de quarenta talentos de ouro fino, que podia ser retirado com facilidade" (Tucídides, II, 13, 5).

Segundo Plutarco, essa relativa facilidade de retirar o ouro que revestia a estátua da deusa permitiu inocentar Fídias, que foi acusado, como dissemos anteriormente, de ter desviado em proveito próprio uma parte desse ouro. Com efeito, foi possível verificar o peso e assim retirar a acusação que incidia sobre o amigo de Péricles (*Péricles*, XXXI, 3).

Como dissemos, os grandes trabalhos da Acrópole não resumem a totalidade do desenvolvimento arquitetônico de Atenas durante as duas décadas que antecederam a morte de Péricles. Mas constituem sua manifestação mais espetacular, e também a mais plena de sentido, bem na linha da Atenas idealizada da *Oração fúnebre*. Ao mesmo tempo, são uma prova da relação estreita entre vida política e vida religiosa na Atenas pericliana.[4]

---

4. Depois da redação deste capítulo, R. Étienne publicou o livro *Athènes, espaces urbains et histoire. Des origines à la fin du IIIe siècle ap. J.-C.*, Paris: Hachette, 2004, cuja terceira parte, "A Atenas dos democratas do fim do século VI ao fim do século IV", analisa algumas questões aqui abordadas.

10

ATENA E DIONISO

Os grandes trabalhos da Acrópole tinham por objetivo mais importante celebrar a cidade na figura de sua deusa padroeira. E a manifestação mais notável dessa exaltação era a festa das Panatenéias, ainda que Atena fosse venerada sob suas diferentes figuras durante quase todo o ano. Mas, na Atenas de Péricles, uma outra festa, as Grandes Dionísias, testemunhava com igual grandeza a hegemonia ateniense. É em torno dessas duas festas e das divindades que elas homenageavam que tentaremos apreender a relação dos atenienses com o que chamamos fato religioso, sob as formas que ele assumiu durante esses três decênios que manifestam o apogeu de Atenas e do homem que dela foi "o primeiro cidadão", para usar a expressão de Tucídides.

AS PANATENÉIAS

Antes de descrever esse momento essencial que marcava o início do ano ateniense, temos de lembrar, em primeiro lugar, os laços que uniam a deusa e a comunidade dos atenienses. E, para isso, evocar o mito da autoctonia, "mito fundador da cidadania ateniense, e por trás desse mito, a relação estreita entre Atenas e Atena" (Nicole Loraux, *Les Enfants d'Athéna*, p. 10).

Resumiremos aqui o essencial do mito, visto que existem variantes na tradição. Logo no início, pois, Hefaísto tenta violar Atena, a virgem. A deusa consegue escapar de seu agressor, mas cai um pouco de esperma deste em sua perna. Ela limpa a perna com um trapo de lã, depois o joga na terra, Gê. Fecundada assim pelo esperma, Gê dá à luz o primeiro autóctone (nascido da terra), Erictônio. Pinturas de vasos evocam essa cena do nascimento de Erictônio, emergindo do chão e estendendo os braços para Atena, apoiada em sua lança. Aqui aparece um outro personagem que muitas vezes se encontra na cena do nascimento de Erictônio. Trata-se de Cécrops, o primeiro rei mítico de Atenas, cujas filhas, as cecrópidas, receberão da deusa a incumbência de cuidar da criança, escondida numa cesta. Vendo que Erictônio tinha a forma de serpente, duas das três cecrópidas suicidaram-se, atirando-se do alto do rochedo da Acrópole.

Mas Cécrops também está ligado a Atenas em outra variante do mito das origens da cidade. É a narrativa, que já mencionamos a propósito da decoração escultórica do Partenon, da luta entre Atena e Posêidon pela posse da Ática. O deus marinho fez brotar na Acrópole um lago de água salgada. Atena lhe contrapôs uma oliveira. Segundo uma das variantes do mito, foi Cécrops quem decidiu em favor da deusa. Porém, uma outra narrativa, que devemos a Varrão, citada também por Santo Agostinho, conta que Cécrops teria convocado todos os habitantes da Ática, homens e mulheres:

> Consultou-se, então, a massa, e os homens votaram por Netuno (Posêidon), as mulheres, por Minerva (Atena); e como as mulheres tinham um voto a mais, Minerva venceu. Netuno então, furioso, devastou a terra ateniense com ondas violentas: desencadear a seu bel prazer enormes massas de água não é nada difícil para os demônios. Para aplacar seu furor, os atenienses, diz nosso autor, impuseram três castigos às mulheres: elas perdiam o direito ao voto, nenhuma das crianças que viesse a nascer receberia o nome da mãe, e as mulheres não seriam mais chamadas de atenienses (Santo Agostinho, *Cidade de Deus*, 18, 9).

Como observa Pierre Vidal-Naquet (*Économies et sociétés en Grèce ancienne*, p. 210), "o mito associa desordem primitiva e voto das mulheres, ordem e dominação masculina". Cabe lembrar aqui que Cécrops é considerado o inventor da agricultura e do casamento. Mas a narrativa de Varrão, transmitida por Santo Agostinho, associa também a vitória de Atena à escolha do nome da cidade. Por ter obtido a vitória graças às mulheres, ela dá seu nome à cidade. Paradoxalmente, porém, estas perdem o direito de dar seu nome aos filhos.

Assim se propõe um conjunto de narrativas que ligam estreitamente a deusa à Acrópole, ao filho Erictônio e à autoctonia à qual os oradores que tomavam a palavra no Cerâmico para fazer a oração fúnebre aos cidadãos mortos no combate não deixavam de se referir, para melhor ressaltar a legitimidade da hegemonia de Atenas.

A partir daí, como demonstrou brilhantemente Nicole Loraux ("L'autochtonie, une topique athénienne", em *Les Enfants d'Athéna*, p. 35-73), não é de surpreender que a mais importante das festas consagradas à deusa, as Panatenéias, seja marcada por um cortejo que partia do Cerâmico, dirigindo-se para o altar de Atena na Acrópole. Esse "mito cívico" desapareceu na Atenas do século V. E está na ordem das coisas que o Péricles da *Oração fúnebre* tenha sido também o iniciador dos trabalhos de construção da Acrópole. Citemos Nicole Loraux mais uma vez:

> Na Acrópole nasce um filho da Terra, o rei que Atena, filha de Zeus, outrora criou, instalando-o depois num rico santuário: esse Erecteu, filho da gleba fecunda, cujo culto é evocado na *Ilíada* (II, 546-551), esse Erictônio que, nos vasos atenienses, Gê dá à luz, não longe da oliveira simbólica: a cada celebração das Panatenéias a história de Atenas começa e recomeça (p. 41).

Vamos deixar de lado a dupla Erecteu/Erictônio, talvez uma única pessoa, criança e adulto, uma vez que, como escreve Nicole Loraux, "para além das diferenças, o nascimento de Erictônio se liga à morte de Erecteu, na medida em que um funda aquilo que o outro perpetua, isto é, a ordem humana da pólis" (p. 47).

A cada ano, as Panatenéias marcavam a abertura do ano político, pois era então, no mês hecatombeon, o primeiro do calendário, que se indicavam os principais magistrados da cidade. A festa durava nove dias, de 21 a 29 daquele mês. Ela se iniciava com uma vigília na Acrópole, onde se faziam ouvir coros de moças. Uma passagem do terceiro estásimo (intermédio cantado) de *Os heráclidas* de Eurípedes sem dúvida faz referência a essa vigília: "Na Acrópole batida pelos ventos, soa o grito agudo da súplica, enquanto os tacões das virgens martelam a terra durante toda a noite" (versos 777-783).

O cortejo era o momento culminante. Ele partia das portas do Dipylon, atravessava o Cerâmico, depois margeava a via panatenaica que cortava em diagonal a Ágora e subia em direção aos propileus, para chegar ao altar consagrado a Atena e a Zeus, no lado leste do Partenon. Já falamos, a propósito do friso da cela, da composição desse cortejo: cidadãos jovens e velhos, hoplitas e cavaleiros, mas também metecos e estrangeiros vindos das cidades aliadas, as mocinhas com cestas (canéforas) e as ergastinas, que traziam o novo *peplos* tecido por elas próprias e entregavam-no ao arconte-rei, para que vestisse a velha estátua de madeira da deusa.

Ao término do cortejo fazia-se um duplo sacrifício. O primeiro era sem dúvida de origem antiga. O número de vítimas que figuram no friso do Partenon, quatro vacas e quatro ovelhas, talvez remeta, a menos que seja algo meramente simbólico, à época anterior a Péricles, quando os atenienses se dividiam em quatro tribos. A partilha das carnes, em seguida ao sacrifício, se fazia de forma hierárquica: os arcontes, os estrategos e os taxiarcos*, os tesoureiros de Atena e os hieropeus* das Panatenéias recebiam as melhores partes, e em maior quantidade que as distribuídas aos participantes do cortejo. Em compensação, o segundo sacrifício era uma hecatombe, e as carnes eram divididas de modo igualitário entre os demos. Houve quem aventasse a possibilidade (Édouard Will) de que os dois sacrifícios não se distinguiam apenas pela forma como as carnes eram distribuídas, mas eram dedicados a duas figuras diferentes de Atena: a velha divindade políade, no caso do primeiro, a virgem guerreira, a Promacos, no do segundo. Mas, na verdade, um e outro se confundiam com a própria cidade e com a comunidade dos cidadãos que lhe exaltava o nome.

As Panatenéias, que a cada quatro anos exibiam um fausto especial, comportavam então competições musicais e competições atléticas. Os atletas vencedores recebiam como prêmio ânforas contendo azeite das oliveiras sagradas. Essas ânforas traziam, numa face, uma

Atena armada empunhando uma espada e, na outra, uma representação da competição: corrida de carros, corrida a pé, luta, etc.[1]

Havia em Atenas outras festas em homenagem a Atena, correspondentes às diferentes "funções" da deusa, tais como as Calcéias, as Oscofórias, as Plintérias, as Arretafórias. Mas nenhuma se igualava em importância às Panatenéias. Só se lhe podiam comparar, por seu brilho e sua ligação com a hegemonia da cidade, as Grandes Dionísias.

AS GRANDES DIONÍSIAS

Se Atena é a divindade políade por excelência, e se está associada, como vimos, ao mito da autoctonia ateniense, bem diverso é o caso de Dioniso, o deus estrangeiro por excelência. Vindo de outro lugar, ainda que, como Atena, tenha nascido de Zeus, uma vez que, para subtraí-lo à cólera de Hera, o senhor do Olimpo completou em sua própria coxa a gestação do filho da tebana Sêmele, como se ele fosse "filho do pai", e só do pai.

Com efeito, as Grandes Dionísias, que tinham lugar no mês elafebólio (março/abril), nada ficavam a dever, pelo esplendor do cortejo, às Grandes Panatenéias. No primeiro dia da festa, transportava-se a estátua do deus de seu templo situado na Acrópole, perto do teatro, para o santuário próximo ao ginásio da Academia. No dia seguinte, reconduziam-na para a vertente sul da Acrópole, no meio da orquestra do teatro. Também nesse caso, tratava-se de um cortejo do qual participavam os principais magistrados da cidade, e no qual também estavam representados os diferentes componentes da sociedade cívica. Ela se encerrava com um ou mais sacrifícios, seguidos de um banquete, ao final do qual se fazia um novo cortejo, agora noturno, mais "selvagem", e que traduzia a natureza complexa do deus das orgias.

Mas o que dava às Grandes Dionísias todo o seu brilho eram, naturalmente, os quatro dias consagrados aos concursos dramáticos que se realizavam no teatro, na vertente meridional da Acrópole.

---

1. Sobre as ânforas panatenaicas, ver M. Bentz, "Les amphores panathénaïques: une étonnante longévité", in: P. Rouillard e A. Verbanck-Pierard (orgs.), *Le Vase grec et ses destins*, op. cit., p. 111-117.

Não é o caso de discutir aqui a origem do teatro grego e principalmente da tragédia, que atingiu seu pleno desenvolvimento na Atenas de Péricles. Lembremos somente que Ésquilo apresentou a sua *Oréstia* em 458, sem dúvida sua última trilogia antes de seu exílio na Sicília, que Sófocles era estratego ao lado de Péricles em Samos em 441 e que a maior parte da obra de Eurípedes é contemporânea da guerra do Peloponeso: pelo menos três de suas peças que chegaram até nós, *Alceste*, *Medéia* e *Os heráclidas*, são anteriores à morte de Péricles.

Temos bastante informação sobre como se processavam os concursos dramáticos. Todo ano o arconte, um dos nove magistrados sorteados e que dirigia principalmente a vida religiosa da cidade, designava três poetas trágicos e cinco poetas cômicos para participar da competição. Cada poeta trágico devia apresentar três tragédias e um drama satírico, ao passo que, no concurso de comédias, pedia-se apenas uma peça a cada um dos cinco concorrentes. Era também o arconte que designava os coregos que deviam financiar uma parte da representação. Falamos anteriormente do papel que tinham as liturgias no funcionamento do sistema democrático. A coregia era uma das mais importantes e mais dispendiosas dessas liturgias. Com efeito, cada corego devia recrutar e pagar o coro (quinze pessoas) e o flautista. Devia também fornecer as roupas dos coreutas e as máscaras. Os coregos rivalizavam em generosidade entre si, porque, também para eles, tratava-se de um concurso em que a vitória, tal como para os poetas, era motivo de orgulho. Os coregos pertenciam, naturalmente, às classes abastadas, e sabemos que Péricles, ainda jovem, trabalhou como corego para Ésquilo.

Enfim, era igualmente às instituições da cidade que cabia a escolha dos juízes que, no final dos concursos, distribuiriam os prêmios. Era o Conselho que fazia a lista dos representantes das dez tribos das quais sairiam, por sorteio, os dez juízes, sorteio que se fazia no início das representações.

Um ou dois dias antes do início das representações, celebrava-se uma cerimônia religiosa no Odeon, que era a sala reservada para os concursos musicais, em presença dos poetas, dos coregos e dos atores. No primeiro dia das representações fazia-se um sacrifício e libações. O público compunha-se essencialmente de cidadãos. Sabe-se, contudo, que estrangeiros, hóspedes da cidade, podiam igualmente comparecer, tanto mais que era na festa de Dioniso que os aliados traziam o tributo a Atenas. Muito se discutiu se as mulheres — que, como sabemos, participavam da vida religiosa — eram admitidas no teatro. As informações de que dispomos são tardias e cabe duvidar de seu valor no que tange à época que nos interessa aqui. Com efeito, no século IV, e mais ainda na época helenística, o teatro se tornara um espetáculo, e não mais o que era na origem, a participação numa manifestação da religião cívica. Por conseqüência, temos de admitir que a maior parte dos que assistiam às representações eram cidadãos. De outro modo, seria difícil entender a instituição do *theorikon* (subvenção), inicialmente de dois óbolos, distribuída aos presentes. Afirmou-se que era para permitir que todos tivessem acesso ao teatro, levando em conta a descoberta, na vertente meridional da Acrópole, de jetons que disso dariam prova. Mas sabemos que os juízes da Heliaia também recebiam esses jetons, que lhes permitiam em seguida receber o misto. E se, como dizem, Péricles foi mesmo o criador do *theorikon*, seria melhor ver nessa subvenção uma medida ligada à mistoforia, a remuneração pelo cumprimento de um dever ao mesmo tempo cívico e religioso. Do contrário, como explicar o aumento de seu valor nas décadas seguintes e, no século IV, a alocação de todos os excedentes orçamentários à caixa dos espetáculos e a grande importância do administrador dessa caixa na vida política da cidade?

O testemunho dos poetas cômicos, principalmente de Aristófanes, e as peças que chegaram até nós — em número muito pequeno, comparado ao que se perdeu — permitem ter uma idéia de como se desenrolavam essas representações. O lugar, o teatro de Dioniso, não passava então de um teatro de pedra, cujos restos ainda podem ser vistos na vertente sudeste da Acrópole. Seguramente havia apenas os bancos de madeira nos quais se amontoavam os espectadores. Apenas alguns bancos eram reservados aos magistrados da cidade, aos sacerdotes e aos visitantes ilustres. Na parte baixa da vertente, um espaço circular, a orquestra, era reservado aos movimentos do coro. Os atores ficavam sem dúvida num estrado um pouco acima do nível do chão. Na parte de trás, um simples tabique de madeira, a *skené*, no qual havia três aberturas, pelas quais entravam e saíam os atores.

Estes eram em número limitado. Nos primeiros tempos, um só ator, o protagonista, dialogava com o coro. Posteriormente, Ésquilo teria introduzido um segundo ator, e Sófocles, um terceiro. Esses três atores deviam fazer todos os papéis, e pode-se imaginar o problema que isso representava para os poetas, que não podiam pôr em cena ao mesmo tempo duas personagens interpretadas pelo mesmo ator. Bem entendido, só havia atores homens, que desempenhavam os papéis masculinos e os femininos, e que se identificavam pela máscara ou pelos trajes. No século V, esses atores ainda não eram os profissionais que se tornariam no fim do século e mais ainda nos séculos seguintes. Os protagonistas eram pagos pela cidade, os dois outros atores, pelo próprio poeta. No entanto, quanto a esse ponto, é preciso admitir que ainda pairam muitas dúvidas.

Na Atenas de Péricles, temos de falar essencialmente do teatro trágico.[2] Graças às obras que chegaram até nós, sabemos que uma tragédia tinha partes cantadas que se alternavam com diálogos propriamente ditos. Era então que o coro intervinha. Muito se discutiu sobre a importância e, principalmente, sobre o significado da presença do coro. Pretendeu-se ver nele uma representação da coletividade cívica diante de personagens oriundos de um passado distante, reis e rainhas da mitologia e da epopéia, submetidos a um destino traçado pelos deuses.

Mas, como observa Pierre Vidal-Naquet (no prefácio à obra de Harold C. Baldry, *Le Théâtre tragique des Grecs*, p. VI), em geral esse coro não representa, salvo raras exceções, homens em idade adulta. Normalmente, são mulheres, moças ou anciãos. E não se dá ouvido aos seus conselhos. Quanto à língua em que o coro se exprime, muitas vezes é uma língua arcaica, que contrasta muito com a dos diálogos. Esta última, como salienta Aristóteles na *Poética*, é "a dos cidadãos", isto é, a língua dos espectadores. Como observa Pierre Vidal-Naquet: "Os heróis míticos falam a língua do cidadão, mas é uma língua enganadora, uma língua-armadilha." Linguagem enganadora, na medida em que os que a usam estão "fadados à desgraça" e representam um poder que é a própria negação da cidade, do poder coletivo dos cidadãos.

---

2. Recomendamos a leitura dos artigos de J.-P. Vernant e P. Vidal-Naquet reunidos em *Mythe et tragédie en Grèce ancienne*, Paris: La Découverte, 2003; ver também P. Vidal-Naquet, *Le miroir brisé, tragédie athénienne et politique*, Paris: Belles Lettres, 2002.

Fazer falar o herói da epopéia ou da mitologia como atenienses do século V, tal é a contradição no seio dessa arte maior que é a tragédia ática na época de Péricles.

Naturalmente, não é o caso de estudarmos aqui a obra dos três grandes poetas trágicos. Vamos nos limitar, a partir da análise de três obras fundamentais, a destacar aqui o que têm em comum e o que é peculiar a cada uma delas. Comecemos pela *Orestes*, de Ésquilo, única trilogia que chegou completa até nós. O tema nos é familiar: o destino da família dos Atridas. A primeira das três peças, *Agamenon*, mostra o regresso do rei vencedor e seu assassinato por Clitemnestra e seu amante, Egisto, assassinato que vinga a morte de Ifigênia, sacrificada por seu pai para aplacar a cólera de Apolo. O tema da segunda peça também é a vingança, mas nesta é Orestes quem vinga a morte de seu pai matando a própria mãe e seu amante, com a cumplicidade da irmã, Electra. Mas é a terceira peça da trilogia, *Eumênides*, que suscitou o maior número de comentários. Porque seu momento crucial é o julgamento de Orestes, e sua absolvição pelo tribunal reunido por Atena no Areópago. Momento essencial, pois substitui o direito familial pelo direito da cidade. Representada em 458, a peça foi interpretada por alguns historiadores modernos como uma defesa do velho tribunal aristocrático que acabava de ser privado de uma parte de seus direitos por Efialtes. Mas isso é querer, a qualquer custo, dar um conteúdo político sectário à obra de Ésquilo. Porque Efialtes mantivera os poderes do Areópago no que dizia respeito ao homicídio, isto é, àquilo que, em *Eumênides*, levou Atena a instituí-lo. Em contrapartida, não é por acaso que Atenas seja o lugar em que o direito da cidade substitui o direito familial. É o que salienta Jean-Pierre Vernant ("O momento histórico da tragédia", em J.-P. Vernant, P. Vidal-Naquet, *Mythe et tragédie*, I, p. 15), lembrando as análises de Louis Gernet sobre o vocabulário da tragédia: "Assim, ele pôde demonstrar que o verdadeiro tema da tragédia é o pensamento social próprio da cidade, especialmente o pensamento jurídico em pleno processo de elaboração." E Jean-Pierre Vernant acrescenta:

> Os poetas trágicos usam esse vocabulário do direito jogando intencionalmente com suas ambigüidades, suas flutuações, seu caráter inacabado:

imprecisão dos termos, deslocamento de sentido, incoerência e oposições que revelam as discordâncias no interior do próprio pensamento jurídico, que traduzem também seus conflitos com uma tradição religiosa, uma reflexão moral da qual o direito já se distingue, mas cujos domínios não são claramente delimitados em relação ao seu.

É exatamente esse conflito que encontramos na obra de Sófocles. Entre as sete tragédias que chegaram até nós, há três que estão ligadas a um outro ciclo épico, o dos Labdácidas. Seu tema principal é conhecido: Édipo, que logo ao nascer foi abandonado pelos pais que temiam a realização do vaticínio segundo o qual ele haveria de matar o pai, foi acolhido pelo rei de Corinto. Adulto, soube da previsão do oráculo, fugiu de Corinto, mas, no caminho de Tebas, matou Laio, que ele ignorava ser seu verdadeiro pai. Por ser o único a decifrar o enigma da Esfinge que aterrorizava a cidade, ele se torna rei de Tebas e esposo da viúva de Laio, Jocasta, sua própria mãe. Conhece-se a interpretação freudiana desse mito, e o destino que teria o "complexo de Édipo". Na tragédia de Sófocles, o herói, que se entrega a uma verdadeira investigação para descobrir o culpado do assassinato de Laio, termina por compreender ser ele o culpado e fura os próprios olhos. O mito dos Labdácidas também está presente em duas outras tragédias de Sófocles: *Antígona* e *Édipo em Colona*. Conhece-se o destino reservado a Antígona, enterrada viva por ter desobedecido à proibição de dar sepultura a seu irmão Polinice, que fizera guerra a seu outro irmão, Etéocles, que se tornou rei de Tebas. Os dois filhos de Édipo mataram um ao outro, mas só Etéocles tivera direito aos funerais, ao passo que o corpo de Polinice foi abandonado aos abutres por ordem do novo senhor da cidade, Creonte, irmão de Jocasta. Os historiadores modernos tenderam a ver na pessoa de Antígona a heroína que defende a liberdade contra o tirano, no caso, Creonte. Mas temos boas razões para ver aí, mais uma vez, o conflito entre o direito familial e o direito da cidade. Porque é exatamente esse direito da cidade que condena à privação de sepultura aquele que tomou armas contra a cidade em que nasceu; e é em nome dos laços que a uniam a seu irmão que Antígona desafia Creonte. É verdade que não podemos esquematizar demais as coisas, e a arte de Sófocles é tal que sua peça admite diversas interpretações. Não é por acaso, porém, que tenha sido em Atenas que Édipo, errante depois de deixar Tebas, encontrou seu último refúgio e lugar de sepultura, em Colona, esse burgo da Ática onde Sófocles nasceu. Muitas vezes se contrapôs Sófocles a Ésquilo e a Eurípedes por não ter tratado de política contemporânea em seu teatro, sendo que ele próprio, como já vimos, ocupara diversos cargos no curso de sua longa vida. Embora isso seja inegável, não é menos verdade que, por meio das personagens talvez mais complexas que as dos outros dois poetas trágicos, a cidade não deixa, no entanto, de se fazer presente.

Mas ela com certeza está bem mais presente na obra de Eurípedes. A afirmação é especialmente verdadeira no que tange às peças apresentadas nos primeiros anos da guerra do Peloponeso. Eurípedes, como seus dois antecessores, busca os temas de suas peças nos grandes ciclos épicos. Valendo-se deles, porém, dá ensejo a que seus personagens gabem os méritos de Atenas, cidade livre, que acolhe os proscritos (*Os heráclidas*), para melhor contrapô-la a Esparta, que, numa fala posta na boca de Andrômaca, aparece como a mais vil das cidades:

> Ah! Entre todos os mortais, os mais odiados do gênero humano, os habitantes de Esparta, professores de trapaça, príncipes da mentira, mestres da artimanha, espíritos tortuosos, avessos a qualquer retidão, que só conhecem os caminhos transversos! Vossos sucessos na Grécia ofendem a justiça. Que crimes não se cometem entre vós? Onde se vêem mais assassinatos e cupidez mais infame? Vossas palavras sempre desmentem vosso pensamento. Malditos sejam! (versos 444-458).

Cabe lembrar também as palavras de Teseu em resposta ao arauto tebano que perguntou quem era o senhor de Atenas:

> Nossa cidade não está submetida a um único homem. Ela é livre, seu povo a governa, seus chefes são eleitos por um ano. Nela o dinheiro não constitui privilégio. O pobre e o rico têm os mesmos direitos (*Suplicantes*, versos 404-407).

É verdade que também aqui não podemos esquematizar demais, a complexidade do teatro de Eurípedes não é menor que a de seus antecessores. Mais que isso, sabe-se quantas questões suscitou sua última tragédia, *As Bacantes*, representada depois de sua morte, que evoca, sem dúvida, o poder do deus do teatro, mas também as orgias e a loucura das mulheres que ele arrasta em sua esteira.[3]

Não devemos nos estender mais sobre esse teatro trágico que, tanto quanto o esplendor dos monumentos da Acrópole, dá à Atenas de Péricles uma grandeza excepcional. Mas cumpre dizer também algumas palavras sobre a comédia, que nos distancia dessa grandeza. Falamos do espaço que tem no curso das Grandes Dionísias. Ela estava presente também nas Leneanas, outra festa em honra de Dioniso que se realizava no início do inverno. Como no caso da tragédia, tratava-se de um concurso. Nas Dionísias, cada poeta apresentava uma única peça, e apresentavam-se cinco peças no quarto dia dos festejos. Também aqui as despesas ficavam por conta tanto da cidade quanto dos coregos. Porque também aqui intermédios cantados e dançados pelo coro interrompiam os diálogos entre as principais personagens da peça. Mas no caso da comédia, os temas não eram tomados aos antigos mitos épicos, e se a tragédia era, como diz Pierre Vidal-Naquet, "o espelho quebrado" da sociedade, a comédia era o espelho que a aumentava.

Infelizmente, só chegaram até nós fragmentos da obra dos poetas cômicos contemporâneos de Péricles. As primeiras comédias de Aristófanes, *Os acarnianos* e *Os cavaleiros*, não são anteriores a 425. A guerra do Peloponeso está presente na primeira dessas duas comédias, ao passo que o demagogo Cléon, "sucessor" de Péricles, é o verdadeiro herói da segunda. Com base nos fragmentos que chegaram até nós, podemos imaginar que os predecessores de Aristófanes não deixavam de ventilar, diante dos espectadores, os debates do momento. De um deles, Cratino, conhecemos principalmente as

---

3. Ver principalmente o artigo de J.-P. Vernant, "Le Dionysos masqué des *Bacchantes* d'Euripede", in: *Mythe et tragédie en Grèce ancienne*, tomo II, Paris: La Découverte, reed. 2003, p. 237-269 [ed. bras.: *Mito e tragédia na Grécia antiga*, trad. Anna Lia A. de Almeida Prado, Filomena Yoshie Hirata Garcia e Maria da Conceição, São Paulo: Perspectiva, 1999].

zombarias dirigidas contra a pessoa de Péricles. *Vida de Péricles*, de Plutarco, inclui também, entre os que zombavam de sua cabeça alongada e volumosa, Teléclides e Eupólis.[4] Cratino, o mais citado, não hesitava em qualificar o homem que dirigia a política ateniense de "Zeus *schinocéfalo*", isto é, "cabeça de cebola". Teléclides insistia em apontar a desmesura de seu poder, dizendo que os atenienses lhe entregaram "os tributos das cidades, as próprias cidades, das quais ele pode dispor ao seu bel prazer, e as muralhas, que ele pode construir ou demolir, e tudo: tréguas, poder, paz, riqueza e felicidade".[5] Cratino também atacava sua companheira, Aspásia, que ele chamava abertamente de cortesã[6], acusação que Aristófanes retomará por conta própria em *Os acarnianos*, a propósito da origem do decreto de Mégara, referente a uma disputa envolvendo prostitutas.[7] É também a propósito de Aspásia e do processo que sofreu por impiedade, sobre o qual voltaremos a falar, que Plutarco cita o poeta Hermipo, que a teria acusado de recrutar jovens mulheres para oferecê-las a Péricles, para seu prazer, agindo como proxeneta.[8] Esse mesmo Hermipo, em outra passagem citada por Plutarco, não hesitava em criticar o próprio Péricles.

Não há dúvida de que, como o fará Aristófanes nas décadas seguintes, os poetas cômicos, mesmo quando situavam suas intrigas num mundo imaginário, ainda assim não deixavam de fazer críticas aos políticos por meio de alusões mais ou menos claras que o público, naturalmente, devia compreender. Estamos aqui num mundo bem diferente do dos trágicos, mas que, na mesma medida, dá testemunho da Atenas de Péricles.

Vamos encerrar essa breve síntese das manifestações mais espetaculares da vida religiosa da cidade com uma citação de Eurípedes:

> Jamais — ele diz pela boca de Medéia — um homem de bom senso devia educar seus filhos num saber que vai além do ordinário. De início, eles

---

4. Plutarco, *Périclès*, III, 4-7; XIII, 8; 10.
5. Ibidem, XVI, 2.
6. Ibidem, XXIV, 9.
7. Aristófanes, *Acharniens*, versos 524-527.
8. Plutarco, *Périclès*, XXXII, 1.

serão acusados de viver sem fazer nada, depois vão despertar a inveja em todo mundo. Apresente ao vulgo ignorante pensamentos novos e eruditos, e ele não dirá que você é um sábio, mas que é um inútil (*Medéia*, versos 293-299).

Alusão aos "sábios" atraídos a Atenas pela fama da cidade sob o governo "esclarecido" de Péricles? É a isso que cumpre tentar responder agora.

11

A ESCOLA DA GRÉCIA

"Em resumo, ouso dizer, nossa cidade em seu conjunto constitui para a Grécia uma verdadeira lição." É com essa afirmação que Péricles, na *Oração fúnebre*, conclui sua exposição das qualidades do regime político ateniense. O termo que ele emprega, *paideusis*, significa "ação de instruir", e remete à noção de *paideia*, de "educação".

É provável que, atribuindo essa afirmação a Péricles, Tucídides aludisse ao florescimento da vida intelectual de que Atenas era então a sede. Certamente seu objetivo não era insistir nesse aspecto da vida da cidade, pois ele desde o início deixara bem claro aquilo a que se propunha: mostrar à posteridade a importância do conflito de que fora contemporâneo e dele tirar conclusões "para sempre". Portanto, não é em seu próprio texto que devemos tentar encontrar informações capazes de justificar essa importância de Atenas no plano cultural.

Evidentemente, há aquilo de que já falamos: a riqueza da produção artística e teatral. Há também a própria obra de Tucídides, testemunho eloqüente (de que voltaremos a falar) de uma intensa vida intelectual. Mas por mais paradoxal que possa parecer, é principalmente por meio das produções atenienses do século seguinte, e sobretudo dos diálogos platônicos, que se pode perceber a importância dos debates que marcaram então a vida cultural ateniense. Não nos esqueçamos de que esses diálogos põem em cena Sócrates, que, nascido em 469, foi, em sua maturidade, contemporâneo de Péricles, e que os discursos que Platão lhe atribui fazem constantes alusões não apenas ao homem que dirigia na época a vida política de Atenas, mas também àqueles que para lá foram atraídos pelo prestígio da cidade. Em *Fédon*, Sócrates, lembrando suas preocupações de jovem ávido de saber, confessa ter pensado que podia encontrar nas obras de Anaxágoras as respostas às perguntas que fazia a si mesmo.[1] É dizer muito da importância e da fama de que gozava aquele a quem Plutarco, em *Vida de Péricles*, diz ter sido o verdadeiro mestre de seu herói, o sábio Anaxágoras de Clazômenas. Péricles teria também seguido as lições de um outro sábio, discípulo de Parmênides, Zenão de Eléia. Clazômenas era uma cidade grega da Ásia Menor, Eléia uma cidade grega do sul da Itália. A presença em Atenas desses dois sábios vindos dos dois extremos do mundo grego diz muito sobre o prestígio de que a cidade então gozava.

PRÉ-SOCRÁTICOS E SOFISTAS

Costuma-se chamar de pré-socráticos os pensadores gregos da primeira metade do século V, herdeiros diretos da ciência grega surgida, na Jônia, com Tales, Anaximandro e Anaxímenes, depois, na Grécia ocidental, com Pitágoras, Parmênides e Empédocles.

Como vimos, Plutarco cita Zenão de Eléia entre os mestres de Péricles.[2] Houve quem pusesse em dúvida a presença do sábio em Atenas. Não obstante, ele é um dos interlocutores do diálogo de Platão, *Parmênides*, em que debate com Sócrates e o próprio Parmênides. Pouco importa: o essencial é que isso pudesse ser verossímil meio século depois. Naturalmente, não cabe aqui fazer um apanhado do pensamento de Zenão. Cabe referir apenas que Aristóteles lhe atribuía a invenção da dialética, isto é, de uma forma de raciocínio que, partindo de idéias aceitas, procurava examinar a coerência das conseqüências que delas derivavam. E vamos lembrar, com Maurice

---

1. Platão, *Phédon*, 97 b-98 b [ed. bras.: *Fédon*, trad. Heloísa da Graça Burati, São Paulo: Rideel, 2005].

2. Plutarco, *Périclès*, IV, 5.

Caveing ("Zénon d'Élée", em *Le Savoir grec*, p. 850-860), a influência que esse pensamento teve sobre Espinosa, Descartes e Kant.

Sobre Anaxágoras de Clazômenas estamos um pouco mais bem informados. Nascido por volta de 500 a.C., teria passado a maior parte de sua vida adulta em Atenas. Teria sido obrigado a deixar a cidade em 437-436, condenado que foi por força do decreto de um certo Diopeite, que permitia processar "aqueles que negavam as coisas divinas ou que divulgavam, em seus ensinamentos, teorias sobre os fenômenos celestes".[3]

Plutarco, em *Vida de Péricles*, afirma que, graças ao ensinamento recebido de Anaxágoras, Péricles "se elevou acima da superstição". E dá como prova a célebre anedota do carneiro, nascido em terras pertencentes a Péricles, que só tinha um chifre. Consultado, o adivinho Lampon viu no fenômeno o sinal do futuro poder de Péricles, ao passo que Anaxágoras, depois de abrir o crânio do carneiro, "mostrou que o cérebro não ocupara todo o espaço da caixa craniana; ele tomara a forma alongada de um ovo e se deslocara exatamente para o lugar onde o chifre se enraizava" (VI, 2).

Em *Apologia de Sócrates*, Platão introduz um diálogo entre seu mestre e um de seus acusadores, o poeta Meleto, que não deixa de ser interessante. A Meleto, que o acusa de não acreditar em nenhum deus, Sócrates responde:

> Mas enfim, o que queres dizer? Que eu não reconheço nem mesmo a lua e o sol como deuses, como todo mundo? — Não senhores juízes, ele não os reconhece como tal; ele afirma que o sol é uma pedra e que a lua é uma terra. — Mas então é a Anaxágoras que deves acusar, meu caro Meleto! Na verdade, tu subestimas tanto estes juízes a ponto de considerá-los iletrados o bastante para ignorar que são os livros de Anaxágoras de Clazômenas que estão cheios dessas teorias? E seria a mim que os jovens viriam procurar para se instruir, quando eles podem, a qualquer momento, comprar esses livros na orquestra, por no máximo uma dracma, para depois zombar de Sócrates se ele quisesse apresentar essas idéias como suas? (*Apologia*, 26 d).

---

3. Ibidem, XXXII, 2.

Nessa observação atribuída a Sócrates, encontramos a ênfase não apenas no aspecto "racional" do pensamento de Anaxágoras, que nega o caráter divino da lua e do sol e que os considera, respectivamente, terra e pedra, mas também na influência que ele exercia nos meios cultos de Atenas, onde se podiam encontrar seus escritos por uma quantia relativamente modesta.

Em *Vida de Péricles*, Plutarco menciona também um outro sábio com o qual Péricles se comprazia em discutir, Protágoras de Abedera. É graças também a Platão que podemos entrever seu pensamento, primeiro no *Teeteto*, em que ele é resumido numa fórmula célebre, e talvez mal interpretada, "O homem é a medida de todas as coisas", e também neste comentário: "Não posso saber se os deuses existem ou não, nem com que se parecem, porque existem inúmeros obstáculos a um tal saber, ao mesmo tempo a incerteza e a brevidade da vida humana" (*Teeteto*, 161 c *et seq.*). Mas é evidentemente no diálogo que leva o nome do célebre sofista que se afirmam, ao mesmo tempo, a influência que ele então exercia e os principais aspectos das idéias que ele defendia. Ao amigo que o interroga no começo do diálogo, Sócrates conta a discussão que teve com aquele a quem ele define como "o mais sábio dos homens de hoje" e que chegou a Atenas três dias antes. A continuação do relato de Sócrates permite compreender que se trata da segunda visita do sofista a Atenas (a primeira teria sido por volta de 444-443, isto é, no momento em que se considerava a conveniência do envio de um grupo pan-helênico ao Ocidente, e a ele teria Péricles confiado a tarefa de elaborar a constituição da futura cidade de Túrio).

Ainda segundo o relato de Sócrates, a segunda visita de Protágoras a Atenas teria despertado grande interesse, principalmente entre os jovens ansiosos por se instruir com o famoso sofista. A casa do "rico" Cálias teria sido o lugar da reunião, da qual participaram duas outras figuras não menos célebres, Hípias de Élis e Pródico de Ceos, além dos dois filhos de Péricles, Páralo e Xantipo, que morreriam antes do pai, o que nos permite situar, de forma aproximada, essa segunda visita de Protágoras a Atenas no período anterior à guerra do Peloponeso. Naturalmente, é Sócrates que, no diálogo, dá a Protágoras a deixa e faz a pergunta que o levará à exposição de sua doutrina sofista. Com efeito, Protágoras começou por proclamar sua qualidade de sofista e o objeto de seus ensinamentos: "A prudência na administração da própria casa, e quanto aos assuntos da cidade, o talento de conduzi-los à perfeição por meio de atos e de palavras" (319 a). Ao que Sócrates responde: "Se bem entendo, é de política (*politiké techné*) que tu queres falar, e te dedicas a formar bons cidadãos."

Ora, antes mesmo de ceder a palavra a seu interlocutor, Sócrates exprime uma dúvida sobre a possibilidade de ensinar essa *politiké techné*, e baseia-se no próprio exemplo do funcionamento da democracia ateniense, em que, quando se trata de tomar decisões de ordem técnica (construir um navio, por exemplo), recorre-se aos detentores dessa *techné*. "Mas quando se trata, ao contrário, dos interesses gerais da cidade, vê-se que qualquer um se pronuncia, arquitetos, ferreiros, curtidores de peles, negociantes e marinheiros, ricos e pobres, nobres e gente comum..." (319 b-c). Em outras palavras, ignorantes. Como então Protágoras pode ensinar a esses ignorantes a *politiké techné*?

Para responder a Sócrates, Protágoras recorre ao mito, o célebre mito de Prometeu, encarregado de levar aos homens as diferentes *téchnai* necessárias à sua sobrevivência. Faltava-lhe, porém, precisamente essa *politiké techné*, e suas cidades não conseguiam sobreviver e soçobraram na violência. Zeus então enviou Hermes para levar aos homens o respeito (*aidós*) e a justiça (*dikè*) "a fim de que houvesse nas cidades harmonia e laços criadores de amizade" (322 c). Enquanto as outras *téchnai* tinham sido repartidas de forma desigual, Zeus ordenou a Hermes que repartisse na mesma medida, entre todos, *aidós* e *dikè*. Protágoras então tira a conclusão para a qual aponta o relato: quando se trata de decidir sobre uma questão de "virtude política" (*politiké areté*), os atenienses têm motivos para deixar falar quem assim o desejar, "visto estarem convencidos de que todos devem participar dessa virtude, para que as cidades possam existir" (323 a).

Assim, Platão faz de Protágoras um teórico do sistema político que implica a igualdade de todos na tomada de decisões, em outras palavras, a democracia. Com efeito, Protágoras concluiu seu relato dirigindo-se a Sócrates: "Creio ter demonstrado suficientemente, Sócrates, que teus compatriotas não estão errados em ouvir, em assuntos de política, o parecer de um ferreiro ou de um curtidor de peles e, em segundo lugar, que considerem a virtude passível de ser ensinada e transmitida" (324 c-d).

Com efeito, os sofistas, e, em primeiro lugar, Protágoras, se pretendem antes de mais nada educadores. No diálogo, Platão atribui ao sofista não apenas um discurso sobre como deve ser a educação, mas também arrazoados em que ele justifica o preço alto de suas lições. Essa era a principal queixa que se fazia contra os sofistas: eles atraíam os jovens de famílias ricas que tinham condições de pagar suas lições. Ora, se ensinar a virtude e a *politiké techné*, como reivindicava Protágoras, era uma intenção louvável, havia também o perigo de formar políticos capazes de defender qualquer coisa, e seu contrário também. Pelo menos é isso que alguns acreditavam ver nos ensinamentos dos sofistas. A célebre comédia de Aristófanes, *As nuvens*, põe em cena um Sócrates "sofista", que ensina a seus discípulos a arte de defender com a mesma habilidade duas opiniões contraditórias. A sátira é muito pesada, e Platão a evocará na *Apologia de Sócrates*. A Sócrates, que se dirige aos juízes do tribunal, ele atribui a seguinte fala, a propósito de seus acusadores: "Eles vos fizeram crer, erroneamente, que existia um certo Sócrates, grande sábio, que se ocupa de fenômenos celestes, investigando tudo o que se passa debaixo da terra, capaz de fazer prevalecer a causa má." E mais adiante, a propósito dos mesmos acusadores: "E o mais desconcertante é que não nos é possível nem ao menos saber seus nomes, nem os citar, salvo, talvez, o de certo autor de comédias" (18 b-c), cujo nome se dá logo adiante (19 c).

Mas reduzir a sofística, corrente de pensamento que tem boa aceitação em Atenas na segunda metade do século V, a apenas essa habilidade é desconhecer a contribuição de alguns sofistas para o desenvolvimento de um pensamento racional, se não racionalista, que se exprime por meio de obras que só chegaram até nós de forma fragmentária, sendo, portanto, de difícil interpretação, mas que nem por isso deixam de constituir um testemunho desse momento importante da história cultural do mundo grego.

Cabe destacar principalmente a reflexão sobre a lei, o *nomos*, apresentada como obra humana, resultado de um contrato que liga os membros da comunidade cívica, e não manifestação revelada da vontade divina. Mas, a partir do momento em que se considera a lei como obra dos homens e não mais dos deuses, torna-se possível afirmar ser ela relativa: o que aqui se considera como justo, pode ser considerado como injusto em outro lugar. O que hoje é contrário à lei, talvez já não o seja amanhã. E alguns sofistas contrapõem, assim, a lei, fenômeno transitório, à natureza, *physis*, imutável. Encontram-se reflexos desse debate tanto no teatro de Eurípedes quanto no relato de Tucídides, e ele estará no cerne de dois grandes diálogos platônicos, o *Górgias*, que põe em cena o célebre sofista originário de Leontinos, e *A República*, que se abre com um debate do qual participa outro ilustre sofista, Trasímaco de Calcedônia, cuja intervenção se concentra no caráter relativo das leis, feitas em benefício dos mais fortes.

Toda a obra de Platão procura demonstrar a falsidade da sofística, e, uma vez que é sobretudo por seus diálogos que conhecemos os principais representantes dessa corrente de pensamento, o próprio termo "sofista" adquiriu uma conotação negativa. Em sua maioria, eles eram, como vimos, estrangeiros atraídos a Atenas pelo ambiente — voltaremos a isso — criado pelo círculo de relações de Péricles. Entre eles também havia atenienses, como Crítias, tio de Platão e futuro "tirano" da segunda revolução oligárquica de 404-403. Ele teria afirmado, em *Sísifo*, tragédia de sua autoria, que os deuses foram criados pelos homens. O outro grande sofista ateniense é Antifonte, autor principalmente de tratados sobre a Verdade (*Aletheia*) e sobre a Concórdia (*Homonoia*). Sempre se distinguiu o sofista Antifonte do orador de mesmo nome, que se tornaria célebre quando da primeira revolução oligárquica. Mas o historiador americano Michael Gagarin demonstrou de forma cabal numa obra recente que se trata de um único homem, nascido por volta de 480, tendo sido, portanto, contemporâneo de Péricles.[4] É no tratado *Sobre a Verdade*, de que nos restaram fragmentos consideráveis, que Antifonte discute o problema da relação lei/natureza (*nomos/physis*) e contrapõe a relatividade da primeira à constância da segunda, deduzindo daí a superioridade das leis naturais sobre as leis dos homens. Essa tomada de posição implica o

---

4. M. Gagarin, *Antiphon the Athenian. Oratory, Law and Justice in the Age of the Sophists*, Austin: University of Texas Press, 2002.

interesse de Antifonte em investigar as leis humanas, questionar determinadas "verdades" aceitas. A propósito, Antifonte, o ateniense, é também contemporâneo dos fundadores de uma nova "ciência", a História.

O "NASCIMENTO" DA HISTÓRIA

A História teria nascido na Atenas de Péricles? Essa talvez seja uma forma ambígua de formular a questão. Porque isso supõe, em primeiro lugar, um consenso sobre o que se entende por História e sobre as relações entre esse procedimento, que consiste em fazer o relato de acontecimentos passados, e as correntes de pensamento que caracterizam, como vimos, a Atenas de Péricles.

Logo de início, dois nomes se impõem: Heródoto e Tucídides. O primeiro não era ateniense, mas oriundo daquela Grécia da Ásia cuja importância na história do pensamento grego é bem conhecida. É quase certo ter sido em Atenas que ele fez uma leitura pública de suas *Histórias;* além disso, ele participou da expedição para a fundação de Túrio, onde veio a morrer por volta de 420. Tucídides, mais novo que ele cerca de vinte anos, era ateniense. Oriundo de uma grande família ateniense, exerceu a função de estratego. Como não conseguiu defender Anfípolis do general espartano Brásidas, foi exilado para a Trácia, onde sua família possuía minas. Ao que parece, lá ele redigiu grande parte de sua obra, que terminaria depois de seu regresso a Atenas, onde faleceu no início do século IV.

Por que Heródoto e Tucídides sentiram necessidade de fazer o relato dos dois grandes conflitos que dominam a história do século V, as guerras médicas e a guerra do Peloponeso? Que sentido um e outro deram a sua démarche? Evidentemente, é a eles, em primeiro lugar, que devemos fazer a pergunta.

> Heródoto de Túrio expõe aqui suas pesquisas, para evitar que os atos dos homens, com o tempo, se apaguem da memória e que grandes e maravilhosas façanhas, realizadas tanto pelos bárbaros como pelos gregos, deixem de ser conhecidas, principalmente o motivo que levou gregos e bárbaros a entrarem em guerra uns contra os outros (*Histórias*, I, 1).

Tucídides de Atenas escreveu a história da guerra entre os atenienses e os peloponésios. Ele se pôs a trabalhar desde os primeiros sinais da guerra, na expectativa de que ela alcançasse proporções muito maiores que todas as precedentes. Foi-lhe possível prever esse desdobramento porque os dois grupos, quando o conflito se anunciava, estavam na plenitude de suas forças e, por outro lado, ele via o resto do mundo grego aliar-se a um ou outro lado, em termos imediatos ou enquanto projeto. Foi a maior crise que sacudiu a Grécia e uma parte do mundo bárbaro: a bem dizer, ela atingiu a maior parte da humanidade (I, 1-2).

Mas Tucídides, diferentemente de Heródoto, não pretende apenas preservar a memória dos acontecimentos: "Se queremos ter uma visão clara dos acontecimentos passados e daqueles que, no futuro, em razão de seu caráter humano, apresentarão similitudes e analogias, basta que os consideremos úteis: eles constituirão um tesouro para sempre, mais que uma produção aparatosa para um auditório de momento" (I, 22, 4). Heródoto, que talvez fosse o alvo dessa crítica, falava justamente da busca do "motivo que levou gregos e bárbaros a entrarem em guerra uns contra os outros". Mas a ambição de Tucídides era maior, pois desejava tirar do relato dos acontecimentos "um saber para sempre". Ao mesmo tempo, porém, ambos manifestavam a mesma preocupação: procurar compreender os acontecimentos, submetê-los a um esquema de interpretação que se valia antes da razão humana que das contingências do acaso. Nesse aspecto, eles se revelam bem os contemporâneos dos sábios e sofistas de que acabamos de falar.

Não obstante, tanto na forma como no fundo, as obras dos dois historiadores diferem sensivelmente. Heródoto, ainda que pretenda buscar as causas dos acontecimentos que relata, não dá ao seu leitor ou ouvinte uma resposta categórica. Em vez disso, ele o coloca diante da necessidade de fazer escolhas, não hesitando em oferecer versões diferentes, chegando a pôr em dúvida algumas explicações. Heródoto tem sempre o cuidado de distinguir o que ele próprio viu ou ouviu do que lhe foi contado pelos diversos interlocutores dos quais se valeu em sua pesquisa (*historía*), quando de suas viagens. Por outro lado, se fizermos exceção aos quatro primeiros livros, mais antropológicos e etnográficos, veremos que todo o resto da obra, que se ocupa mais de operações militares e relações diplomáticas, não deixa de ser, entretanto, eivado de digressões e anedotas que às vezes dão a impressão de uma aparente desordem. Para retomar a fórmula de uma historiadora americana, Carolyn Dewald, digamos que por trás do autor Heródoto exprimem-se duas vozes, a de um "narrador", um contador de histórias, e a de um *histor*, um pesquisador, que não hesita em questionar, às vezes de forma subversiva, as tradições mais arraigadas, tanto no que diz respeito aos gregos como a seus adversários.[5]

A dimensão propriamente "etnográfica" da obra de Heródoto suscitou numerosos debates entre os historiadores contemporâneos. Se durante muito tempo se levou em conta seu testemunho sobre os egípcios, os citas e outros povos do contorno oriental do Mediterrâneo, os progressos da arqueologia e da epigrafia levaram a relativizar, e mesmo a questionar seriamente, algumas de suas descrições. De resto, quando Heródoto mencionava algumas de suas "fontes", muitas vezes dava provas de uma grande "ingenuidade". Além disso, como o demonstrou François Hartog a propósito dos citas, Heródoto raciocinava em termos gregos e aplicava àquilo que via ou que lhe contavam uma espécie de filtro de leitura grego, um etnocentrismo que, ainda assim, não excluía a curiosidade e o interesse por aqueles mundos "bárbaros", no que será bastante criticado, principalmente por Plutarco.[6]

Para terminar, uma outra questão: Será que no relato de Heródoto Atenas ocupa um lugar à parte? No conflito entre gregos e bárbaros, é ela que, inegavelmente, tem o maior destaque, uma vez que em Maratona e Salamina são os gregos que conquistam vitórias decisivas. E é a Heródoto que se deve a valorização das duas figuras representativas do combate pela libertação da Grécia, Milcíades e Temístocles. Não obstante, Heródoto, como já dissemos, não se fecha numa visão

---

5. C. Dewald, "I didn't give my own Genealogy. Herodotus and the Authorial Persona", in: E. J. Bekker, I. J. F. de Jong e H. van Wees (orgs.), *Brill's Companions to Herodotus*, Leiden: Brill, 2002, p. 267-290.

6. F. Hartog, *Le Miroir d'Hérodote. Essai sur la représentation de l'autre*, 2.ed., Paris: Gallimard, 1991 [ed. bras.: *O espelho de Heródoto: ensaio sobre a representação do outro*, trad. Jacyntho Lins Brandão, Belo Horizonte: UFMG, 1999].

dogmática. Defende vigorosamente o patriotismo dos Alcmeônidas contra a acusação de terem tomado partido dos persas em Maratona, mas nem por isso deixa de tomar o leitor como árbitro de certos conflitos internos e de certas fraquezas de uns e de outros protagonistas, sejam eles gregos ou bárbaros. E é nesse caso, talvez, que as "pequenas histórias" adquirem também sua importância.

Não há dúvida de que no caso de Tucídides estamos diante de um procedimento totalmente diferente. Ainda que se permita, vez por outra, uma digressão, por exemplo quando critica a versão que fazia de Harmódio e de Aristogíton os heróis que puseram fim à tirania dos Pisistrátidas, Tucídides constrói seu relato de forma rigorosa. Como ele próprio esclarece quando inicia sua exposição das primeiras operações militares: "Este relato apresenta na ordem, cobrindo verão e inverno, os diferentes acontecimentos que se deram" (II, 1).

Naturalmente, as coisas não são assim tão simples, do contrário Tucídides não se revelaria o extraordinário escritor admirado por gerações pela acuidade de seu pensamento e pela riqueza de sua reflexão. Além de não se limitar a contar a guerra, ele, direta ou indiretamente, intervém no relato para julgar, explicar, criticar. É interessante lembrar, a propósito disso, as reflexões a que ele se entrega, no que algumas vezes já foi chamado de "segundo prefácio", antes de abordar os negócios de Corcira e de Potidéia, que serviram de estopim para a guerra. Primeiro, a propósito dos discursos por meio dos quais ele pode dar interpretações contraditórias de um mesmo acontecimento:

> No que tange aos discursos pronunciados por uns e por outros, seja pouco antes da guerra, seja em seu decorrer, era bem difícil reproduzir-lhes o teor com a mesma exatidão, tanto para mim, quando os tinha ouvido pessoalmente, como para quem quer que mos contasse, independentemente de sua procedência: eu exprimi o que, ao meu ver, eles podiam ter dito que melhor respondesse à situação, procurando me manter, no que se refere ao pensamento geral, o mais perto possível das palavras realmente pronunciadas (I, 22, 1).

Já vimos o procedimento de reprodução dos três discursos atribuídos a Péricles, entre os quais a famosa *Oração fúnebre*. Tucídides com certeza os ouviu, o que não se pode dizer de outros discursos pronunciados posteriormente, quando ele já havia saído de Atenas: referimo-nos especialmente ao debate entre Nícias e Alcibíades, às vésperas da expedição contra a Sicília. De resto, as palavras atribuídas a Péricles por Tucídides ajustam-se perfeitamente à imagem que ele iria dar do homem que dirigiu os negócios da cidade, no momento em que ele desaparecia da vida política. Devem, portanto, exprimir sua própria visão da situação de Atenas: primeiro, às vésperas da eclosão da guerra; depois, logo em seguida às invasões da Ática pelos exércitos peloponenses.

Depois de evocar esses discursos, Tucídides prossegue:

> Por outro lado, no que tange aos atos que ocorreram no curso da guerra, achei por bem não confiar no testemunho de qualquer um, e tampouco em minha opinião pessoal: ou os presenciei pessoalmente, ou sobre eles procurei me informar, junto a outras pessoas, com a maior exatidão possível. Aliás, tive dificuldade em apurá-los, porque as testemunhas de cada fato dele apresentavam versões que variavam segundo as simpatias para com um ou outro lado, e segundo sua memória (I, 22, 2-3).

Essa preocupação com a exatidão na apuração dos fatos, expressa por Tucídides, explica por que o consideram "o inventor" da história "científica" e "racional". Não obstante, para quem se prende à leitura de sua narrativa rica e complexa, fica bem claro que Tucídides não se limita a estabelecer os fatos. Pelo fato de procurar explicar, justificar, criticar o comportamento dos diferentes atores dessa grande comoção social que foi a guerra do Peloponeso, houve quem quisesse ver nele seja um juiz (Nicole Loraux, Catherine Darbo-Peschanski), seja um advogado (Marie-Laurence Desclos), de todo modo, um homem envolvido diretamente nos acontecimentos dos quais dá o relato e preocupado em apresentar ao seu leitor todos os elementos do debate.[7] A influência da sofística é sensível quando ele contrapõe, por meio de discursos antagônicos, duas atitudes possíveis diante de um mesmo

---

7. N. Loraux, "Thucydide a écrit la Guerre du Péloponnèse", *Métis*, I, 1986, p. 139-161; C. Darbo-Peschanski, "L'historien grec ou le passé jugé", in: N. Loraux e C. Miralles (orgs.), *Figures de l'intellectuel en Grèce ancienne*, Paris: Belin, 1998, p. 143-189; M.-L. Desclos, *Aux marges des dialogues de Platon*, Grenoble: Éditions Jérôme Millon, 2003, p. 49-66.

acontecimento: como no caso de Cléon e de Diodoto ante a defecção dos mitilenos, ou de Alcibíades e Nícias sobre a conveniência da expedição à Sicília. Houve até quem visse nele o modelo do politólogo, principalmente no campo das relações entre potências, e atualmente toda uma escola de pensamento nos Estados Unidos se inspira em suas reflexões sobre esse assunto para especular sobre a ameaça que a existência de uma superpotência faz pesar sobre o equilíbrio mundial.[8] Cumpre, porém, ter uma certa cautela e lembrar, como Nicole Loraux, que "Tucídides não é um colega": as realidades do mundo contemporâneo são radicalmente diferentes das que existiam no século V a.C., num mundo que se reduzia à bacia do Egeu e a uma parte da península balcânica. Além disso, embora nos sintamos tentados a ratificar o testemunho de Tucídides para compreender o sentido da evolução do mundo grego no último terço do século V, não deixa de ser um tanto exagerado ver nele o inventor de uma história "racional" e "científica", sobre a possibilidade da qual os historiadores deste início do terceiro milênio não param de se interrogar, como o testemunham as obras recentes de Paul Ricœur, de Reinhard Kosselleck ou de François Hartog, para ficarmos apenas em alguns exemplos.[9]

Quanto ao mais, Tucídides constitui para nós um meio de penetrar no coração do pensamento grego do século V. E por Péricles ocupar nessa obra um lugar de grande destaque, e porque podemos entrever traços de sua personalidade nas palavras que o historiador lhe atribui, Tucídides continua sendo para o historiador de hoje uma fonte incomparável. E se podemos intitular esta seção do livro "A Atenas de Péricles" é pelo fato de que Tucídides a isso nos incita ao escrever: "Durante todo o tempo em que esteve à frente da cidade no período de paz, ele a dirigiu com moderação e soube velar por ela de forma segura; por isso ela foi a maior, na época dele" (II, 65, 5).

---

8. L. S. Gustafson (org.), *Thucydides' Theory of International Relations*, Baton Rouge: Louisiana State University Press, 2000.

9. P. Ricœur, *La Mémoire, l'histoire, l'oubli*, Paris: Seuil, 2000; R. Koselleck, *Le Futur passé*, Paris: EHSS, 1990 [ed. bras.: *Futuro passado*, trad.: Wilma Patrícia Mass e Carlos Almeida Pereira, Rio de Janeiro: Contraponto, 2006]; F. Hartog, *Régimes d'historicité. Présentisme et expérience du temps*, Paris: Seuil, 2003.

E não obstante foi ele quem a levou à guerra que lhe seria fatal. Agora já é tempo de nos perguntar sobre o próprio homem e sobre as contradições de uma personalidade que a posteridade iria transformar no símbolo do político e no inventor da democracia.

QUARTA PARTE

PÉRICLES OU O POLÍTICO

Desde o início desta tentativa de definir quem foi Péricles, ficou dito que não é indiferente o fato de a História ter associado seu nome ao século que ainda hoje é considerado o mais representativo e o mais brilhante da civilização grega antiga. Tentamos nas páginas precedentes lembrar as diferentes manifestações que ilustram esse momento excepcional da história humana. E, em primeiro lugar, o fato de que elas se ligam a um lugar específico, a cidade de Atenas, uma entre as centenas de cidades gregas, mas uma cidade que foi ao mesmo tempo testemunha de uma experiência política original — a democracia — e de um brilhante florescimento tanto artístico quanto literário e científico — o classicismo na arquitetura e na escultura, o nascimento do teatro trágico e cômico, da História, daquilo que logo se passaria a chamar Filosofia —, tudo isso reforçado por uma hegemonia marítima que assegurava tanto a prosperidade comercial quanto a paz social.

Mas o(a) historiador(a) que tentou estabelecer uma relação entre essas diferentes manifestações e o momento em que, segundo as palavras de seus próprios contemporâneos, um homem exerceu no seio dessa cidade de Atenas um poder quase "monárquico", não pode deixar de se interrogar sobre a personalidade desse homem que, como já lembramos, não deixou nenhum testemunho escrito direto e que conhecemos através de seus contemporâneos, entre os quais o historiador Tucídides, o mais confiável de todos eles. Temos informações também pelo que dele disseram aqueles que viveram em Atenas depois de sua morte, e principalmente nas primeiras décadas do século seguinte, quando Atenas saiu enfraquecida e diminuída de um conflito de que Péricles fora o iniciador. É então que se discute cada vez mais, em certos meios, no âmbito das escolas de pensamento que se criam em Atenas, sobre a natureza da autoridade política. Caberá a nós daí tirar seus principais aspectos, para finalmente chegar ao retrato matizado e ambíguo que dele deixou o biógrafo Plutarco. É a partir desse retrato, mais que do relato de Tucídides, que a posteridade vai elaborar a imagem do grande político, encarnação e símbolo da democracia ateniense.

12

DE TUCÍDIDES A ARISTÓLES: ORADOR E/OU DEMAGOGO

Naturalmente, é por Tucídides que devemos começar essa investigação sobre a personalidade de Péricles, orador e político, símbolo da democracia ateniense. O procedimento é dual, porque, por um lado, os discursos que Tucídides atribui a Péricles, que não refletem somente a situação de Atenas em um determinado momento de sua história, dão pistas também sobre o caráter daquele que os pronunciou. Por outro lado, há o julgamento que Tucídides, historiador da guerra, faz sobre o estratego que dirige a política de Atenas durante longos anos, no momento em que a morte priva a cidade de seu melhor defensor.

No relato de Tucídides, Péricles toma a palavra três vezes. Sua primeira intervenção situa-se depois da exposição dos assuntos relativos a Corcira e a Potidéia, as trocas de embaixadas entre atenienses e lacedemônios, e o ultimato dos espartanos exigindo dos atenienses que "não tirem a autonomia dos gregos" (I, 139, 3). Antes mesmo de reproduzir as palavras de Péricles, Tucídides esclarece que ele era o "primeiro" dos atenienses "devido a sua superioridade no domínio tanto da palavra quanto da ação" (I, 139, 4). Desde o início do discurso revela-se um traço de caráter: a continuidade na avaliação de uma situação dada, ainda que a marcha dos acontecimentos lhe traga um desmentido. Essa segurança se baseia na análise da atitude inabalável dos lacedemônios e na certeza de que ceder quanto a um ponto aparentemente secundário — o decreto de Mégara — não teria outro efeito senão o de adiar o inevitável, isto é, a guerra. Baseia-se também num conhecimento das forças que se contrapunham e das fraquezas do inimigo. Péricles não fala irrefletidamente. Ele baseia sua demonstração na comparação, termo a termo, entre as vantagens dos lacedemônios e as de Atenas, sendo estas muito mais sólidas. Ao mesmo tempo, porém, ele se mostra implacável quanto à necessidade de se pronunciar sem mais delongas. Sem que seja preciso entrar em detalhes, trata-se de uma personalidade muito forte e segura de si, que se afirma desde esse primeiro discurso.

Já discutimos bastante o segundo discurso. Não voltaremos a discutir aqui os diferentes aspectos da *Oração fúnebre*. Obedecendo parcialmente às normas do gênero, Péricles não deixa, no entanto, de nele imprimir sua marca pessoal, porque é em parte a si mesmo, tanto quanto aos combatentes mortos pela cidade, que ele atribui os méritos de uma notável superioridade.

Em compensação, o terceiro discurso assume um tom muito mais pessoal. Porque, àquela altura, Péricles estava sendo alvo da censura de grande parte dos atenienses. Mas, longe de procurar se justificar ou se defender, ele ataca: "Eu já contava com essa demonstração de raiva que vocês dirigem contra mim, porque percebo muito bem as suas causas; e eu convoquei a assembléia justamente para refrescar-lhes a memória e chamar sua atenção para aquilo que, em sua atitude, pode ter de injustificado, quando vocês se deixam dominar pelas desgraças" (I, 60, 1). E Péricles continua: "Em minha pessoa, sua cólera visa um homem que, segundo creio, não é inferior a ninguém na capacidade de julgar o que é necessário e se fazer compreender, e que além do mais é honesto e não cede ao dinheiro" (II, 60, 5).

E Péricles afirma não ter mudado e que foram os atenienses que, embora tendo aprovado a política defendida por ele, logo se dispõem a abandoná-la quando seus interesses parecem ameaçados. Daí a apologia da hegemonia ateniense para fazer renascer nos atenienses o sentimento de orgulho, única coisa capaz de fazê-los superar as dificuldades passageiras.

Desses três discursos se depreende o que Tucídides vai destacar no julgamento final de Péricles: um homem que não cede ao desejo de agradar à multidão, mas se afirma como o único capaz de avaliar uma situação complexa e enfrentar as dificuldades que podem resultar dos azares da guerra. Falamos do elogio que Tucídides faz a Péricles por ter sabido, durante a paz, dirigir a cidade com prudência. Mas talvez tenha sido no curso dos últimos anos, nos dois anos e seis meses durante os quais ele dirigiu a cidade em guerra, que ele deu mostras de seu valor e sua autoridade:

> Por isso ele mantinha a multidão, embora livre, sob seu controle, e, em lugar de se deixar dirigir por ela, ele a dirigia; de fato, como não devia seus recursos a fontes ilegítimas, ele nunca falava visando agradar; ao contrário, era capaz até de valer-se da estima das pessoas para enfrentar a sua cólera. Em todo caso, toda vez que as via se entregarem a uma confiança temerária, ele as vergastava com suas palavras, inspirando-lhes o medo, e se elas sentiam um medo irracional, ele lhes restituía a confiança.

Daí deriva uma conclusão bem natural: "Sob o nome de democracia, na verdade era o primeiro cidadão que governava" (II, 65, 8-9).

Era dessa autoridade intransigente que os Cômicos contemporâneos debochavam, principalmente Cratino, fazendo dele uma espécie de Zeus que esbravejava para impor sua vontade. Dessas queixas contra um homem que, embora magistrado eleito regularmente, era dotado de um poder excepcional, ainda encontramos eco nas primeiras comédias de Aristófanes, nas quais, por trás do orador que dirige o *démos*, deixando-lhe a ilusão de que detém o poder, adivinha-se a alusão a Péricles (*Os acarnianos*, verso 530 *et seq.*; *Os cavaleiros*, versos 571-573). Para não falar das zombarias contra Aspásia, sobre as quais voltaremos a falar.

Uma acusação, em especial, haveria de se firmar, voltando sempre à baila nas escolas de retórica e de filosofia do século seguinte: a de ter instituído a mistoforia e dado assim ao *démos* hábitos nocivos, como o de julgar, tema, como se sabe, de *As vespas*, de Aristófanes. E começaram a lhe imputar um outro erro, quando Atenas sofreu reveses militares: o de ser o responsável pela eclosão da guerra. Assim, em *A paz*, Aristófanes atribui a Hermes palavras inequívocas: correndo o risco de se ver comprometido com seu amigo Fídias, Péricles "pôs fogo na cidade lançando nela a pequena faísca do decreto de Mégara". É verdade que, nos anos que se seguiram à morte de Péricles e antecederam a paz de Nícias, Cléon é o principal alvo do poeta cômico. De resto, enquanto Tucídides contrapõe a moderação de Péricles aos erros daqueles que o sucederam à frente da cidade, os poetas cômicos não distinguem Cléon e políticos como ele, daquele que, antes destes, já se colocava como "condutor do povo", como demagogo, termo que ainda não tinha a conotação negativa que logo haveria de ter.

Como já dissemos, só conhecemos os debates que, nas últimas décadas do século V, em função das dificuldades enfrentadas pela cidade, realizaram-se nos meios cultos de Atenas relativamente aos méritos dos diferentes sistemas políticos, e que tinham como alvo principal a democracia contemporânea, pelos pronunciamentos que Platão e Xenofonte atribuem a Sócrates. O único texto contemporâneo dos últimos anos do governo de Péricles é *República dos atenienses*, de um autor anônimo que se convencionou chamar de Velho Oligarca.[1] Não se faz menção a Péricles, mas o texto se nos afigura como uma refutação das palavras que Tucídides lhe atribui, principalmente na *Oração fúnebre*. As medidas que se tomaram para garantir a defesa e o abastecimento da cidade justificam-se na medida em que elas defendem os interesses do povo e da massa dos pobres, daqueles que afirmam a superioridade do regime democrático porque isso lhes permite exercer seu poder sobre a elite. Mais ainda que nos discursos de Tucídides, é da lógica do sistema que se ocupa o Velho Oligarca, mas para deplorá-la.[2]

Em compensação, é de fato a pessoa de Péricles que é julgada, ora positiva, ora negativamente, nas obras dos dois principais representantes do pensamento socrático, Platão e Xenofonte. Não entraremos aqui na discussão infindável sobre qual seria o Sócrates mais verdadeiro, o de Xenofonte ou o de Platão. O que importa aqui é a

---

1. Durante muito tempo atribuiu-se esse texto a Xenofonte. Foram os anglo-saxões que chamaram seu autor de "the Old Oligarch".
2. Ver especialmente o primeiro parágrafo do capítulo I, em que, depois de definir a politéia dos atenienses como favorável aos "maus" em detrimento dos "bons", nem por isso deixa de concluir que eles dão provas de grande habilidade para conservá-la.

imagem de Péricles que deriva das opiniões atribuídas por um e por outro ao seu mestre. Como se sabe, Xenofonte se considerava o continuador do relato de Tucídides. Mas é em outro lugar, e não nas *Helênicas*, que se menciona o homem que dirigiu Atenas na época de sua maior glória; é principalmente em *Memoráveis*, essa coletânea de diálogos entre Sócrates e interlocutores reais ou imaginários. No curso de um desses diálogos, Xenofonte relata uma discussão entre Alcibíades e Péricles, que era seu tutor. Ao jovem que lhe pede que defina a lei, Péricles responde: "Chama-se lei tudo o que o povo, reunido em assembléia, aprova e decreta para indicar o que se deve e o que não se deve fazer." E ele define o que se deve fazer como "o bem". Mas Alcibíades não se deixa convencer e lembra o caso de uma lei votada por "um pequeno número", quando se trata de um regime oligárquico. A resposta de Péricles não dá margem a dúvidas: "Tudo o que os governantes de um Estado, após terem deliberado, determinam que seja feito, é uma lei." Isso também é válido quando a lei é decretada por um tirano. O que leva Alcibíades a fazer a seguinte pergunta: que dizer então de um tirano que obriga, pela força, que se faça o que ele bem entende? Ao que Péricles responde com uma distinção entre o que é imposto pela força e o que é imposto pela persuasão. E isso vale não apenas para o tirano, mas também para a oligarquia e a democracia. Uma fórmula atribuída a Péricles merece ser lembrada: "Sempre que se obriga alguém a fazer alguma coisa sem ter obtido sua aprovação, seja a ordem escrita ou não, trata-se antes de violência que de lei" (II, 2, 40-45).

Encontramo-nos aqui imersos nos debates que, como vimos, caracterizaram os meios sofísticos. Péricles, aliás, encerra essa discussão lembrando a sua juventude: "Quando tínhamos a sua idade, nos dispúnhamos a discutir esses assuntos, porque era sobre dificuldades do tipo que parecem no momento preocupar você que nos exercitávamos e argumentávamos" (ibid., 46). É, pois, um Péricles discípulo dos sofistas, se não sofista ele próprio, que Xenofonte põe em cena nessa passagem de *Memoráveis*.

Péricles novamente é lembrado no curso de um diálogo, que se encontra em *Econômico*, entre Sócrates e um de seus discípulos, Critobulo. O tema do diálogo é um pouco diferente. A questão que se discute é a seguinte: quais são os homens cuja amizade devemos buscar? Mas logo se passa à arte de convencer e de fazer amigos não mais a título pessoal, mas no seio da cidade. Daí a alusão a Péricles, que dominava a arte de "encantar" seus concidadãos, o que pode ser visto como algo positivo, mas talvez também negativo.[3] Porque é justamente quanto a isto, a arte do orador, capaz de persuadir seus ouvintes pela magia de sua palavra, independentemente do valor da causa defendida, que se levantam objeções quanto ao funcionamento real do regime democrático.

Finalmente, *Memoráveis* apresenta também um longo diálogo entre Sócrates e Péricles, o Jovem, o filho de Péricles com Aspásia, que ele reconheceu depois da morte de seus dois filhos legítimos. Texto bastante surpreendente, não apenas porque nele se mesclam, aos conselhos que Sócrates dá ao jovem Péricles, a evocação da grandeza passada de Atenas e a justificação de seu papel no mundo grego no espírito da *Oração fúnebre* da versão de Tucídides, mas também por apresentar, depois de Péricles ter invocado o declínio e as derrotas sofridas, um desconcertante elogio a Esparta de sua parte, elogio que seria de se esperar antes de Sócrates que dele. E o diálogo se encerra com a recomendação, feita pelo filósofo ao seu interlocutor, de que se mostre digno dos métodos estratégicos legados por seu pai, desenvolvendo práticas de combate semelhantes, aliás, às que são aconselhadas nos escritos do teórico e homem de guerra que foi Xenofonte.[4]

Aqui estamos bem longe da estratégiaericliana, essa estratégia que, sem que se mencione Péricles, recebe de Xenofonte, em *Econômico*, uma crítica velada. Contrapondo os camponeses aos que tinham um ofício, Sócrates, dirigindo-se a Critobulo, faz a seguinte observação:

> Suponhamos que os inimigos invadam nosso território e dividamos em dois grupos os camponeses e os artesãos, interrogando-os em seguida, separadamente, se são de opinião que devemos defender o território ou abandonar

---

3. Xenofonte, *Mémorables*, II, 6, 13 [ed. bras.: *Ditos e feitos memoráveis de Sócrates*, trad. Edson Bini, São Paulo: Edipro, 2006].

4. Ibidem, III, 5, 11; 15-16 (sobre o elogio de Esparta); 22-27 (sobre as práticas guerreiras).

o campo e manter a área circunscrita pelas muralhas. Nesse caso, os agricultores votariam pela defesa da terra, mas os outros decidiriam abster-se do combate e ficar inativos, como a isso estão acostumados, longe das fadigas e dos perigos (VI, 6-7).

De forma implícita, Xenofonte fazia alusão à estratégia preconizada por Péricles quando da invasão da Ática pelos exércitos peloponésios, uma estratégia apoiada pelos que moravam na cidade e criticada pelos camponeses, obrigados que foram a abandonar suas terras e a se refugiarem no interior das muralhas.

Não obstante, o mesmo Sócrates enaltece Péricles no *Banquete*, fazendo alvo de uma mesma apologia Temístocles, que soube libertar Atenas da ameaça bárbara, Péricles, "que criou fama de ser o melhor conselheiro de sua pátria", e Sólon, "que dotou a cidade de suas melhores leis" (VIII, 39).

Sente-se aqui que havia nos meios "intelectuais" atenienses, entre os jovens ricos que seguiam os ensinamentos de Sócrates, uma tradição elaborada no curso do século V relativa às personalidades que se tinham imposto na história de Atenas, tradição à qual às vezes se opunha um julgamento mais severo ligado não apenas aos fracassos da política da cidade nas últimas décadas do século, mas também às críticas ao regime e àqueles que o representavam, os oradores capazes de convencer o *démos* graças à magia de sua palavra e a uma *techné* adquirida dos sofistas, que, aliás, forneciam argumentos tanto aos partidários (Protágoras) quanto aos inimigos (Antifonte) da democracia.

Isso é ainda mais evidente nos pronunciamentos que Platão atribui a Sócrates. Em *Protágoras*, Sócrates se espanta com a pretensão do sofista de ensinar a *politiké techné*, e dá como exemplo o caso de Péricles que, embora tenha sabido educar os filhos — não nos esqueçamos de que os dois jovens figuram entre aqueles que ouviam os sofistas —, não lhes ensinou a ciência em que era um dos melhores, isto é, a *politiké areté:* "Ele os deixou entregues aos próprios impulsos, como rebanhos em liberdade, abandonando ao acaso o cuidado de fazê-los reconhecer a virtude" (319 e). E Sócrates cita também o irmão mais novo de Alcibíades, Clínias, de quem Péricles era tutor. Este, temendo que o mau exemplo do filho mais velho tivesse uma má influência sobre seu tutelado, confiou sua educação a um certo Arífron, que o devolveu a seu tutor ao cabo de seis meses, "pois dele não podia tirar nada de bom" (320 a). Não se faz o julgamento pessoal de Péricles, mas nos dois casos ele se mostra incapaz de formar tanto os filhos quanto seu jovem afilhado.

Em *Górgias*, sua incapacidade de ensinar a virtude se faz patente não apenas em relação aos filhos, mas também em relação a todos os atenienses. Dirigindo-se a Cálicles, Sócrates lhe pergunta: "Entre os oradores de outrora, você pode apontar um cuja palavra, a partir do momento em que começou a se fazer ouvir, fez os atenienses passarem de um estado pior a um estado melhor?" (503 b). Para responder a Cálicles, que lhe citou Temístocles, Címon, Milcíades e Péricles, Sócrates faz uma longa demonstração para chegar à conclusão de que a principal tarefa do político é tornar os cidadãos tão perfeitos quanto possível, e pergunta a Cálicles: "Evoca tuas lembranças a respeito desses homens de que me falavas ainda há pouco e dize-me se continuas achando que esses Péricles, esses Címon, esses Milcíade, esses Temístocles foram bons cidadãos."

A continuação do diálogo trata apenas de Péricles:

> Sócrates — Quando Péricles pronunciou seus primeiros discursos ao povo, os atenienses valiam menos que à época de seus últimos discursos?
>
> Cálicles — É possível.
>
> Sócrates — Não se trata de possibilidade, mas de necessidade, segundo o que estabelecemos, a questão de saber se Péricles de fato era um bom cidadão.
>
> Cálicles — A que conclusão devemos chegar?
>
> Sócrates — A nenhuma; diga-me apenas mais uma coisa: considera-se que os atenienses foram melhorados por Péricles ou, ao contrário, foram corrompidos por ele? De minha parte, tenho ouvido dizer que Péricles tornou os atenienses preguiçosos, displicentes, tagarelas e ávidos por dinheiro ao estabelecer um salário para o exercício de cargos públicos (515 c-e).

E Sócrates, para melhor convencer Cálicles, procura então apoiar seus argumentos não mais em boatos, mas em fatos precisos: ao passo que os atenienses, no começo da carreira de Péricles, confiavam nele, "tendo se tornado cidadãos honestos devido à sua influência, no fim da vida dele, eles o condenaram por roubo, e por pouco não o condenaram à morte, considerando-o sem dúvida um mau cidadão" (516 a). Para acrescentar mais adiante: "Não deveria ele, segundo nossos princípios, torná-los mais justos que quando os encontrou, se realmente possuísse as virtudes do político para dirigi-los?" Ora ele os deixou mais ferozes. Donde se conclui que Péricles era um mau político, e que afinal de contas não valia mais do que os oradores que o sucederam. E Sócrates demonstra a Cálicles, em conclusão, que a falsa grandeza de Atenas, de que Péricles e os outros nomes citados teriam sido os artífices, foi na realidade a origem de todos os males da cidade:

> Diz-se que eles engrandeceram Atenas, mas não se percebe que essa grandeza não passa de um inchaço malsão. Nossos grandes homens de outrora, sem se importarem com a sabedoria e com a justiça, encheram a cidade de portos, de arsenais, de muralhas, de tributos e de outras tolices; quando a fraqueza se fizer patente, acusar-se-ão os que estiverem lá e darão conselhos, mas celebrar-se-ão os Temístocles, os Címon, os Péricles, que estão na origem de todo o mal (518 e-519 a).

Não podemos deixar de constatar a distância que existe entre esse julgamento e o de Tucídides. O historiador, que ainda estava vivo à época do declínio de Atenas, lançava a culpa sobre os sucessores de Péricles, que não souberam mostrar a mesma largueza de vistas. Para Sócrates (ou Platão) todos são igualmente responsáveis. Ora, Tucídides morre no início do século IV, pouco depois do processo e da morte de Sócrates. E os pronunciamentos que Platão atribui a seu mestre figuram num texto que se data do fim da década de 490. Assim, podemos ter uma idéia dos debates que, logo depois da derrota de Atenas, nas escolas de retórica e nos meios cultos, questionavam a pessoa de Péricles. É verdade que outros também recebiam críticas, mas Péricles sempre era alvo de uma clara censura, com a constante alusão à mistoforia.

Péricles aparece em dois outros diálogos de Platão. Em *Fedro*, é a propósito da retórica e de seus limites que Sócrates toma Péricles como exemplo, por ter desenvolvido sua arte de persuadir a partir dos ensinamentos de Anaxágoras. O elogio é ambíguo, quando se considera o cuidado de Sócrates em distinguir seus próprios ensinamentos dos ensinamentos do mesmo Anaxágoras e de "especulações extravagantes sobre a natureza".

Ainda mais ambíguo é o *Menexeno*, em que Sócrates faz uma paródia de oração fúnebre que lhe teria sido ditada por Aspásia, a mulher que Péricles teve como companheira, da qual ele teria aprendido a arte de bem falar e convencer (235 e) e que teria sido a autora da célebre *Oração fúnebre* em honra dos mortos do primeiro ano da guerra do Peloponeso. Não se trata, nesse caso, de criticar a política de Péricles ou a educação que não soube dar aos filhos, mas de ironizar os oradores em geral, esses homens que exercem sobre o *démos* uma influência tanto maior quanto se disponham a ceder a todos os caprichos da multidão, como lembra Platão em *A República* (558 b).

Seria muito bom se tivessem chegado até nós os escritos nos quais iria se inspirar o autor da *Constituição de Atenas*, Aristóteles ou um de seus discípulos, para tratar, na parte histórica dessa obra, do papel de Péricles. Este intervém no relato depois da exposição das reformas de Efialtes, e principalmente das medidas relativas ao Areópago. O autor da *Constituição de Atenas* dá imediatamente o tom de sua análise: "Em seguida, a paixão dos demagogos levou a um relaxamento dos costumes políticos" (XXVI, 1). Os arcontes passariam a ser recrutados também entre os zeugitas. Mas foi quando Péricles assumiu a direção do povo que a politéia se tornou *demotikotera*, ainda mais democrática. Os termos empregados pelo autor da *Constituição de Atenas* não deixam margem a dúvidas. Péricles é um demagogo: é o verbo *demagogein* que designa sua autoridade. As medidas que ele preconiza, depois de ter eliminado Címon, destinam-se a aumentar o poder do *démos*. Ele se empenha em privar o Areópago de seus direitos. Ele leva a cidade a aumentar seu poderio marítimo, o que significa dar maior peso político ao *nautikos ochlos*, a multidão de marinheiros, isto é, os cidadãos mais pobres. E, principalmente, "foi Péricles também quem instituiu uma compensação aos tribunais para rivalizar, com popularidade, a riqueza de Címon" (XXVII, 3). É então que se explica a criação da mistoforia, tradição que será retomada — voltaremos a falar sobre isso — por Plutarco: Címon, que era muito rico, não apenas arcava com muitas liturgias, mas, além disso, garantia a subsistência das pessoas de seu demo, autorizando-as a entrar em seus domínios e colher seus frutos.

> Péricles, cuja fortuna não permitia tais generosidades, recebeu de Damonides de Oe — o qual, segundo se dizia, inspirava a maioria de seus atos, sendo por isso condenado ao ostracismo — a sugestão de distribuir a pessoas do povo o que lhes pertencia, porque sua fortuna pessoal era insuficiente; e ele instituiu uma compensação para os juízes. Foi a partir daí, a acreditar nas queixas de alguns, que tudo piorou, pois cidadãos quaisquer se apressavam mais que as pessoas honestas a se apresentar aos sorteios. Foi também a partir daí que começou a corrupção dos juízes... (XXVII, 4-5).

Não obstante, o autor da *Constituição de Atenas* admite que, no período em que Péricles dirigia o *démos*, a vida política foi "melhor" do que viria a ser em seguida. Elogio limitado, portanto, que contrapõe Péricles aos seus sucessores como "chefes" do *démos*, principalmente Cléon e Cleofon, mas nem por isso faz dele um homem comparável àqueles a que ele se refere como os "melhores", entre os quais Tucídides, que foi o principal adversário de Péricles no momento em que este estava no apogeu de sua autoridade na cidade. E, sobretudo, no resumo que encerra a parte histórica, é o período imediatamente posterior às reformas de Efialtes que se considera o mais desastroso para Atenas: "Foi então que a cidade cometeu mais erros, sob a influência dos demagogos e por causa do domínio do mar" (XLVI, 2).

Não é de se duvidar, pois, que nas décadas que se seguiram à morte de Péricles, naquele clima de crise marcado, no final do século, pelas duas revoluções oligárquicas de 411 e 404, a imagem do grande estratego, do inventor, depois de seu ancestral Clístenes, da democracia ateniense, entrou num declínio constante, terminando por se desagregar e se confundir com a massa dos demagogos, tão mal vista pelas escolas filosóficas. Seria muito bom, naturalmente, conhecer os relatos intitulados *Peri demagogôn*, que parecem ter-se multiplicado nas últimas décadas do século IV. De todo modo, ao que parece, firmou-se uma tradição que haveria de perdurar até o fim da época helenística, a de uma Atenas democrática, joguete dos oradores que, de Péricles a Cléon e a Demóstenes, levaram-na à perdição. É mais interessante, neste ponto, nos determos numa imagem de Péricles que, tanto quanto o breve julgamento de Tucídides, marcará a posteridade: a imagem que Plutarco traçaria, no século I de nossa era, ao inserir uma *Vida de Péricles* em suas biografias paralelas dos grandes homens da Grécia e de Roma.

13

O PÉRICLES DE PLUTARCO

A *Vida de Péricles* de Plutarco é um texto especialmente interessante para quem procura reconstituir a personalidade do homem que haveria de encarnar a grandeza de Atenas para a posteridade. Com efeito, Plutarco recolheu todo um conjunto de tradições, de anedotas, tomadas tanto aos contemporâneos de Péricles, principalmente os Cômicos, como aos autores cujas obras não chegaram até nós, mas às quais ele faz referência, como o poeta Íon de Quios, que passou grande parte de sua vida na Atenas do século V, Stesimbrote de Tasos, que nos últimos anos do século V escreveu uma obra sobre Temístocles, Tucídides e Péricles, ou ainda Teofrasto, sucessor de Aristóteles à frente do Liceu, de que conhecemos apenas uma pequena parte da obra, seu discípulo Douris de Samos, e Idomeneu de Lâmpsaco, contemporâneo de Epicuro (fim do século IV e início do século III), autor de *Peri demagogôn*. Os dois primeiros tinham conhecido a Atenas da guerra do Peloponeso. Os outros pertenciam aos meios intelectuais das últimas décadas do século IV, nas quais, principalmente em torno da escola peripatética, interrogava-se sobre a experiência política de Atenas, numa época em que a cidade, derrotada depois de um último sobressalto ao anúncio da morte de Alexandre, havia renunciado a desempenhar um papel de destaque na cena grega.

Em seu prefácio à *Vida de Alexandre*, Plutarco explica em que a biografia se distingue da história: não se trata de contar os grandes feitos ou façanhas militares, o que é próprio do historiador, mas de buscar resgatar, independentemente desses feitos, o caráter (*ethos*) de seus heróis.

> Com efeito, não escrevemos *Histórias*, mas *Vidas*, e nem sempre é pelas ações mais ilustres que podemos evidenciar uma virtude ou um vício: muitas vezes um simples fato, uma palavra, uma ninharia qualquer, revelam melhor um caráter que os combates mortíferos, os confrontos mais importantes e o cerco das cidades. Os pintores, para captar a semelhança, baseiam-se no rosto e nos traços da fisionomia, e quase não se ocupam das outras partes do corpo; que se nos permita também concentrar-nos principalmente nos sinais que revelam a alma, e que neles nos apoiemos para resgatar a vida de cada um desses homens, deixando a outros os acontecimentos grandiosos e os combates (*Alexandre*, I, 2-3).

Plutarco aplicará os princípios assim definidos ao escrever a biografia de Péricles. Desde o começo de seu relato, e para justificar o paralelo com o romano Fábio Máximo, ele indica as qualidades predominantes na personalidade de Péricles: a delicadeza (*praótes*) e o senso de justiça (*dikaiosúne*). Péricles deve essas qualidades em primeiro lugar a suas origens. Com efeito, por linha materna ele descende de Clístenes, "aquele que expulsou os Pisistrátidas, que de forma tão corajosa destruiu a tirania, estabeleceu leis e instaurou uma constituição perfeitamente equilibrada para garantir a harmonia e a segurança" (III, 2). Equilíbrio e harmonia completam, de forma inequívoca, a delicadeza e o senso de justiça.

Mas o fato de estarem presentes no caráter de Péricles resulta também da educação que ele recebeu, e principalmente dos ensinamentos de Anaxágoras de Clazômenas: "Aquele que foi o mais ligado a Péricles e que, mais do que qualquer outro, lhe ensinou a gravidade e o orgulho que tanto pesam numa democracia, aquele que mais exaltou e elevou a nobreza de seu caráter foi Anaxágoras de Clazômenas (IV, 6). E mais adiante Plutarco esclarece:

> Aquele homem inspirava uma grande admiração a Péricles, que dele aprendeu o que se chamava a ciência dos fenômenos celestes e a alta especulação.

Assim, ao que parece, ele adquiriu um pensamento profundo e uma linguagem elevada, desprovida do menor traço de bufonaria grosseira ou maldosa, mas igualmente uma expressão grave, que nunca se entregava ao riso, uma disposição tranqüila, uma decência nos trajes que não se deixava desalinhar por nenhuma emoção, uma expressão refletida e imperturbável, assim como outros traços semelhantes que despertavam a admiração de todos os que o viam (V, 1).

Esse senso de medida, essa moderação, contrapõem claramente Péricles àqueles que o sucederam, tanto o vulgar Cléon como o por demais sedutor Alcibíades.

A educação que Péricles recebeu se manifesta em diferentes aspectos de seu comportamento. Discípulo de Anaxágoras, ele dá mostras de um espírito "científico" que se manifestaria mais tarde, quando, às vésperas da partida de uma expedição, um eclipse do sol encheu de pânico o piloto de seu navio:

> Vendo seu piloto apavorado e indeciso, Péricles segurou seu manto diante dos olhos dele, cobrindo-lhe o rosto. Em seguida lhe perguntou se aquilo o assustava ou se via naquilo o anúncio de alguma coisa terrível. "Não", disse o homem. "Então", tornou Péricles "que diferença existe entre as trevas que nos rodearam senão a de que foram causadas por um objeto maior do que o meu manto?" (XXXVI, 2).

Foi também devido aos ensinamentos do mestre que ele escolheu um modo de vida exemplar. Com efeito, tendo resolvido, depois da morte de Aristides e do exílio de Temístocles, tomar partido do *démos*, ou seja, daqueles que eram ao mesmo tempo os mais numerosos e os mais pobres, ele renunciou àquele que era, por excelência, o modo de vida da aristocracia, as reuniões do *symposion*, isto é, os banquetes: "Ele só era visto numa rua da cidade, aquela que levava à Ágora e ao buleutério*. Se o convidavam para um banquete ou para alguma festa desse tipo, ele recusava o convite" (VII, 5).

Evitando mostrar-se demais, fazendo, muitas vezes, que seus amigos agissem em seu lugar, ele soube também "adaptar sua eloqüência a seu modo de vida e à grandeza de seus desígnios; ele a afinou como um instrumento no qual, por muitas vezes, fez soar as notas de Anaxágoras, colorindo, por assim dizer, sua retórica com a ciência física do filósofo" (VIII, 1).

Graças a essa eloqüência sóbria, ele era ouvido pelo povo. Depois do ostracismo de Tucídides de Alopece, a cidade tornou-se novamente harmoniosa e una. Péricles transformou então a democracia "em um regime aristocrático e real, do qual se valeu de forma reta e inflexível, tendo em vista o bem maior. Na maior parte das vezes, ele apelava para a boa vontade do povo e governava pela persuasão e pelo raciocínio; mas, às vezes, quando a multidão se mostrava refratária, ele puxava as rédeas e obrigava-a a agir da forma como lhe convinha" (XV, 1).

Péricles, no entanto, não devia a autoridade que exercia sobre o povo apenas ao poder de sua palavra, a sua maestria na arte de persuadir, em suma, a suas qualidades de orador. Ele a devia também "à reputação de que gozava e à confiança que seu modo de vida inspirava: todo mundo sabia que ele era desprendido e incorruptível" (XV, 3). E Plutarco esclarece que a fortuna que ele herdara do pai não aumentou nem uma dracma. O biógrafo dá numerosos exemplos desse seu caráter incorruptível, e não pára de reiterá-lo até o final da biografia. Ele insiste especialmente na maneira como Péricles administrava sua fortuna:

> Ele não queria perder, por negligência, a fortuna que recebera do pai e da qual era o legítimo dono, mas, ao mesmo tempo, ocupado como vivia, recusava-se a lhe dedicar muito tempo e atenção. Ele a administrava da maneira que lhe parecia mais fácil e mais estrita. Ele vendia de uma só vez toda a produção agrícola do ano, depois ia comprando na Ágora sempre que tinha necessidade (XVI, 3-4).

Isso teria desagradado seus filhos e as mulheres de sua casa:

> Todos lhe reprovavam essas despesas do dia-a-dia, reduzidas ao estritamente necessário. Em sua casa não se encontrava nada de supérfluo, como era de se esperar numa casa tão grande, em que havia riquezas consideráveis. Todos os rendimentos e todas as despesas estavam submetidos a um controle estrito (XVI, 4-5).

Plutarco, como se disse, dá grande importância ao caráter incorruptível e desprendido de Péricles. Esse caráter fica patente, por exemplo, no momento em que, na questão que envolveu Samos, ele recusou o dinheiro que lhe ofereciam os notáveis sâmios tomados como reféns. Eram em número de cinqüenta, e cada um lhe oferecia um talento em troca da própria liberdade. Do mesmo modo, ele recusou os dez mil estáteres* de ouro que lhe foram enviados pelo sátrapa de Sardes, Pissutnes, para que cedesse aos sâmios (XXV, 2-3).

Finalmente, um exemplo ainda mais eloqüente de seu caráter incorruptível: a declaração pública feita por Péricles, quando o rei espartano Arquídamos preparava-se para invadir a Ática, que se seus bens fossem poupados em razão dos laços de hospitalidade que o uniam ao lacedemônio, ele os abandonaria à cidade (XXXIII, 3).

Na comparação final entre Péricles e Fábio Máximo, é ainda dessa mesma qualidade que Plutarco trata, aliada ao "seu nobre desprezo pelas riquezas": "Ninguém saberia calcular todas as riquezas e todos os serviços que ele poderia ter recebido dos aliados e dos reis em razão de seu poder, mas ele se manteve sempre íntegro e incorruptível" (Comparação de Péricles e de Fábio Máximo, III, 6).

Pode-se perceber que a insistência de Plutarco sobre esse aspecto da personalidade de Péricles se deve ao fato de este ser o chefe do partido popular, o orador que conta com o apoio do *démos*. Porque não é preciso falar da incorruptibilidade de um Címon, chefe da aristocracia. Na verdade, Plutarco procura contrapor o comportamento de Péricles à imagem, difundida pela tradição, do demagogo, do orador popular venal. Mas esse caráter incorruptível se encaixa bem na imagem, traçada desde o início do relato, de um homem que se revela superior pelo seu senso de justiça e por sua moderação.

Esse senso de justiça e essa moderação, nós os encontramos onde menos esperávamos, nas relações de Péricles com os homens que, em sua qualidade de estratego reeleito quinze vezes consecutivas, ele foi chamado a comandar. Plutarco volta a esse tema diversas vezes em sua biografia. "Como estratego, o que mais se apreciava nele era a sua prudência. Ele nunca se lançava de livre vontade a um combate que implicasse incertezas e perigos demais" (XVIII, 1). Ele se empenhava em moderar o entusiasmo daqueles que se dispunham a levar Atenas a expedições perigosas, preferindo consolidar as vantagens adquiridas — e nisso ele se distinguia dos que vieram depois dele e levaram Atenas a se envolver nos negócios da Sicília. "Ele preferia — escreve ainda Plutarco — vencer e conquistar a cidade (Samos) à força de gastos e de tempo a expor seus concidadãos aos ferimentos e aos perigos" (XXVII, 1). E, mais adiante, Plutarco se compraz em citar uma frase de Péricles no momento da invasão da Ática, quando alguns desejavam travar combate em terra contra os lacedemônios: "Quando cortamos as árvores — dizia-lhes Péricles —, quando as derrubamos, elas logo voltam a crescer. Mas quando os homens são mortos, não é fácil encontrar outros" (XXXIII, 5), e aquelas que teriam sido suas últimas palavras: "Nenhum ateniense se vestiu com um manto negro por culpa minha" (XXXVIII, 4). Últimas demonstrações dessa moderação e brandura que Plutarco considerava as maiores qualidades de seu herói, moderação e brandura de que ele dera mostras não apenas para com os aliados de Atenas, mas também para com seus inimigos.

Não é de surpreender, pois, que a conclusão do relato da vida de Péricles se inicie com esta afirmação:

> Tal homem merece nossa admiração pela moderação e afabilidade que conservou sempre, ainda que a braços com tantos problemas e enfrentando ódios violentos, e principalmente pela elevação de sua alma, pois ele considerava seu maior galardão o fato de nunca se ter deixado levar pela raiva e pela exaltação, apesar do grande poder de que dispunha, e de nunca ter considerado nenhum de seus inimigos como definitivamente perdido para ele (XXXIX, 1).

Em várias ocasiões, porém, Plutarco não resistiu ao desejo de repetir as críticas e julgamentos que lançavam uma sombra sobre a imagem luminosa do "primeiro dos atenienses". Desde o começo do relato, a propósito das lições recebidas por Péricles, ele fala de dois homens que, diferentemente de Anaxágoras, têm uma imagem negativa. O primeiro é Damon, professor de música, que na verdade era um sofista. Como diz Plutarco, a pretexto de ensinar música, ele trabalhava pelo restabelecimento da tirania. E essa é a razão pela qual ele teria sofrido a pena do ostracismo — fato que seria confirmado pela existência de um *ostrakon* com seu nome. Em geral se supõe que esse Damon era a mesma personagem chamada de Damonides em IX, 2, e que teria sugerido a Péricles a criação da mistoforia, com o objetivo de rivalizar com Címon. Plutarco encontrou essa informação, atribuída a Aristóteles (XVII, 3), na *Constituição de Atenas*, no mesmo passo em que se faz referência a esse Damonides. Ora, no *ostrakon*, Damon figura como filho de Damonides, o que pode explicar a confusão dos dois nomes. Seja como for, esse Damon ou Damonides, sofista, partidário da tirania, iniciador da mistoforia que haveria de ter conseqüências nefastas sobre o comportamento do *démos*, é, aos olhos de Plutarco, um mau mestre. A mesma acusação pesava contra Zenão de Eléia, também ele um temível sofista ao qual um poeta do século III daria o epíteto de "língua dupla" (*ampheteroglossos*): vimos mais acima que ele era considerado o inventor da dialética. Mas se Plutarco cita o julgamento de Tímon de Flionte sobre Zenão, ele o faz para insistir sobre o perigo que representava essa linguagem dupla, especialmente útil a quem quisesse fazer uma carreira política.

E era a carreira política que Péricles ambicionava. Mas ele temia, caso tomasse o partido do povo de forma por demais aberta, passar por aspirante à tirania. E esse temor não era infundado, porque ele se parecia estranhamente com Pisístrato. "Os atenienses mais idosos, ante a doçura de sua voz, a facilidade e rapidez de suas palavras na discussão, ficavam assustados com essa semelhança" (VII, 1). Assim, o bisneto de Clístenes, aquele que contribuíra para a queda dos Pisistrátidas, podia, não obstante, se afigurar como uma reencarnação de Pisístrato! O que é muito de estranhar. Mas Plutarco não parece se incomodar com essa contradição, tanto mais que ela pode basear-se em dois dados bastante concretos: o medo ainda persistente de um restabelecimento da tirania, como o comprovam os numerosos ostracismos do período anterior à estréia de Péricles na política — entre os quais o de seu pai Xantipo[1]; por outro lado, o fato de pertencer a uma grande família capaz de alimentar esse tipo de ambição.

Ora, a opção de Péricles por se apoiar nos mais numerosos (*hoi polloi*), isto é, nos mais pobres (*hoi penetes*), podia dar a impressão de

---

1. Aristóteles, *Constitution d'Athènes*, XXII, 3-8.

uma manobra de alguém que aspirasse à tirania. Plutarco, não devemos nos esquecer, é um filósofo profundamente marcado pelo ensinamento platônico, e Platão, em *A República*, associa o surgimento da tirania à luta que divide a cidade democrática entre pobres e ricos, sendo que o tirano opta por se fazer o defensor dos pobres.[2]

Um último traço, enfim, que não pesa em favor de Péricles à época de sua estréia na vida política:

> Péricles evitava também estar constantemente diante do povo, saturando as pessoas com a sua presença. Pode-se dizer que ele só se mostrava aos seus concidadãos de forma intermitente; não se dirigia a eles por um motivo qualquer e não se apresentava o tempo todo diante deles... ele se reservava para as grandes ocasiões. Durante o resto do tempo, ele tratava os assuntos por intermédio de seus amigos e de oradores de seu partido. Um destes, pelo que se diz, era Efialtes... (VII, 7-8).

Assim, o autor da reforma que se considera a mais importante da primeira metade do século V, isto é, a supressão de grande parte dos poderes do Areópago, encontra-se aqui reduzido a um papel secundário de simples porta-voz de Péricles, que assim se esquiva de ser acusado pelos adversários da reforma. Plutarco acrescenta um argumento suplementar em favor dessa interpretação, quando apresenta a redução dos poderes do Areópago como conseqüência do ressentimento de Péricles por nunca nele ter tido assento, pois que nunca fora sorteado para arconte: "Foi por isso que, tão logo adquiriu um poder maior sobre o povo, Péricles se opôs a esse conselho. Ele conseguiu, por intermédio de Efialtes, que a maior parte de seus poderes lhe fossem retirados" (IX, 5). Efialtes aparece uma última vez no relato de Plutarco, a propósito da acusação, formulada por Idomeneu de Lâmpsaco, de que Péricles teria mandado matar Efialtes. É verdade que Plutarco se indigna contra tal acusação, sem deixar de comentar que Péricles "certamente não foi um homem irrepreensível em todos os aspectos" (X, 7).

---

2. Platão, *République* [*A República*], 565 e-566 a. Essa já era a imagem que Heródoto dava dos tiranos da época arcaica. Ver C. Mossé, "Les tyrans démagogues", in: *La Tyrannie dans la Grèce antique*, op. cit., p. 3-90.

Não é por acaso que essa alusão ao assassinato de Efialtes se situa, no livro de Plutarco, depois de uma dissertação sobre as relações entre Címon e Péricles. Plutarco não esconde sua preferência pelo filho de Milcíades, e no embate entre os dois homens, ele assinala os aspectos negativos do comportamento de Péricles. Trata-se em primeiro lugar, naturalmente, das conseqüências nefastas dessa rivalidade, isto é, a instituição dos mistos, dos salários públicos. "Foi graças a Péricles que o povo passou a ter direito às clerúquias, a ajuda em dinheiro para assistir às peças teatrais e a diferentes gratificações, adquirindo, assim, hábitos perniciosos: de bem-comportado e trabalhador que era outrora, tornou-se, por essas medidas, gastador e indisciplinado" (IX, 1).

A explicação da criação da mistoforia no contexto da rivalidade entre Címon e Péricles já era então a do autor da *Constituição de Atenas*. Mas tratava-se, essencialmente, do pagamento feito aos juízes. Plutarco não hesita em acrescentar a isso o bônus dos espetáculos (*theorikon*) e a fundação das clerúquias, colônias militares estabelecidas no território de algumas cidades aliadas recalcitrantes. Mas as conseqüências, de que já se queixam os escritores do século IV, são as mesmas: os maus hábitos adquiridos pelo *démos* em função disso.

É bastante evidente, porém, que a atenção de Plutarco se concentra mais ainda na responsabilidade de Péricles pelo ostracismo de Címon e seu afastamento da cidade. O ostracismo de Címon se deu em 461, depois que os espartanos dispensaram o corpo expedicionário ateniense que tinha ido ajudá-los a combater os hilotas revoltados: de forma bastante categórica, os espartanos acusaram os hoplitas atenienses de confraternizar com os revoltosos (Tucídides, I, 34). Címon comandava a expedição, e é provável que o desgosto sentido pelos atenienses devido a essa dispensa que marca o início da ruptura entre as duas cidades esteja na origem de seu ostracismo. Mas Plutarco insiste principalmente no fato de que os amigos de Péricles, agindo, com certeza, de comum acordo com ele, recusaram a Címon a permissão, quando os lacedemônios iniciaram as hostilidades, de vir combater ao lado de seus concidadãos. Não apenas isso lhe foi recusado como também, como acrescenta Plutarco, "todos os amigos de Címon, acusados por Péricles de apoiar Esparta, foram mortos, sem nenhuma exceção" (X, 3). Nesse ponto, Plutarco faz uma referência à batalha de

Tanagra, ocorrida em 457, quatro anos depois do ostracismo de Címon, no curso da qual aconteceu, segundo o testemunho de Tucídides, "uma grande matança de ambas as partes" (I, 108, 1). Os atenienses foram derrotados, mas pouco depois conquistaram uma vitória sobre os beócios, aliados dos lacedemônios, em Oinofita. Não se sabe exatamente quando acabou o exílio de Címon. Plutarco lembra um decreto, de provável autoria de Péricles, que ele talvez tenha tido a oportunidade de ler pessoalmente. De todo modo, quando os atenienses resolveram, depois de concluírem um acordo de paz de cinco anos com os lacedemônios, enviar uma expedição a Chipre, Címon foi o escolhido para comandá-la, e, como lembra Plutarco, foi nessa expedição que ele encontrou a morte (X, 8 e Tucídides, I, 112, 2-4). Plutarco explica tanto o decreto de convocação de Címon quanto sua indicação para o comando da expedição por entendimentos que, por intermédio de Elpinice, irmã de Címon, teriam reunido secretamente os dois homens e levado a uma espécie de partilha do poder, pela qual Péricles o conservaria na cidade, enquanto Címon o exerceria no mar (X, 5). Explicação pouco convincente, ainda que Péricles tenha efetivamente conseguido afastar Címon dos lugares onde se decidia a política da cidade. A forma pouco cortês como ele teria tratado Elpinice, lembrando-lhe, de forma deselegante, que estava velha demais para se imiscuir nos assuntos da cidade, ilustra a imagem multifacetada que Plutarco dá de Péricles. Já no início de seu relato ele havia lembrado o episódio, referindo-se ao testemunho do poeta Íon de Quios, que afirmava serem "as maneiras de Péricles altivas e orgulhosas, e que essa atitude tinha muito de arrogância e desprezo pelo outro", para melhor contrapô-lo a Címon, de quem ele gabava o tato e a delicadeza (V, 3).

Tendo se livrado de Címon, mas defrontando-se com Tucídides de Alopece, menos talentoso que Címon para a guerra, mas "mais hábil que ele na Ágora e nas lutas políticas" (XI, 1), Péricles "afrouxou ainda mais as rédeas do povo e tomou medidas para agradá-lo" (XI, 4). Nessa nova visão de sua política, Péricles já não é o discípulo virtuoso imbuído das lições de Anaxágoras, mas o demagogo preocupado em conquistar o sufrágio popular. Entre essas novas medidas, está a multiplicação das festas religiosas, que dão ensejo a que se ofereçam ao *démos* bonificações e banquetes públicos; há também a multiplicação das clerúquias e a criação da colônia de Túrio: "Assim fazendo, ele livrava a cidade de uma população inquieta por causa do ócio, aliviava a miséria do povo e instalava no território dos aliados guarnições com a função de intimidar e desencorajar qualquer tentativa de revolta" (XI, 6).

Evidentemente, isso criou muitas oportunidades de trabalho. Já falamos da idéia de Plutarco sobre os verdadeiros objetivos dessa política: dar trabalho aos artesãos, garantindo-lhes, assim, os meios de subsistência, da mesma forma que aos marinheiros da frota e aos hoplitas, que recebiam um salário da cidade. Explicação que deriva de preocupações alheias aos atenienses do século V, como já vimos.

Esse aspecto da política de Péricles não é apresentado numa perspectiva negativa, ao contrário, na medida em que ela dá testemunho do "antigo esplendor da Grécia" aos olhos dos contemporâneos de Plutarco. Mas a justificativa de Péricles para a utilização do tributo pago pelos aliados no programa de construções públicas permite a Plutarco lembrar as acusações formuladas por seus adversários, que achavam ter sido a Grécia "vítima de uma terrível injustiça e de uma tirania sem disfarces" (XII, 2).

Essa acusação de tirania visa não apenas o império que Atenas exercia sobre seus aliados, mas também o poder de Péricles no âmbito da cidade, principalmente depois que o ostracismo de Tucídides de Alopece o deixou sem nenhum rival que se lhe opusesse. É verdade que Plutarco constata que as divisões cessaram e que a cidade conquistou a "harmonia" digna de admiração. Mas ele constata também que desde então Péricles tinha "o controle total de Atenas e de tudo o que dependia dos atenienses" (XV, 1). Péricles termina por exercer um poder superior ao de muitos reis e de muitos tiranos. Embora Plutarco remeta o leitor ao julgamento de Tucídides sobre o caráter "real" dessa autoridade, nem por isso deixa de mencionar os sarcasmos que ela suscitava nos poetas cômicos: "Eles tratam seus companheiros como novos pisistrátidas e o incitam a jurar que não se fará um tirano, sugerindo assim que sua superioridade era pesada demais e incompatível com uma democracia" (XVI, 1).

Foi essa autoridade sem contrapesos que terminou por levar Atenas a uma guerra que lhe seria fatal. Ora, sobre esse ponto — e sem, apesar disso, negar, como vimos, as qualidades de Péricles como estratego e guerreiro — Plutarco não hesita em repetir as maledicências que explicavam certos aspectos da política deste pelas exigências de sua vida privada.

Com efeito, é nesse aspecto que a imagem de Péricles que nos transmite Plutarco apresenta mais zonas de sombra e conotações negativas. Essas conotações negativas relacionam-se principalmente a sua sexualidade, a seu desejo excessivo de mulheres. Levanta-se a suspeita de que Fídias lhe arranjava "mulheres livres", com as quais Péricles tinha encontros na casa do escultor (XIII, 15). Era certamente a essas mulheres que ele oferecia os pavões criados pelo passarinheiro Pirilampo, um de seus *hetairoi*, isto é, companheiro no seio de uma dessas organizações aristocráticas (heterias) que alguns anos depois haveriam de tramar a derrubada da democracia. Desconfiava-se também que ele tinha por amante a mulher de um certo Menipo "que era seu amigo e comandava sob suas ordens". Pior ainda, ele teria tido, a acreditar em Stesimbrote de Tasos, relações condenáveis com a mulher de seu filho Xantipo (XIII, 16). E este se teria comprazido em divulgar essa história para melhor denegrir a imagem de seu pai (XXXVI, 6).

E depois, naturalmente, há Aspásia. É a propósito do caso de Samos que ela aparece no relato de Plutarco. Com efeito, Plutarco fala da decisão de Péricles de apoiar as pretensões dos milésios contra os sâmios:

> Como, ao que parece, foi para agradar Aspásia que ele interveio contra os sâmios, chegou o momento de nos perguntarmos sobre essa mulher: que arte ou que poder possuía ela para dominar assim os políticos e os homens mais eminentes e inspirar nos filósofos um interesse que nada tinha de pequeno e desprezível? (XXIV, 2).

Aspásia era oriunda de Mileto, filha de um certo Axíoco. Não se sabe como nem por que esse homem foi se estabelecer em Atenas, sem dúvida na qualidade de meteco. Plutarco não se detém sobre esse ponto e logo mostra Aspásia como rival de uma certa Targélia

— também ela de origem jônica e célebre cortesã na corte do Grande Rei, e que assim teria conquistado para a causa dos persas grande número de gregos influentes e bem situados. Da mesma maneira, Aspásia visava os homens mais importantes (XXIV, 3), e Plutarco esclarece que suas atividades consistiam em "formar pequenas cortesãs" (XXIV, 5). Mais tarde, os Cômicos haveriam de acusar Péricles de fazer aprovar o famoso decreto de Mégara porque megarenses teriam roubado duas cortesãs a Aspásia (XXX, 4, em que Plutarco cita principalmente versos tirados de *Os acarnianos*, de Aristófanes, versos 524-527).

Assim, Aspásia é apresentada como uma cortesã, uma mulher livre que recebia em sua casa Sócrates e seus discípulos, e homens influentes que para lá levavam suas mulheres "para que ouvissem sua conversa" (XXIV, 5). A princípio, Péricles teria sido então um desses homens atraídos por sua inteligência e seu senso político. Em apoio a essa versão, *a priori* surpreendente, Plutarco cita o *Menexeno* de Platão, no qual "ainda que a primeira parte do diálogo tenha sido escrita num tom de brincadeira, nem por isso se deixa de encontrar pelo menos uma informação histórica: essa mulher tinha fama de ensinar retórica a muitos atenienses" (XXIV, 7). A ingenuidade de Plutarco é de fazer rir, porque o *Menexeno* não passa de uma paródia, do começo ao fim. De qualquer modo, não se podem negar os laços de Aspásia com Sócrates e seus discípulos, se se considera que dois deles, Antístenes e Ésquines, o socrático, cada um por sua parte, lhe dedicaram um diálogo.[3]

Trata-se, portanto, de uma mulher excepcional, mas cuja relação com Péricles difere das que uma cortesã costumava manter com os homens que freqüentavam a sua casa. Com efeito, "porque era evidente que a ligação de Péricles com Aspásia era motivada pelo amor" (XXIV, 7). Prova disso é o fato de que Péricles, para viver com ela, repudiou sua esposa, mãe de seus dois filhos, e, agindo como "tutor" (*kyrios*), deu-a em casamento a um de seus amigos. Assim, ele introduziu Aspásia em sua casa, essa mulher a quem ele amou com uma ternura excepcional: "Todos os dias, quando saía de casa e depois,

---

3. Sobre Aspásia, ver N. Loraux, "Aspasie, l'étrangère, l'intellectuelle", in: N. Loraux (org.), *La Grèce au féminin*, Paris: Belles Lettres, 2003, p. 135-166.

quando voltava da Ágora, ele a tomava nos braços e a cobria de beijos" (XXIV, 8-9). Plutarco lembra também o filho que ela teve de Péricles, um *nothos* (bastardo), claro, uma vez que seus pais não eram legalmente casados e que sua mãe era uma estrangeira, mas que Péricles reconheceu depois da morte de seus dois filhos legítimos. Péricles, o Jovem, fez carreira política. Ele era estratego à época da batalha das Arginusas, em 406, e estava entre aqueles que a assembléia, ilegalmente, condenou à morte (XXXVII, 5-6 e Xenofonte, *Helênicas*, I, 7). Plutarco não deixa de citar, a propósito desse filho bastardo, os sarcasmos de Cratino de Eupólis.[4]

Tratar-se-á novamente de Aspásia no final da biografia de Péricles, a propósito do processo por impiedade movido contra ela pelo poeta cômico Hermipo. Esse processo teria acontecido num momento em que os adversários de Péricles se lançavam contra ele e contra os que lhe eram próximos, como Fídias e Anaxágoras. Aspásia teria sido absolvida graças à intervenção de seu amante, que "conseguiu a absolvição à força de chorar por ela e de implorar aos juízes ao longo de todo o processo" (XXXII, 5).

Encontramos em toda essa exposição uma imagem ambígua de Péricles. Esse aristocrata, oriundo de duas grandes famílias atenienses, não hesita em repudiar sua legítima esposa, mãe de seus dois filhos, para introduzir em sua casa uma mulher que a gente de Atenas considera uma cortesã. Mas essa mulher é, ao mesmo tempo, uma amiga dos filósofos, excepcionalmente inteligente, e, ainda que influencie determinadas decisões de seu amante de forma lamentável (o caso de Samos, o decreto de Mégara), ela não deixa também de ter uma influência positiva sobre Péricles. Além disso, não é apenas a relação sexual que importa: ele a ama profundamente. E esse amor o leva a intervir num processo derramando lágrimas, e depois a violar a lei que ele fizera adotar, para reconhecer seu filho ilegítimo a fim de garantir uma descendência depois da morte de seus dois filhos.

As relações que ele mantém com estes últimos são igualmente ambíguas. Já falamos dos boatos que corriam sobre as relações de Péricles com a mulher de Xantipo. Na última parte de seu relato,

---

4. Plutarco, *Périclès*, XXIV, 9-10.

Plutarco volta a falar das dissensões que existiam na casa de Péricles. E a propósito do mesmo Xantipo, ele lembra um caso muito sórdido:

> Xantipo, o mais velho dos filhos legítimos, tinha um temperamento perdulário e uma jovem esposa que amava o luxo (era filha de Teisandro, filho de Epílico): era-lhe difícil, portanto, suportar a estrita economia de seu pai, que lhe concedia uma magra renda, que lhe era dada em pequenas parcelas. Ele procurou então um amigo de Péricles, que lhe deu dinheiro acreditando que o emprestava ao pai. Quando o homem pediu o dinheiro de volta, Péricles moveu um processo contra ele. Então o jovem Xantipo, exasperado com essa atitude, começou a difamar o pai (XXXVI, 3-4).

Ele o acusou principalmente de discutir com os sofistas sobre questões ridículas, como a de saber se o responsável pela morte de um certo Epitimos de Farsala fora o dardo ou a pessoa que o tinha lançado. Foi ele também, como já dissemos, que espalhou o boato de que Péricles tinha mantido relações condenáveis com sua jovem esposa. A querela entre o pai e o filho só acabou com a morte deste, vítima da peste. Em compensação, as relações de Péricles com seu segundo filho parecem ter sido muito diferentes, e quando este último também sucumbiu à epidemia, Péricles, que até então tinha suportado com coragem a perda de seus próximos, foi vencido pelo sofrimento e se desfez em lágrimas sobre o cadáver do filho.[5]

No fim do relato, Plutarco lembra que Péricles, novamente à frente da cidade depois de ter sido afastado, não hesitou em violar uma lei que ele próprio instituíra para permitir que seu filho com Aspásia pudesse ser inscrito em sua fratria e receber seu nome. A propósito disso, ele lembra as razões pelas quais os atenienses se deixaram convencer e aceitaram essa transgressão: eles ficaram sensibilizados com as desgraças que se abatiam sobre a casa de Péricles com a morte de seus dois filhos. Mas, ao mesmo tempo, observa Plutarco não sem uma certa perfídia, essas desgraças eram, segundo eles, "o castigo por seu orgulho e por sua arrogância" (XXXVII, 5).

---

5. Ibidem, XXXVI, 8-9.

Outra perfídia: Plutarco toma a Teofrasto um exemplo da maneira como os sofrimentos do corpo podem modificar o caráter e afastar a virtude: "Ele conta que, durante a sua doença, Péricles mostrou a um amigo que o fora visitar um amuleto que as mulheres lhe tinham pendurado no pescoço. Teofrasto vê nisso o sinal de que devia estar muito mal para se prestar a tais idiotices" (XXXVIII, 2).

Assim, o discípulo de Anaxágoras, o homem que só se deixava guiar pela razão, revelava-se, no último momento, um ser indefeso, disposto a aceitar superstições femininas, ele que fora companheiro de uma mulher excepcional e amiga dos filósofos.

Não obstante, é com um elogio a Péricles que se encerra a *Vida* que Plutarco lhe consagrou:

> Tal homem merece nossa admiração pela moderação e afabilidade que conservou sempre, ainda que a braços com tantos problemas e enfrentando ódios violentos, e principalmente pela elevação de sua alma, pois considerava seu maior galardão o fato de nunca se ter deixado levar pela raiva e pela exaltação, apesar do grande poder de que dispunha, e de nunca ter considerado nenhum de seus inimigos como definitivamente perdido para ele (XXXIX, 1).

E Plutarco evoca os sentimentos dos atenienses diante dos acontecimentos que se seguiram a sua morte e da mediocridade daqueles que o substituíram à frente da cidade:

> Eles tiveram de reconhecer que nenhum ser no mundo fora mais modesto que Péricles em sua grandeza e mais majestoso na afabilidade. Percebeu-se, então, que sua autoridade, que outrora fora invejada e considerada como monárquica e tirânica, fora como um baluarte que garantiu a integridade da constituição (XXXIX, 3-4).

É essa imagem que ficará para a posteridade.

14

A IMAGEM DE PÉRICLES NA POSTERIDADE

Como se sabe, foi com as *Vidas Paralelas* de Plutarco que a história da Antigüidade Clássica foi "redescoberta", a partir do Renascimento. Mas se logo Licurgo, Sólon, Aristides e Temístocles, entre os gregos, despertaram interesse, Péricles continuou sendo uma figura esquecida. Não há nada de surpreendente nisso, uma vez que ele fora apresentado como a personificação da democracia, um regime de há muito também condenado ao esquecimento.

No século XVIII, porém, e em relação mais ou menos direta com o questionamento dos regimes absolutistas, começa a se manifestar o interesse pela experiência política dos gregos. Embora "as repúblicas antigas" pudessem afigurar-se aos enciclopedistas e aos filósofos das Luzes como experiências de que os modernos podiam tirar lições, as escolhas que se fizeram revelam uma desconfiança quase geral em relação a um sistema que atribuía às camadas mais pobres da sociedade o poder soberano.[1] Na melhor das hipóteses, ele era aceitável se o povo abandonasse a autoridade aos "melhores", aos homens de bem. Não é de surpreender, pois, que Sólon apareça como um sábio legislador, ele que, mesmo tendo estabelecido leis semelhantes para todos, reservou o exercício das magistraturas às camadas mais ricas da população. "Sólon", escreveu Montesquieu em *O espírito das leis*, "dividiu o

---

1. Ver C. Mossé, *L'Antiquité dans la Révolution française*, Paris: Albin Michel, 1989, p. 39-65.

povo de Atenas em quatro classes. Conduzido pelo espírito da democracia, ele não o fez para determinar quem devia eleger, mas sim aqueles que podiam ser eleitos; e deixando a cada um o direito de eleição, ele quis que de todas as quatro classes pudessem sair juízes, mas só das três primeiras, em que se situavam os cidadãos abastados, podiam sair magistrados." Aos olhos de Montesquieu, essa desigualdade de fato, contrária à igualdade de direito entre os cidadãos, era compensada pela "generosidade" dos ricos, que "gastavam seu dinheiro em festas, em coros de música, em carros e cavalos de corrida, em magistraturas onerosas". Mas, ao escrever isso, Montesquieu se refere a Isócrates e a Xenofonte, e não a Tucídides, e portanto a Péricles. Ele fazia a apologia do Areópago, esse Areópago cuja perda de poderes Plutarco atribuía mais a Péricles que a Efialtes.[2]

O exemplo de Montesquieu é particularmente eloqüente uma vez que, leitor de Aristóteles que era, ele atribuía a Atenas uma importância que seus contemporâneos minimizavam, na medida em que, para a maioria deles, Esparta era um "modelo" muito mais válido. As "leis de Licurgo" nela teriam estabelecido uma "ordem perfeita". Atenas só seduzia pensadores como Voltaire, Diderot ou d'Holbach pela riqueza de sua civilização artística — talvez também por um certo desenvolvimento das atividades comerciais, que levava Montesquieu a escrever, citando a *República dos atenienses* do pseudo-Xenofonte, o Velho Oligarca: "Tem-se a impressão de que Xenofonte se referia à Inglaterra." Mas, para os homens das Luzes, Atenas era também a cidade que condenara Sócrates à morte.

Às vésperas da Revolução que haveria de acarretar as perturbações que já sabemos na história da Europa, duas obras, porém, que assimilam a civilização grega a Atenas, merecem nossa atenção: *Le Voyage du jeune Anacharsis*, do abade Barthélemy, e *Les Recherches philosophiques sur les Grecs*, de Cornelius De Pauw.[3] O primeiro, "mo-

---

2. Ibidem, p. 56-59.
3. P. Vidal-Naquet e N. Loraux, "La formation de l'Athènes bourgeoise", in: P. Vidal-Naquet, *La Démocratie grecque vue d'ailleurs*, Paris: Flammarion, 1990, p. 171. Publicada em 1788, a obra *Voyage du jeune Anacharsis en Grèce* foi reimpressa ao longo de todo o século XIX. A edição aqui utilizada é a de 1836, A. Hard, Libraire Éditeur, rue Saint-Jacques, 131.

numento de erudição" e, ao mesmo tempo, "retrato de uma Atenas à moda de Paris" (Pierre Vidal-Naquet), conta a viagem que teria feito à Grécia, "alguns anos antes do nascimento de Alexandre", um jovem príncipe cita. Ele chega pela primeira vez a Atenas em 362, e para lá volta pela última vez em 341, três anos antes da derrota infligida por Filipe da Macedônia aos gregos na Queronéia, derrota que assinala o fim da independência grega. Barthélemy justifica a escolha desse período pelo fato de que ele "liga o século de Péricles ao de Alexandre", o que teria permitido ao jovem cita encontrar tanto pessoas que haviam conhecido Sófocles, Eurípedes, Tucídides ou Sócrates, como os contemporâneos de Demóstenes, Platão e Aristóteles. O que nos vai interessar aqui é a introdução histórica atribuída ao jovem cita, que serve de preâmbulo ao seu relato. A segunda parte dessa introdução é dividida em três seções, respectivamente intituladas: "O século de Sólon", "O século de Temístocles e de Aristides" e "O século de Péricles". Em nota, Barthélemy indicava as datas de cada um desses períodos: 630-490 para o primeiro, 490-444 para o segundo, 444-404 para o terceiro.

"O século de Péricles" começa com um retrato deste no momento em que acede pela primeira vez ao cargo de estratego, retrato inspirado estreitamente na *Vida de Péricles* de Plutarco. Aí se encontra a mesma alusão a sua semelhança com Pisístrato, que tende a fazê-lo suspeito de aspirar à tirania, a mesma referência à oposição a Címon, a mesma evocação dos mestres que o formaram:

> Os mestres célebres que formaram sua infância, continuando a esclarecê-lo com seus conselhos, reportavam-se, junto com ele, aos princípios da moral e da política: seu gênio se apropriava dos conhecimentos deles; daí essa profundeza, essa plenitude de luzes, essa força de estilo que sabia abrandar quando necessário, essas graças que ele de modo algum negligenciou, que nele nunca foram ostentação; tantas outras qualidades que lhe deram condições de persuadir aqueles que ele não conseguia convencer e arrebatar mesmo aqueles a quem não conseguia nem convencer nem persuadir (p. 55 da edição de 1836).

Barthélemy relaciona essas qualidades com os ensinamentos de Anaxágoras, mas lembra também a "dialética capciosa de Zenão de

Eléia", que lhe permitia livrar-se dos processos dos adversários. Ele lembra também a frugalidade de sua vida, seu desprendimento, e também sua arte de convencer o povo:

> Péricles, por força de sua autoridade, que dispunha do tesouro público dos atenienses e dos aliados, encheu Atenas de obras-primas da arte, concedeu pensões aos cidadãos pobres, destinou-lhes uma parte das terras conquistadas, multiplicou as festas, instituiu um bônus para os juízes, para os que assistiam aos espetáculos e para a assembléia geral. O povo, que via apenas a mão que dava, fechava os olhos para a fonte de onde ela tirava. Ele se ligava cada vez mais a Péricles, que, para prendê-lo ainda mais, tornou-o cúmplice de suas injustiças e usou-o para desfechar os grandes golpes que aumentam o crédito e o tornam manifesto.

Entre esses grandes "golpes", o ostracismo de Címon, depois o de Tucídides. Barthélemy insiste na mudança que se verificou na política de Péricles: até certa altura, ele agradou as multidões, depois passou a subjugá-las e a dominá-las, mas não de forma ostensiva, dado que respeitava as formas institucionais. Não obstante, ele aumentava o poder de Atenas sobre seus aliados, suscitava ódios e descontentamentos. O povo terminou por se aborrecer, voltando-se primeiro contra seus familiares, contra Fídias, Anaxágoras e Aspásia, "sua doce amiga". O próprio Péricles ficaria ameaçado se os acontecimentos de Corcira e Potidéia não lhe tivessem dado a oportunidade de esquivar-se aos "boatos" que se elevavam contra ele, iniciando a guerra.

Barthélemy, leitor de Tucídides, toma de empréstimo a este os discursos que marcaram os debates que se fizeram antes do início das operações, assim como o relato dos acontecimentos dos primeiros anos da guerra, e principalmente a célebre descrição da "peste", das perdas que ela infligiu aos atenienses, em especial a mais "irreparável", a de Péricles, cujas últimas palavras Barthélemy vai buscar em Plutarco.

E o autor de *Voyage d'Anacharsis* discorre sobre Cléon, sobre Nícias e sobre Alcibíades, sobre a expedição à Sicília e, então, sobre o desastre final. Mas antes de iniciar a narrativa de sua viagem, Anacharsis/Barthélemy se arrisca a fazer algumas observações sobre o "século de Péricles". O tom dos comentários é dado logo de início: foi durante o período de alguns anos que precedeu a guerra do Peloponeso que os atenienses abandonaram o que até então tinha feito a sua grandeza: o respeito às leis e às contingências "impostas pela natureza e pela sociedade". Péricles, testemunha do declínio desses costumes, caracterizado principalmente pela influência das cortesãs vindas da Jônia, "berço da arte da volúpia" (p. 68), não procurou impedi-lo. Bem ao contrário, ele debilitava os atenienses com festas e torneios, e sofria a influência de Aspásia, ela própria fundadora de uma "sociedade de cortesãs". Não obstante, nesse período se deu um grande desenvolvimento da arte, e Péricles, que soube atrair para Atenas os melhores artistas, contribuiu para isso. Em contrapartida, "sob Péricles as pesquisas filosóficas foram severamente proscritas pelos atenienses e, enquanto os adivinhos gozavam de certa distinção no Pritaneu, os filósofos mal ousavam confiar seus dogmas a discípulos fiéis" (p. 71). Finalmente, os atenienses não podem se vangloriar de ter mais talentos que os outros gregos: "Eles criaram o gênero dramático, eles tiveram oradores célebres, dois ou três historiadores, uns poucos pintores, escultores e arquitetos hábeis." E Anacharsis/Barthélemy acrescenta: "Não sei se o clima da Ática é tão favorável às criações do espírito quanto os da Jônia e da Sicília." Atenas era menos o "berço" que o lugar de residência dos talentos atraídos pela superioridade do "crédito" de Péricles e pelos encantos dos colóquios com Aspásia. E a conclusão do jovem abade que se esconde por trás do jovem príncipe cita evoca a sociedade de seu tempo, em que o dom de agradar acrescenta "novas graças ao talento", e em que se prodigalizam atenções aos outros, para com isso obter atenções ainda maiores.

Barthélemy era um erudito que se nutriu da leitura dos historiadores e dos oradores gregos, e, sem a menor dúvida, de Plutarco. Ele cita suas fontes abundantemente e tem a pretensão de fazer uma obra de historiador nessa introdução absolutamente fiel à cronologia. A obra de Cornelius De Pauw é totalmente diferente. Trata-se de um conjunto de reflexões sobre o que faz a originalidade e sobretudo a importância da civilização grega. De Pauw, que freqüentava a corte do rei da Prússia, Frederico II, tornou-se conhecido inicialmente por uma obra publicada em Berlim em 1768, intitulada *Recherches philosophiques sur les Américains ou Mémoires intéressants pour servir à l'histoire de l'espèce humaine*. No livro ele denunciava o mito do "bom selvagem" e apresentava os índios da América como produto de uma terra e de um clima que só podiam gerar degenerados. Alguns anos depois, ele publicou *Recherches philosophiques sur les Égyptiens et les Chinois*. Em 1788 ele publicou em Berlim, depois em Paris, *Recherches philosophiques sur les Grecs*.[4] Atenas ocupa quase três quartos da obra, sendo que o último quarto trata de Esparta, de que De Pauw dá uma imagem negativa que contrasta fortemente com a imagem idealizada da cidade de Licurgo. Da mesma forma que a terra e o clima explicam o caráter degenerado dos americanos, a natureza quase bucólica da Grécia, e principalmente da Ática, explica a superioridade da civilização grega. Já em seu discurso preliminar, De Pauw apresenta essa superioridade como uma evidência:

> Depois de ter publicado sucessivamente observações relativas aos povos selvagens e embrutecidos tais como os americanos; e em seguida sobre nações condenadas a uma eterna mediocridade, como os egípcios e os chineses, trataremos de completar essa longa série de discussões relativas à história natural do homem com pesquisas sobre os gregos, que elevaram de tal modo a cultura das artes e das ciências que nossos olhares se comprazem sempre em se dirigir para esse ponto do globo que foi para nós a fonte da luz.

História "Natural", pois, e não História, o que explica especialmente o desprezo de De Pauw pela cronologia e a maneira como usa as fontes nas quais baseia sua demonstração, sem levar em conta suas datas. Mas dentre os gregos, só os atenienses merecem ser reconhecidos como autores dessa exceção cultural. Porque para De Pauw, que busca distinguir-se dos historiadores, é bem disso que se trata: "Mais ocupados dos males da discórdia que das artes e da paz, eles só falaram das guerras dos gregos, dando mil vezes o nome de heroísmo a ações de malfeitores" (p. 3 da edição de 1788). Fiel ao método aplicado ao estudo dos outros povos, ele começa, pois, com uma descrição

---

4. Cornelius De Pauw, *Recherches philosophiques sur les Grècs*, em Berlim, pela George-Jacques Decker & Fils, em Paris, pela Onfray Libraire, rue du Hurepoix, próximo à ponte Saint-Michel, 1788.

da Ática e da cidade de Atenas, depois dos próprios atenienses, de seus "costumes", de seu "comércio" e de sua "civilização", principalmente da "situação das Belas-Artes", e, somente no fim, "do governo e da religião dos atenienses". As referências a Sólon e aos oradores do século IV são freqüentes, mas as alusões a Péricles são bastante raras. A primeira se faz a propósito da cidade de Atenas e do contraste entre o esplendor dos monumentos públicos e a mediocridade dos cidadãos particulares. "Nem Péricles", escreve De Pauw, "nem nenhum outro demagogo tão poderoso quanto ele podia fazer da capital da Ática uma bela cidade." Contudo, se Péricles multiplicava as construções públicas, era "para dar aos cidadãos mais indigentes, que lhe eram inteiramente devotados, um meio de vida honesto: era por meio deles que governava e graças a eles que triunfava nas conjunturas mais críticas". De Pauw faz então uma observação que mostra quão grande era a tentação de pensar Atenas em termos "modernos". Porque ele refuta a acusação feita contra Péricles de ter dilapidado o tesouro público e afirma que, ao contrário, distribuindo o dinheiro do Estado aos artistas, ele o mantinha nos limites da Ática e lhe garantia uma circulação mais rápida, ao mesmo tempo em que livrava os mais pobres — dois mil cidadãos — da mendicância e do desespero. Temos aqui não apenas a origem do que Nicole Loraux e Pierre Vidal-Naquet chamaram de "a Atenas burguesa", mas também (e voltaremos a esse assunto) daquilo que será apresentado como a "política social" de Péricles.

De Pauw não critica, pois, a política das grandes obras inaugurada por Péricles, mas antes aquilo que ele chama de "profusão e jactância oriental com que ele acumula o ouro e o marfim no templo de Minerva". Em compensação, ele o critica por ter deixado de defender as fronteiras da Ática, deixado que a Lacedemônia a devastasse.

Péricles só reaparece na última parte, que trata do "governo dos atenienses". De Pauw generaliza a partir da anedota do retrato, comprado por Péricles, do rei espartano Plistoánax, atribuindo ao dirigente da cidade uma política sistemática de corrupção dos reis, dos senadores e dos éforos. "Enquanto eles iam sendo iludidos desse modo, Péricles fazia grandes preparativos, pois bem via que não podia sempre comprar a paz em tais condições, e era preciso chegar finalmente a uma franca ruptura com esse Estado, inimigo nato de todos aqueles que não desejavam ser nem seus súditos nem seus tributários" (p. 164-165 do tomo II).

É a propósito disso que De Pauw, divergindo da opinião quase geral, critica Aristóteles pelo fato de considerar Sólon o criador da democracia: "Esse erro foi repetido por todos os escritores modernos, que não se deram conta de que Sólon fez apenas uma constituição mista, em que o governo popular era fortemente controlado pela aristocracia." Para De Pauw, somente depois das guerras médicas o governo de Atenas se tornou realmente uma democracia, "no momento em que se revogaram as leis de Sólon, abrindo as portas de todas as magistraturas a todos os cidadãos de todas as ordens, sem levar em conta seus meios, sua fortuna ou seu nascimento; e então o último dos atenienses se tornou um rei". Ele se refere, evidentemente, ao modo de recrutamento dos arcontes. Mas não se fala de Péricles, e De Pauw cita, numa nota, a *Vida de Aristides* de Plutarco.

De resto, ele admite que a ampliação do recrutamento dos arcontes não tinha muita importância, na medida em que estes tinham pouca influência sobre a política da cidade. Ignorando, porém, o papel dos estrategos, ele afirma que "a direção dos negócios passou para as mãos do demagogo, que não era nem magistrado, nem ditador, nem juiz, mas um simples cidadão...". E então cita Cléon, acrescentando logo em seguida que "na realidade os demagogos de Atenas eram os ministros das Finanças e os primeiros secretários da Tesouraria: assim, foi nessa qualidade que Péricles dispôs constantemente do dinheiro público, fez construir tantos edifícios, encetou tantas negociações e conquistou a fama de ser o maior político da Grécia" (p. 173-174). Ele acrescenta numa nota que os demagogos eram *tamíai tés dioikêsis* e exerciam suas funções por cinco anos, como foi o caso de Licurgo. Temos aí um traço bastante característico do método de De Pauw, que dispõe de suas fontes sem se preocupar com suas datas, como já salientamos. Porque a magistratura de que Licurgo foi investido depois de 338 já não é como fora antes. E era, de resto, uma dessas magistraturas financeiras que adquiriram grande importância a partir do século IV.[5]

---

5. Sobre a evolução das magistraturas financeiras em Atenas, ver C. Mossé, *Politique et société en Grèce ancienne: le "modèle" athénien*, Paris: Aubier, 1995, p. 132-137.

À época de Péricles, eram os estrategos que detinham os mais amplos poderes, inclusive o de decisão sobre a destinação das rendas públicas. E foi nessa qualidade, e não como "demagogo", que ele dirigiu os negócios da cidade e empreendeu os grandes trabalhos da Acrópole.

O Péricles de De Pauw, assim como o de Barthélemy, é herdeiro direto do Péricles de Plutarco. Mas ele ainda não é a encarnação da democracia ateniense que ficará para a posteridade. Ele é, de certa forma, "esquecido" entre um período de grandeza, ao qual se associa o nome de Sólon, e um período de declínio, que começa com o processo de Sócrates. E visto que, como lembrou no início do livro, ele pretende distinguir-se dos historiadores "mais ocupados dos males da discórdia que das artes da paz", ele desdenha Tucídides, ao contrário de Barthélemy. Daí resulta que seu Péricles aparece como uma figura bem apagada, um demagogo entre tantos outros, que pode ter tomado medidas úteis, mas cuja dimensão política é bastante reduzida.

O mesmo se dá no que tange ao período revolucionário. Se, com efeito, a Antigüidade tem forte presença no imaginário dos homens da Revolução, como eu e mais alguns historiadores procuramos demonstrar, o papel de maior destaque cabe a Roma e a Esparta.[6] A Atenas democrática desperta desconfiança, ainda que de bom grado se faça referência a Sólon e, mais ainda, a partir do momento em que os revolucionários franceses se vêem confrontados com a Europa coligada, a Milcíades e a Temístocles, heróis de uma guerra pela liberdade grega contra o despotismo persa. Mas a Atenas de Péricles já está corrompida. O abade Grégoire, num discurso contra os projetos educacionais de Le Peletier de Saint-Forgeau, pronunciado em 8 de abril de 1793 diante da Convenção, o diz claramente: "Os tiranos sempre tiveram o cuidado de fazer soar em proveito próprio as trombetas da Fama: assim foi Péricles, que, depois de ter devastado a Acarnânia para agradar a sua amante, corrompeu com o seu exemplo Atenas, subjugada que se encontrava por sua astúcia, e fez os historiadores mentirem em seu favor."

Robespierre, ainda que a certa altura tenha pensado em remunerar os cidadãos que deixavam seu trabalho para dedicar-se aos negócios

---

6. Além de meu livro *supra* n. 1 e do artigo de P. Vidal-Naquet e N. Loraux *supra* n. 3, ver P. Vidal-Naquet, "La place de la Grèce dans l'imaginaire des hommes de la Révolution", in: *La Démocratie grecque vue d'ailleurs*, op. cit., p. 212-235.

públicos, não cogita em atribuir a paternidade desse projeto ao modelo pericliano, e considera a Atenas de Péricles e de Demóstenes um regime "corrompido". Da mesma forma, Saint-Just denuncia no regime político de Atenas os "arengadores" que conduzem o povo como bem entendem. Diferentemente da historiografia francesa do início do século XX, de que Gustave Glotz (voltaremos a esse assunto) é a figura emblemática, os homens do período revolucionário não contrapõem a Atenas equilibrada e harmoniosa de Péricles à Atenas decadente de Demóstenes. Eles as confundem numa mesma condenação. O século de Péricles, isto é, o século V, só é evocado como o momento em que Atenas mostrou-se capaz de resistir ao despotismo dos soberanos bárbaros.[7]

E, detalhe significativo, embora o período revolucionário seja marcado pela adoção de nomes tomados de empréstimo aos heróis da Antigüidade, o nome de Péricles não figura nessa onomástica.

Quem sabe seja interessante indagar a um representante do outro lado, o emigrado François-René de Chateaubriand, o que ele pensava do grande político ateniense. Em 1797 Chateaubriand publica em Londres seu *Ensaio sobre as revoluções,* obra que ele renegará trinta anos depois, ao mesmo tempo em que a faz figurar na edição de suas obras completas.[8] Nesses ensaios, o jovem nobre bretão, que por algum tempo se deixou seduzir pela revolução, comparava os acontecimentos da França revolucionária às "revoluções" que marcaram a história da Grécia, e mais precisamente às "revoluções atenienses". O "século de Péricles" era lembrado mais como um elemento de datação que por si mesmo, e sabe-se que Chateaubriand lera a obra do abade Barthélemy e nela se inspirara. Mas sua leitura foi um pouco superficial, pois ele não hesita em escrever que o século de Péricles era tema do livro do abade, quando na verdade a viagem do jovem Anacharsis situa-se na Grécia do século IV. Mas, no início do *Ensaio,* há um julgamento sobre Péricles que certamente inspira-se em Plutarco e em Barthélemy, mas que não deixa de ter certo interesse: "Adequando-se

---

7. C. Mossé, *L'Antiquité dans la Révolution française,* op. cit. p. 113.

8. Chateaubriand, *Essai sur les révolutions, Génie du christianisme,* texto estabelecido, apresentado e anotado por M. Regard, Paris: Gallimard, Bibliothèque de la Pléiade, 1978, p. 3-4.

à estreiteza do mundo quando a necessidade o obrigava a nele se fazer presente, aí ele se apresentava com idéias comuns e um coração de gelo. Mas à noite, reunido secretamente com Aspásia e um pequeno número de amigos seletos, ele lhes revelava suas opiniões secretas e um coração de fogo."[9] Uma personalidade ambígua, portanto, que seduziu Chateaubriand, o qual insiste na incompreensão dos tolos, que procuravam atingi-lo através de Aspásia. Um pouco mais adiante, porém, ele o coloca entre aqueles que dominam o povo, ao mesmo tempo em que o faz pensar ser livre. Ao lado de Péricles, menciona-se também Pisístrato, seu filho Hípias, Alcibíades, e também, curiosamente, Filipe da Macedônia e Antígono, o companheiro de Alexandre, senhor da Ásia depois da morte deste.

Duvido que uma pesquisa mais aprofundada possa relativizar esse apagamento da pessoa de Péricles na França das últimas décadas do século XVIII. O que não é difícil compreender: nessa época, Tucídides era conhecido apenas por uns poucos especialistas, e ainda não se dispunha da *Constituição de Atenas*, atribuída a Aristóteles. De resto, já salientamos a ambigüidade do personagem das *Vidas Paralelas* de Plutarco. Acrescente-se a isso o fato de que a democracia ateniense nunca foi pensada como "modelo" no curso da história. Aqueles que, tal como Volney ou Benjamin Constant, refutam o valor do "modelo antigo", destacam as dimensões reduzidas das "repúblicas antigas" e lembram a existência da escravidão. Mas, o que é mais importante — e as diferentes constituições elaboradas na França entre 1791 e o advento do império napoleônico disso dão testemunho (a do ano III, que preconizava o abandono do sistema censitário nunca foi aplicada) —, não se cogitava dar soberania ao "povo", e seria preciso esperar meio século para que o "sufrágio universal" viesse a se impor. Ainda que desde o início do século XIX já se tivesse configurado a imagem da Atenas "burguesa", como o demonstraram Pierre Vidal-Naquet e Nicole Loraux, somente com a historiografia francesa da Terceira República Péricles passaria a gozar do status de "modelo", por excelência, do "político".

E aqui tomo de empréstimo ao historiador dinamarquês Mogens Hansen (*La Démocratie grecque au temps de Démosthène*, p. 62-63)

---

9. *Essai...*, op. cit., p. 271.

uma observação especialmente sugestiva: "A democracia 'radical' cobriu os anos 462-404; para encontrar a apologia dessa democracia, é preciso ler a *Oração fúnebre* de Péricles em Tucídides — ou então uma passagem qualquer da literatura histórica moderna que, a partir de meados do século XIX, elegeu a democracia pericliana para legitimar seus próprios ideais liberais e democráticos." Voltarei a falar sobre a expressão "democracia radical" usada por Hansen, o qual, para justificar sua afirmação, cita apenas, numa nota, o nome do historiador inglês George Grote, que publicou entre 1846 e 1856 uma história da Grécia em doze volumes, traduzida para o francês na década seguinte. Mas, na verdade, são mesmo os progressos da democracia liberal na Europa que explicam a adoção da imagem tucididiana de Péricles na historiografia do fim do século XIX e de grande parte do século XX. Não cabe aqui, evidentemente, dar um quadro exaustivo dessa literatura histórica. Vamos nos limitar a alguns exemplos, começando pelo de Gustave Glotz, pelo fato de ele ter influenciado consideravelmente a historiografia francesa da democracia ateniense e ter iniciado na história grega, com suas aulas e seus manuais, gerações de estudantes. Foi em seu livro *La Cité grecque*, publicado em 1928 e várias vezes reeditado, e também no volume II da *Histoire grecque*, publicado em 1931, que Glotz deu de Péricles e da democracia pericliana uma imagem que retoma, no essencial, o julgamento de Tucídides, tomando a Plutarco as informações que lhe permitem completar, para sua análise dos negócios da cidade, esse retrato de um político ideal. Já da primeira vez em que ele aparece em *La Cité grecque* (p. 137), o essencial dessa imagem é apresentado: "Péricles, o sobrinho-neto de Clístenes, aliava a uma inteligência genial uma eloqüência, uma autoridade, uma habilidade no lidar com os homens que lhe permitiram servir ao povo exercendo domínio sobre ele." E mais adiante: "Enquanto Péricles viveu, os atenienses não confundiam a massa dos interesses particulares com o interesse comum" (p. 148). E ainda: "Para cumprir o seu destino, a democracia ateniense se submeteu à ditadura do gênio" (p. 152).

Esse gênio se exprimia especialmente pela magia da palavra. É verdade que é por intermédio de Tucídides que se pode ter uma idéia da eloqüência de Péricles, e Glotz admite que a imagem do regime ateniense apresentada na *Oração fúnebre* é bela e sistemática demais para ser fiel à realidade. Nem por isso deixa de concluir: "Péricles era considerado à sua época o mais perfeito orador de que se tinha notícia; não obstante, de todos os seus discursos restam apenas alguns dos pensamentos grandiosos, das imagens brilhantes que lhe valeram o epíteto de olímpico" (p. 314).

Do Péricles de Plutarco, Glotz recolheu um outro aspecto que haveria de ser retomado em muitos dos trabalhos de historiadores posteriores: sua preocupação em garantir renda para os cidadãos pobres, não apenas por meio dos mistos e da atribuição de lotes de terra nas clerúquias, mas também, e talvez principalmente, oferecendo oportunidades de trabalho aos pobres da cidade, graças ao seu programa de construções públicas. Já chamamos a atenção para o anacronismo de tal interpretação da parte de Plutarco. Mas com Glotz e com alguns daqueles que se inspiraram em seus trabalhos, essa política seria qualificada como "socialismo de Estado". A expressão é retomada especialmente na biografia de Péricles escrita por Marie Delcourt, publicada em 1939.[10] A obra se apresenta como uma homenagem àquele que se revela uma figura excepcional por sua inteligência e seu senso do humano. Ela encerra também análises finas que levam em conta a evolução do homem e sua escolha deliberada do "partido" popular. Marie Delcourt não pensa que a escolha de Péricles se deveu à simpatia para "com aquilo que atualmente chamamos de ideais democráticos" (p. 80), mas à necessidade de fazer frente a Címon, e também para promover "o grande sonho imperialista" que lhe foi fatal: "Péricles sabe que não pode ser grande sem Atenas e deseja que Atenas seja maior graças a ele."

Marie Delcourt aborda também o problema do lugar de Aspásia na vida de Péricles. Glotz se limitava a observar, em *La Cité grecque* (p. 304), que, "apesar de seu prestígio, o grande homem de Estado não conseguiu impor a bela e sábia milésia". De sua parte, Marie Delcourt valendo-se mais uma vez do testemunho de Plutarco, atribui a Péricles uma concepção bastante original da relação homem/mulher, que explica os sarcasmos dos poetas cômicos contra Aspásia:

---

10. M. Delcourt, *Périclès*, Paris: Gallimard, 1939.

"Ninguém veria mal nenhum em ele amar jovens ou maltratar sua primeira mulher. Mas causava escândalo o fato de ele considerar a segunda como um ser humano, de viver com ela em lugar de a relegar ao gineceu, de convidar amigos e suas mulheres para irem à sua casa" (p. 77).

Assim, o Péricles de Marie Delcourt não deixa de ter nuances, e ela critica implicitamente a estratégia adotada em 431 e a recusa em aceitar as primeiras propostas de paz dos espartanos em 430. Mas ela acrescenta uma reflexão que esclarece a maneira como se podia identificar a França da Terceira República à Atenas pericliana: "Que Atenas pudesse, em 430, solidarizar-se com a própria desgraça, conformar-se com a partida jogada e perdida e propor a paz, pareceria a Péricles tão impossível quanto aos conservadores ingleses de 1900 renunciar aos *Dominions*, tão revoltante como, aos olhos de muitos franceses, a renúncia de setembro de 1938" (p. 244).

Nos anos imediatamente posteriores à Segunda Guerra Mundial, é a imagem de um Péricles inteligente, lúcido, honesto e visionário que domina a produção historiográfica, na França e na Europa ocidental. O *Pericle* de Gaetano De Sanctis (1944) caracteriza-se por sua riqueza espiritual, sua cultura, sua humanidade e sua probidade. Discípulo de Anaxágoras, seu pensamento é totalmente livre das superstições às quais a multidão sucumbe. Ele põe sua rica personalidade a serviço de sua pátria, e constrói uma democracia ideal que se exprime na *Oração fúnebre*. De Sanctis salienta, porém, que essa democracia é reservada a uma minoria da população da Ática, e que além disso o imperialismo e a incapacidade de unificar a Grécia em torno do princípio democrático impõem limites à excelência da obra de Péricles, visto que assim ele se revelou responsável pelo declínio de Atenas após a sua morte, Atenas que não conseguiu se tornar "o centro da nação helênica" (p. 177).

O *Périclès* de François Châtelet (1960) se situa na mesma visão heróica do homem que dirigiu a política de Atenas à época do apogeu da cidade. Desde o começo do livro, coloca-se a questão:

> Como é possível que um homem cuja atuação política determinante não tenha abrangido mais de vinte anos, que só se tornou chefe incontestado da política ateniense por volta de 445 e que morreu em 429, quando Atenas era

uma cidade entre outras da Hélade, tenha dado seu nome a todo um século, ou pelo menos ao período que vai de 480 a 404, e que seja conhecido — segundo a fórmula de Hegel — como o "ponto luminoso da Grécia"? Como compreender historicamente que sua personalidade se tenha imposto à imaginação histórica como um modelo? (p. 20).

Como De Sanctis, Châtelet pensa que em Péricles coexiste "o ideal de uma Atenas democrática vitoriosa e o de uma Hélade pacificada e poderosa". Como Marie Delcourt depois de Glotz, Châtelet evoca o "socialismo de Estado" (p. 170 *et seq.*) e a preocupação de "oferecer trabalho" aos pobres. E se a vida de Péricles se encerra com uma derrota, nem por isso ele deixa de ser um "herói" (p. 289): "Colocado diante de circunstâncias políticas excepcionais, ele tentou orientar as tendências de seu tempo no sentido da paz, do espírito, da razão e da harmonia... sistemática e duradoura" (p. 293).

Igual entusiasmo tem Pierre Lévêque (*L'Aventure grecque*, 1964), que logo de início destaca a nobre e forte personalidade de Péricles. Ele nada tem de demagogo, e à Eclésia* prefere "a companhia de Aspásia, a sábia milésia, e de uma elite de amigos que têm presença nas letras, nas artes ou no pensamento". Inteligência lúcida, "ele concebe um vasto sistema político que procura pôr em prática". E ainda: "De sua alta estatura, ele domina para nós um século que recebe seu nome." E novamente se fala em "socialismo de Estado", de que Péricles oferece a primeira experiência (p. 264-266).

Poderíamos multiplicar as citações de mesma inspiração, destacando ao mesmo tempo o patriotismo, a integridade, a vontade de Péricles, sua alta inteligência e o equilíbrio harmonioso que ele soube imprimir à vida da cidade graças a uma política "social", visando garantir o bem-estar do conjunto dos cidadãos.

A partir da década de 1970, porém, começa-se a questionar essa imagem idealizada do chefe da democracia ateniense, questionamento que leva também à relativização do século V como século do apogeu da democracia ateniense. Na França, essa guinada aparece primeiro no livro de Édouard Will (*Le Monde grec et l'Orient*, tomo I, *Le Ve siècle*, 1972). Não se trata de uma biografia de Péricles, mas da análise de sua verdadeira posição na história da democracia ateniense. Édouard Will

231

lembra, em primeiro lugar, o problema tal como fora colocado pela historiografia contemporânea. Seria Péricles "o guia inconteste de Atenas a partir de 461" ou "o executor testamentário de seus grandes predecessores", um "demagogo, chefe de partido" ou "o aristocrata solitário e desdenhoso que apenas pôs a democracia a serviço de um ideal que a ultrapassava"? (p. 261-262). Para Will importa, antes de se pronunciar sobre essas interpretações contraditórias da pessoa de Péricles, distinguir o período 461-443, durante o qual ele ainda não passa de "um político que quer abrir o seu caminho", do período 443-429, em que ele é reeleito estratego sucessivamente, o que leva a ajustamentos com o modo de recrutamento dos estrategos (a eleição de um segundo representante da tribo Acamantis, à qual ele pertencia) e que, mesmo levando-se em conta seus colegas, cuja autoridade é teoricamente semelhante à sua, não deixa de indicar a posição excepcional em que ele se encontrava. Édouard Will reconhece que a idéia de uma "monarquia" pericliana baseia-se numa realidade. "Mas tratava-se de uma monarquia desprovida de qualquer soberania que não a da inteligência, exercida sobre um povo ao qual a soberania legal pertencia de forma plena e real. Se algum dia houve um 'milagre grego... ', ele foi com certeza o fato de que esse diálogo entre a soberania intelectual e a soberania legal tenha levado a um acordo, é verdade que não isento de dissensões, mas duradouro o bastante para que seus reflexos e seus frutos fossem perenes" (p. 275).

Temos aí, portanto, uma análise mais nuançada do "poder" de Péricles, mas que o coloca acima de seus contemporâneos, de seus sucessores e antecessores, dada a inteligência soberana que lhe é própria. Ora, é justamente o problema dessa superioridade que é questionado por certo número de historiadores da democracia ateniense. Moses Finley, em sua última obra, *Politics in Ancient Greece* (1983), traduzida para o francês com o título *L'invention de la politique* (1984), observa com uma ponta de ironia: "Os historiadores têm seus bufões tradicionais: Alcibíades, Tibério Graco ou Catilina, mas não acho que a mentalidade destes seja muito diferente das dos heróis, Péricles ou os dois Catão" (p. 172), pois tanto uns quanto outros se valem dos mesmos meios para chegar ao poder supremo. E no que diz respeito mais particularmente a Péricles, Finley via nele o herdeiro direto de Pisístrato: "Ele restabeleceu a comissão dos juízes dos demos, que ao que parece tinha desaparecido, e tomou toda uma série de medidas visando a assistir os pobres com o dinheiro do Estado, não por meio de alocações diretas, como era de praxe, mas pelo pagamento por serviços prestados." Isso para acabar principalmente com a pobreza dos camponeses, "fermento favorável ao desenvolvimento do patronato dos aristocratas" (p. 80-81). Finley reconhece em nota ter errado em rejeitar a célebre anedota relativa à criação dos mistos para fazer frente à "generosidade" de Címon, pois ainda que esta seja em parte inventada, ela explica qual o objetivo de Péricles ao criar a mistoforia, isto é, eliminar o "patronato aristocrático", as relações clientelistas que tinham sobrevivido às leis de Sólon e de Clístenes.

Vimos que a mistoforia era, desde a Antigüidade, o argumento usado para denunciar a democracia pericliana, a prova da "demagogia" da política de Péricles, e a origem do declínio do espírito cívico em Atenas.

O que me leva a terminar esse rápido apanhado de alguns julgamentos contemporâneos sobre o homem Péricles e sobre seu papel no funcionamento da democracia ateniense com algumas reflexões tomadas de empréstimo a um dos mais brilhantes representantes da historiografia grega atual, o professor Josiah Ober, que leciona na prestigiosa Universidade de Princeton. Ober publicou no curso das duas últimas décadas do século XX uma série de estudos, monografias, coletânea de artigos, edição de colóquios sobre o tema da democracia ateniense e de seu funcionamento. Péricles não está no centro das análises de Josiah Ober, que tratam principalmente do século IV, mas ele lhe dedica uma longa seção na obra, em que expõe uma concepção da "ideologia democrática" que seria retomada em seus trabalhos posteriores, principalmente *Mass and Elite in Democratic Athens* (1984). Para Ober, se Péricles é uma figura dominante da história de Atenas, isso se deve não apenas à forma como usou a estratégia, mas principalmente a sua habilidade de orador com uma percepção bastante aguda do que esperava a opinião ateniense. Como Pisístrato antes dele — e aqui encontramos a análise de Finley, ainda que Ober divirja em alguns pontos —, Péricles se valeu da unidade dos cidadãos e da cidade, para melhor se desvencilhar da oposição da elite.

Ele soube usar a arte da retórica aprendida com os sofistas para forjar a ideologia popular. Nesse aspecto, podemos considerá-lo um "gênio". Mas não devemos nos deixar vencer pela sedução de Tucídides, que tende a idealizar Péricles para melhor contrapô-lo aos seus sucessores. Porque Péricles foi favorecido por circunstâncias excepcionais, numa conjuntura em que a hegemonia de Atenas, conseqüência das guerras médicas, estava em seu mais alto nível. Seus sucessores não haveriam de ter essa sorte, e isso explica a derrota final (p. 91).

Não obstante, Ober não pode deixar de discutir a responsabilidade de Péricles na eclosão da guerra e principalmente na definição de uma estratégia que haveria de se revelar desastrosa. Num artigo publicado quatro anos antes de *Mass and Elite*, retomado em *The Athenian Revolution* em 1998, Josiah Ober aborda essa questão sob o título "Tucídides, Péricles e a Estratégia de Defesa". Ele parte da análise, feita por Tucídides, da estratégia defensiva adotada por Péricles no começo da guerra. Ela é ao mesmo tempo lógica e inovadora, como ele o mostra num outro artigo da mesma coletânea (p. 65-67). Mas como persuadir uma assembléia democrática, por definição "irracional", daquilo que constituía uma ruptura com as práticas militares tradicionais, isto é, a defesa do território? O *démos* ateniense era composto majoritariamente por camponeses, e mesmo que se admita que o *démos* urbano, que nada tinha a perder em caso de invasão inimiga, constituía a maioria dos presentes às assembléias, não se podia ignorar as reações de uma população rural obrigada a se refugiar no interior das muralhas da cidade, reações, aliás, salientadas por Tucídides. É justamente aí que, na visão de Ober, se revela a competência retórica de Péricles, que insiste na importância simbólica da defesa das Grandes Muralhas, nas promessas de ataques contra o território inimigo, no papel atribuído à cavalaria de afastar os invasores. Ainda que Tucídides não use esses argumentos para escamotear os aspectos "demagógicos" da política de Péricles, os fatos, pelo menos durante o primeiro ano da guerra, demonstram sua validade. E apenas circunstâncias imprevistas, e em primeiro lugar, mais uma vez, a "peste", atrapalharam os planos de Péricles no segundo ano, provocando os descontentamentos passageiros que, como sabemos, a habilidade oratória deste e a prioridade dada aos interesses da cidade conseguiram debelar.

Mais uma vez, no curso dessa análise do modo de funcionamento da democracia ateniense, o que está em pauta é o papel do orador enquanto porta-voz da ideologia democrática, e Péricles, mais que ninguém, é o representante do que Finley, num artigo intitulado "Athenian Demagogues", considera um elemento "estrutural" da democracia ateniense.

Num manual recentemente publicado[11], escrito por um dos mais dinâmicos representantes da jovem geração de historiadores franceses da Grécia Antiga, Patrice Brun, a figura de Péricles é vista com reservas, embora não de forma negativa. Não há dúvidas de que Péricles tem um lugar importante na história de Atenas. Não obstante, porém, a idealização de sua personalidade por Tucídides, ele na verdade não se distingue de seus predecessores, Sólon ou Temístocles. E, embora tivesse uma autoridade pessoal inegável,

> o retrato esboçado por Tucídides padece de um grave defeito: ele é usado para denegrir a figura daqueles que o sucederam na tribuna, na primeira linha dos quais se encontra Cléon, com quem o historiador tinha contas pessoais a ajustar (ele foi exilado na época em que Cléon estava no poder); além disso, Cléon representava uma classe social, a dos artesãos, bem distanciada da aristocracia fundiária a que Péricles e Tucídides pertenciam. Ler com olhar crítico o elogio que lhe faz Tucídides não é minimizar as qualidades de Péricles, mas antes compreender este último numa perspectiva mais ampla, que leve em conta o ódio que o historiador sentia pelos "demagogos" (p. 101).

Então, Péricles: herói genial ou demagogo vulgar, que teve mais sucesso que os outros porque as circunstâncias o favoreceram? De forma deliberada, considerei os dois extremos da imagem cuja elaboração em diferentes momentos da História me propus a analisar. Na realidade, este me parece um falso dilema, porque nunca haveremos de saber ao certo quem foi Péricles, ainda mais que só nos é possível ter uma visão de sua personalidade através do olhar dos outros. A verdadeira questão — com cuja abordagem procuraremos encerrar este trabalho — é a de saber o que na verdade foi o "século

---

11. P. Brun, *Le Monde grec à l'époque classique*, Paris: Armand Colin, 2003.

de Péricles" na história de Atenas, um momento excepcional logo seguido de um declínio, ou uma simples etapa na elaboração de um sistema político original a que se reportam os homens dos dias atuais, isto é, a democracia?

CONCLUSÃO

Ao final desta "biografia crítica" de Péricles, devemos nos reportar antes ao século a que ele deu o nome que à figura do próprio homem. Já vimos quão imprecisos eram os limites cronológicos do citado "século": 480-404, 462-429, 444-404..., dependendo do fato que se considerava como seu início: o fim das guerras médicas — e assim Péricles se tornava o continuador de Milcíades e de Temístocles —, as reformas de Efialtes, precursor ou simples executante dos projetos de um Péricles já consciente do objetivo a atingir, ou a primeira *estrategia* do filho de Xantipo. Considerava-se como data final seja a da morte de Péricles, seja a da queda do império criado por ele ao cabo de uma guerra cuja responsabilidade cabia, em grande medida, a ele.

No cerne do problema, porém, havia também o sistema político cujo nome Péricles evocava orgulhosamente na célebre *Oração fúnebre*, a democracia, um sistema que punha o poder de decisão nas mãos do *démos*, isto é, da comunidade dos cidadãos, iguais diante da lei e pela lei. Considerava-se que essa igualdade remontava a Sólon, que em seus poemas se gabava de ter estabelecido leis iguais para todos, tanto os *kakoi* como os *agathoi*. Sólon recusara-se a estender essa igualdade à posse da terra. Atribuíam-lhe, também, uma classificação censitária que não apenas reconhecia a existência de desigualdades de fortuna entre os cidadãos, mas também baseava o acesso aos cargos públicos nessas mesmas desigualdades. A recusa à partilha igualitária do solo da Ática favorecera o estabelecimento da tirania de Pisístrato, cuja imagem era vista positivamente pela tradição ateniense, ainda que à sua morte tenha se seguido um reavivamento das disputas entre grandes famílias aristocráticas, que resultaram no assassinato de Hiparco e, depois, na queda de Hípias. Foi logo depois dessa queda, provocada pela intervenção do rei espartano Cleômenes e por uma rivalidade pelo controle da cidade, que Clístenes, o tio-avô de Péricles, procedeu a uma reforma cuja principal característica era substituir uma organização baseada nos antigos modelos "familiais" por uma nova divisão dos cidadãos em dez tribos territoriais. O objetivo de tal reforma era suprimir, ou pelo menos atenuar, as relações clientelistas, coisa que Sólon já tinha tentado, em vão, eliminando a relação de dependência dos camponeses.

O que podemos reconstituir dos anos que se seguiram a essa reforma, com base no testemunho de Heródoto e na tradição recolhida pelo autor da *Constituição de Atenas*, indica que nem por isso o jogo político deixava de ser dominado pelos membros das grandes famílias, e que o instrumento de que Clístenes dotara o *démos* para se opor a quaisquer tentativas de restauração de um poder tirânico, isto é, o ostracismo, servia principalmente para ajuste de contas entre os membros dessas grandes famílias, Alcmeônidas, Filaidas, Cimônidas, "amigos dos tiranos".

Não obstante, as guerras médicas tinham mudado o jogo, principalmente em vista do papel que agora se atribuía à frota. Essas conseqüências só seriam sentidas anos depois. Em termos imediatos, tratava-se das rivalidades de sempre entre *agathoi*, ainda que a tradição viesse, mais tarde, a fazer de Temístocles um "homem novo". E é interessante lembrar que os membros dessas grandes famílias não hesitavam em realizar alianças matrimoniais fora do âmbito da cidade.

Seria essa uma das razões da famosa lei de 451 sobre a cidadania, que pode ser considerada uma das primeiras medidas de Péricles, se deixamos de lado o papel que teria tido junto a Efialtes? Com efeito, ela podia ter o objetivo de atingir Címon e outros membros da aristocracia. Mas o essencial não está aí. Porque o problema que não podemos resolver com toda segurança é o do papel efetivo da assembléia dos cidadãos, que durante essa época é teoricamente soberana. Embora a guerra tivesse aumentado a importância política dos estrategos, cada vez mais responsáveis pelos negócios da cidade, em detrimento dos arcontes, que agora se limitavam à organização da vida religiosa e do funcionamento da justiça, as reuniões da assembléia ainda não tinham, ao que parece, a periodicidade de que fala o autor da *Constituição de Atenas*. É verdade que os decretos mais antigos contêm a fórmula *edoxé tô demô*, com ou sem menção à *bule*, e podemos imaginar que o povo se reunia pelo menos uma vez a cada pritania. Não há dúvidas de que a freqüência dessas reuniões viria a aumentar em função dos desdobramentos da política do Egeu. Daí a importância cada vez maior do domínio da palavra para convencer o *démos* a se pronunciar sobre uma aliança ou sobre uma expedição militar. A obra de Tucídides é, no que tange a isso, especialmente reveladora, e a tradição que fez de Péricles em primeiro lugar um orador excepcional vai no mesmo sentido. Convencer o povo, convencê-lo do bem fundado da medida proposta, era essencial. Cumpre ressaltar apenas que o domínio da palavra não estava ao alcance de qualquer um. E ainda que no início de cada reunião da assembléia todos os que o desejassem fossem convidados a pronunciar-se sobre o projeto submetido à votação, certamente só iam à tribuna — além dos detentores de alguma magistratura e principalmente dos estrategos, quando se tratava de votar o início de uma expedição — homens não apenas capazes de convencer uma assembléia de vários milhares de pessoas, mas já ao corrente daquilo que estava em jogo naquela decisão. Esses "demagogos", como logo passariam a ser chamados, esses *rhétores*, confiscariam a soberania popular em proveito próprio? É uma questão a que não se pode dar uma resposta categórica. A historiografia contemporânea diverge quanto a esse ponto. Com efeito, pode-se interpretar de várias maneiras a "monarquia pericliana" de Tucídides: seja como um confisco do poder soberano do *démos* por uma personalidade hábil e forte por conta de sua capacidade de persuadir, seja como uma homenagem prestada a uma comunidade de cidadãos respeitosos do direito de expressão de cada um e entre os quais se estabelecem distinções somente com base no mérito, cidadãos verdadeiramente detentores do poder de decisão e que não hesitarão em se afastar de Péricles quando a política deste ameaçar seus interesses.

O pós-Péricles também dá margem a interpretações contraditórias. Dado que seus sucessores na tribuna não tinham sua largueza de vistas nem a preocupação de preservar um equilíbrio harmonioso no seio da cidade, a política ateniense se tornou incoerente, apontando diretamente para a catástrofe final, enquanto o *démos* se reportava àqueles que tinham mais habilidade de lisonjeá-lo. A essa visão, porém, somos tentados a contrapor a resistência desse mesmo *démos* a duas tentativas de restabelecimento da oligarquia no fim do século. Em 411, foi a recusa dos marinheiros da frota baseada em Samos em apoiar o novo regime implantado pelos inimigos da democracia, o que resultou no fracasso da primeira revolução oligárquica. Em 404, de modo semelhante, foi a sublevação do *démos* urbano e da arraia-miúda do Pireu, chefiada por Trasíbulo, que impôs ao inimigo espartano o reconhecimento da restauração democrática. Assim sendo, somos forçados a reconhecer que, para grande parte dos cidadãos atenienses, o poder que lhe era atribuído não era letra morta. Os atenienses não deixavam de aplaudir, no teatro, as acusações lançadas pelos poetas cômicos contra os políticos aos quais eles davam seus votos na assembléia. E quando Teseu, em *As Suplicantes* de Eurípedes, elogiava o regime ateniense, era aos cidadãos reunidos no teatro de Dioniso que ele se dirigia, cidadãos convencidos da realidade dessa democracia e dispostos a coroar o poeta que a afirmava.

Mas então surge uma nova pergunta que é determinante no julgamento que se faz do "século de Péricles": trata-se de um apogeu seguido de um declínio mais ou menos rápido, ou, como eu sugeria acima, de uma etapa na construção desse sistema político original que foi a democracia ateniense?

Durante muito tempo, a tese do apogeu seguido do declínio foi a mais difundida na historiografia da Atenas democrática. Pelo fato de já tê-la subscrito, me sinto tanto mais envolvida nessa questão. Se tentarmos resumir de forma esquemática esta apresentação da história de Atenas na época clássica, temos de um lado o século V, século por excelência da civilização grega em estreita relação com a hegemonia exercida por Atenas. Hegemonia marítima, conseqüência da atuação da cidade durante as guerras médicas, e reforçada pela política de Péricles, quer consideremos ter-se iniciado em 462 ou somente depois.

Mas também hegemonia cultural, grande momento do desenvolvimento da arte clássica, com Fídias, grande momento também da produção teatral, com Ésquilo, Sófocles e Eurípedes, do nascimento da História, com Heródoto, que, embora não fosse de Atenas, lá passou algum tempo e fez leituras de sua obra, e, principalmente, com Tucídides; do desenvolvimento do pensamento científico e filosófico, pois Atenas atraía homens como Anaxágoras, Protágoras, Hípias, Hipódamo, o arquiteto do Pireu; e as últimas décadas do século assistiram aos primeiros ensinamentos de Sócrates.

É verdade que houve muitos fracassos militares no fim do século, a desastrosa expedição à Sicília, as duas revoluções oligárquicas. Mas se se atribui a causa desses desastres à política dos "demagogos" sucessores de Péricles, salva-se a imagem de um século de apogeu.

Em compensação, o século IV é visto como um período de declínio, de "crise": agravamento da miséria dos camponeses, devido às devastações que se seguiram às constantes invasões do território; crescente desinteresse do *démos* pela atividade política, que não foi sanada, como era de se esperar, pela criação do misto eclesiástico, da remuneração pela presença na assembléia — misto que, de resto, reforçava nos cidadãos a mentalidade de assistidos; independência crescente dos estrategos, que muitas vezes desenvolviam uma política pessoal à frente de exércitos compostos essencialmente de mercenários, que cada vez mais tomavam o lugar dos exércitos cívicos; dificuldades financeiras crescentes, enfim, não resolvidas pela reconstituição de uma aliança marítima, uma vez que Atenas se comprometera a não cobrar novos tributos de seus aliados; aliás, essa aliança marítima só duraria pouco mais de vinte anos, pois sucumbiu quando se viu obrigada a enfrentar um adversário temível na pessoa de Filipe da Macedônia. Acrescente-se a isso uma grave crise moral e a decadência dos valores cívicos glorificados por Péricles na *Oração fúnebre*. Daí o fracasso final e o estabelecimento da hegemonia da Macedônia.

Uma certa tendência da historiografia das duas últimas décadas do século XX tomou posição mais ou menos categórica contra a visão da história de Atenas que acabo de resumir de forma esquemática. Em primeiro lugar, afirmando ser inválido esse conceito de declínio, no que diz respeito à vida cultural. É verdade que a arte clássica evolui, mas Praxíteles resiste à comparação com Fídias. É verdade que são menos numerosas as construções públicas imponentes, mas constrói-se um novo arsenal no Pireu e, ao que parece, no âmbito da vida privada verifica-se uma evolução no sentido de um maior refinamento. E, mais que qualquer outra coisa, como falar de declínio numa cidade em que se desenvolvem as escolas de Retórica (Isócrates, Iseu), de Filosofia (a Academia platônica, o Liceu de Aristóteles) e em que a História é ainda representada dignamente por Xenofonte e por aqueles que são chamados de atidógrafos.

Por outro lado, cumpre reconhecer que conhecemos muito melhor o funcionamento das instituições democráticas no século IV que no século anterior, graças à descrição minuciosa que nos dá o autor da *Constituição de Atenas* e principalmente aos discursos dos oradores. A revisão das leis realizada logo depois da primeira revolução oligárquica e completada logo depois da segunda dotou a cidade de um *corpus* jurídico coerente que até então nunca possuíra. E as numerosas referências dos arrazoados jurídicos a essas leis são uma fonte preciosíssima para o conhecimento da sociedade ateniense. Não é por acaso que o historiador dinamarquês Mogens Hansen intitulou seu livro sobre as instituições democráticas de Atenas *The Athenian Democracy in the Age of Demosthenes*. Citei anteriormente o julgamento que faz esse historiador sobre o século V, a propósito de sua idéia de democracia "radical". Para Hansen, assim como para o historiador americano Martin Ostwald, a democracia ateniense do século IV é na verdade um sistema institucional muito mais adstrito a normas que a democracia do século V. Supondo-se que nesse período houvesse um homem dotado das mesmas qualidades de Péricles, ele não poderia exercer esse poder "monárquico", porque agora é a lei, uma lei assegurada pelos tribunais, que é soberana. O título do livro de Martin Ostwald, *From Popular Sovereignty to the Sovereignty of Law*, não dá margem a dúvidas. Longe de ser um século de declínio, o século IV é, ao contrário, o século em que se consolidam as instituições democráticas, em que se constitui um sistema político coerente, longe das "improvisações" do século anterior.

Impossível não se render a essas evidências. Eu mesma já tentei mostrar como as inegáveis dificuldades financeiras enfrentadas pela cidade permitiram o surgimento de uma "administração financeira" ainda frágil, mas que, tornando-se mais consistente à época de Licurgo, anuncia a *dioikêsis* das monarquias helênicas. E o fato de os oradores sentirem necessidade de conhecer o direito e a ele se referir revela a importância da lei e o nascimento de um direito coerente.

Isso significaria, porém, que a soberania da lei substituiu a soberania do *démos*? Todos os testemunhos, tanto literários como epigráficos, dizem o contrário. Quando se trata de tomar uma decisão que envolva os destinos da cidade, é a assembléia, agora convocada regularmente e com uma ordem do dia precisa, que se pronuncia em última instância. E se uma decisão sua é questionada, se se move contra o proponente uma *graphè para nomôn*, uma ação de ilegitimidade, é ao tribunal popular que se apela para dar o julgamento final. O fato de que os debates sobre as questões essenciais, como a da política em relação ao rei da Macedônia, se tenham realizado diante de um tribunal — estamos pensando no processo sobre a Embaixada e no processo sobre a Coroa, em que se enfrentariam, diretamente ou por interpostas pessoas, Demóstenes e Ésquines — não significa que o poder se tenha transferido da assembléia para os tribunais. Isso porque os próprios tribunais eram a expressão da soberania popular. E quando se tratava de definir a política da cidade, o que ocorria de fato eram escolhas políticas, e não um mero processo judiciário.

A democracia ateniense funcionou, e funcionou bem, no século IV, sem ter sido questionada de fato, exceto no âmbito das escolas filosóficas. E só a vitória macedônia de 322, logo depois do levante provocado pelo anúncio da morte de Alexandre, privará Atenas de um regime político que fizera sua grandeza, mas que, quando vier a ressurgir de forma mais ou menos regular, no curso das décadas seguintes, já não passará de uma democracia formal, desprovida daquilo que lhe assegurava o equilíbrio, a remuneração pelo exercício de funções públicas.

O que nos leva de volta a Péricles. É possível que ele só tenha criado a mistoforia para poder fazer frente à generosidade de Címon. Ao mesmo tempo, porém, como se tratava de usar o dinheiro público para remunerar a prestação de um serviço cívico, a mistoforia assumia uma dimensão totalmente nova. Por força da mistoforia, todo cidadão, quando sorteado para exercer as funções de juiz e de conselheiro, estava a serviço da cidade. Havia aí uma nova concepção da cidadania, para além da simples pertença à comunidade dos atenienses. Péricles teria consciência de que com isso fazia o sistema democrático dar um passo fundamental? As afirmações que lhe atribui Tucídides na *Oração fúnebre* nos permitem supor que sim. E não é por acaso que a supressão da mistoforia foi a primeira medida tomada pelos oligarcas de 411.

Ainda que, graças à habilidade retórica de Péricles, o regime político ateniense tenha sido, durante o tempo em que ele dirigiu a política da cidade, uma quase "monarquia", nem por isso deixa de ser verdade que se tratou da primeira experiência na História de uma soberania colocada nas mãos da comunidade dos cidadãos. Nesse sentido, Péricles é, de fato, o "inventor" da democracia ateniense.

CRONOLOGIA

632	Cílon tenta estabelecer a tirania em Atenas.
621	Legislação de Drácon.
594-593	Reformas de Sólon.
562-561	Início da tirania de Pisístrato.
528-527	Morte de Pisístrato.
514-513	Assassinato de Hiparco.
510	Queda de Hípias.
508-507	Reformas de Clístenes.
490	Maratona.
485-484	Ostracismo de Xantipo.
480	Salamina.
478-477	Formação da liga de Delos.
462-461	Reformas de Efialtes.
454	Transferência do tesouro federal para Atenas.
447	Início dos trabalhos da Acrópole.
443	Ostracismo de Tucídides de Alopece.
440	Revolta de Samos.
433-432	Os casos de Corcira e de Potidéia.
432-431	Congresso de Esparta.
431	Início da guerra do Peloponeso.
431-430	Péricles pronuncia a *Oração fúnebre* dos mortos do primeiro ano da guerra.

430	Início da epidemia de peste.
429	Morte de Péricles.
421	Paz de Nícias.
415	Início da expedição da Sicília.
411	Primeira revolução oligárquica.
406	Condenação à morte dos estrategos da batalha das Arginusas, entre os quais Péricles, o Jovem.
405	Derrota da frota ateniense em Aigos Potamoi.
404-403	Capitulação de Atenas. Tirania dos Trinta.
403	Restauração da democracia em Atenas.

GLOSSÁRIO

ÁGORA. É a praça pública onde a princípio se reunia a assembléia dos cidadãos. Na época clássica, aí ainda se reúnem os cidadãos por ocasião de uma ostracoforia*, mas é principalmente um lugar de comércio, onde se situa o mercado em torno do qual se instalam as bancas de venda.

ANFICTIONIA. Assembléia dos delegados encarregados da administração de um santuário. A anfictionia délfica, por exemplo, administra o santuário de Apolo de Delfos.

ARQUÉ. O termo é rico em significados múltiplos. Em nível político, ele expressa a noção de poder (o de Atenas, no âmbito de seu império, o dos magistrados da cidade). Daí, no plural, o sentido de "magistraturas" (*archai*).

ARCONTE. O termo, derivado de arqué, designa originalmente o magistrado supremo da cidade. Em Atenas, teria havido, inicialmente, três, depois, nove arcontes. Suas funções na época clássica são essencialmente jurídicas.

AREÓPAGO. É o nome de uma colina de Atenas consagrada ao deus Ares. Por extensão, é o nome do tribunal sediado nessa colina. Na época clássica, ele é composto pelos ex-arcontes.

BULE. É o Conselho, órgão principal da democracia ateniense, formado por quinhentos membros sorteados anualmente entre os cidadãos com mais de trinta anos de idade.

BULEUTA. Membro da *bule*. Durante seu mandato de um ano ele recebe um salário (misto) da cidade.

BULEUTÉRIO. O edifício onde se realizam as sessões da *bule*.

CLERÚQUIA. Esse nome designa, no século V, guarnições mais ou menos permanentes de soldados atenienses que, instalados em território inimigo ou bárbaro, recebem um *cléros*, um lote de terra, a título de recompensa.

COREGIA. Cargo que consistia, para um ateniense rico, em custear e ensaiar um coro para as festas de Dioniso.

DEMO. O demo é a circunscrição territorial. A divisão do território da Ática em demos agrupados no interior de tritias é obra de Clístenes. O demo tem suas assembléias, seus magistrados, suas festas religiosas, e é nele que os atenienses fazem sua aprendizagem da vida política.

DÉMOS. Esse termo designa, nos textos oficiais, o conjunto dos cidadãos atenienses. Na linguagem política, muitas vezes ele é empregado para designar a gente comum, por oposição aos ricos e aos aristocratas.

DRACMA. Unidade monetária de conta, no valor de seis óbolos.

ECLÉSIA. É o nome da assembléia geral de todos os cidadãos de Atenas, sediada na colina da Pnix.

EFEBIA. Na época clássica, serviço militar de dois anos a que estavam obrigados todos os jovens atenienses. Só se conhece sua organização no que se refere ao século IV.

ÉFORO. Magistrado espartano cujo colegiado de cinco membros era eleito anualmente. Eles exerciam um controle sobre os reis e sobre os outros magistrados da cidade.

EÍSFORA. Imposto extraordinário cobrado em tempo de guerra. A primeira eísfora teria sido cobrada em 428-427.

EPÍSTATA. Presidente de uma assembléia ou de um colégio de magistrados.

ESTÁTER. Unidade monetária. Em Atenas o estáter de prata valia quatro dracmas.

ESTRATEGO. Magistrado, encarregado principalmente de conduzir as operações militares. No século V, os estrategos, eleitos anualmente entre os cidadãos mais abastados, na verdade dirigem a vida política da cidade.

ESTRATIÓTICA. Caixa destinada a cobrir as despesas militares.

FORO. Esse termo designa a contribuição a que estavam obrigadas as cidades que participavam da liga de Delos.

FRATRIA. Agrupamento de cidadãos que pretendiam ter um ancestral comum (mais ou menos fictício) e no seio do qual ocorriam muitas manifestações da vida social e religiosa, principalmente o reconhecimento de paternidade, a apresentação de uma esposa, dos adolescentes, etc.

GENOS. (pl. GÉNE) É a família no sentido mais amplo. Em Atenas, ao que parece, o termo só era usado para designar as grandes famílias aristocráticas ou associações de caráter religioso.

HEGÉMON. Liderança militar de uma coalizão. Atenas é o *hegémon* da liga de Delos.

HELIAIA. Tribunal popular de Atenas, recrutado por sorteio, do qual todos os atenienses podem participar.

HELENOTAMIAS. São os tesoureiros que gerem as finanças da liga de Delos.

HETERIA. Agrupamentos de amigos. A princípio, grupos aristocráticos. Posteriormente, na época clássica, facção política.

HIEROPEUS. Os dez magistrados, designados na proporção de um por tribo, encarregados da supervisão das cerimônias religiosas.

HILOTAS. Esse termo designa as populações subalternas na Lacônia e na Messênia. Aos olhos dos atenienses, os hilotas eram um tipo especial de escravos, ligados à terra, e que não podiam ser comprados nem vendidos.

HIPEUS. Cavaleiros. Na legislação de Sólon, esse termo designa os cidadãos da segunda classe do censo, aqueles que tinham uma renda superior a trezentas dracmas.

HOPLITAS. Soldados da infantaria com armadura pesada que formavam o grosso do exército das cidades gregas no século V, e que combatiam em formação cerrada.

KALOI-KAGATHOI. Os "belos e bons", isto é, a gente "de bem", os homens de boa família e de boa educação, entre os quais se recrutavam, até a guerra do Peloponeso, a maioria dos dirigentes da cidade.

METECO. "O que mora ao lado", isto é, o estrangeiro autorizado a viver na cidade, mas sem fazer parte dela. O meteco não participa da vida política. Em compensação, ele contribui para a defesa da cidade, e os mais ricos são obrigados à eísfora.

MINA. Unidade de peso e monetária. Uma mina vale cem dracmas.

MISTO. O termo designa tanto o salário de um operário das obras públicas como a remuneração paga, a partir de Péricles, aos juízes da Heliaia e aos membros da *bule*. Essa remuneração das funções públicas é chamada de "mistoforia".

NOMÓTETA. Magistrado designado, em caráter excepcional, para fazer uma revisão das leis.

ÓBOLO. A menor unidade monetária de conta. Uma dracma corresponde a seis óbolos.

OLIGARCAS. Partidários de um regime político no qual o poder, a arqué, seria prerrogativa de um pequeno número de pessoas (*oligoi*).

OSTRACOFORIA. Votação na qual todo cidadão ateniense é chamado a escrever num caco de cerâmica (*ostrakon*) o nome de quem ele deseja afastar por algum tempo da cidade. Excepcionalmente, essa votação se fazia na Ágora.

PENTACOSIOMEDIMNOS. Aqueles que colhem mais de quinhentas medidas de cereais. A partir de Sólon, esse nome designa os atenienses da primeira classe do censo, cuja renda é superior a quinhentas dracmas.

POLEMARCO. É um dos nove arcontes. Até as guerras médicas, ele é o comandante-em-chefe do exército ateniense. Posteriormente, suas funções puramente jurídicas lhe permitem, em especial, presidir o tribunal diante do qual comparecem os estrangeiros.

POLETES. Magistrados encarregados da venda e da adjudicação dos bens públicos.

PÓLIS. Termo específico para designar a cidade grega, o conjunto formado por uma cidade e seu território, e também a comunidade dos cidadãos.

POLITÉIA. Na literatura política, o termo designa o conjunto das instituições, a que nós chamamos constituição, de uma cidade. Nos decretos, porém, ele significa direito de cidadania.

PROBULEUMA. Projeto elaborado pela *bule* e submetido ao voto da eclésia.

PRÓXENO. Originalmente, o próxeno é aquele que recebe e protege em sua própria cidade os cidadãos de uma cidade estrangeira e que, por isso, é honrado por esta.

PRÍTANES. Os prítanes são os cinqüenta buleutas da tribo que durante um décimo do ano exerce a pritania, isto é, a presidência da *bule*. A ordem na qual as dez tribos da Ática exercem sucessivamente a pritania é sorteada a cada ano.

SINÉDRIO. Assembléia que reunia os delegados das cidades que participavam de uma aliança militar.

TALENTO. Unidade ponderal. Um talento equivale a seis mil dracmas.

TÂMIA. Tesoureiro encarregado de gerir as contas de um santuário.

TAXIARCO. Comandante de uma unidade militar, sob as ordens de um estratego.

TESMOTETA. Membro do colégio de seis arcontes, encarregado originalmente da redação, depois da salvaguarda da lei.

TETE. Aquele que nada possui e pertence à última classe do censo.

TIRANIA. Nome dado pelos escritores gregos à autoridade absoluta exercida na cidade por um indivíduo que tomou o poder pela força e fora do quadro das instituições legais. Em Atenas, trata-se do poder exercido por Pisístrato e seus filhos. As instituições democráticas foram criadas para afastar qualquer risco de seu retorno.

TRIBO. Originalmente, agrupamento de cidadãos, talvez unidos por um parentesco distante. Clístenes substitui, em Atenas, as quatro tribos originais por dez tribos territoriais, entre as quais ele divide o território da Ática.

TRIERARCA. Ateniense rico designado para equipar e comandar uma triere.

TRITIA. Subdivisão territorial. Uma tribo reúne três tritias: uma da costa, uma da cidade, uma do interior. Clístenes, ao criar as tritias, queria eliminar as alianças regionais.

ZEUGITAS. Aqueles que possuem uma parelha de cavalos. A partir de Sólon, o nome designa os cidadãos da terceira classe do censo, aqueles com renda superior a duzentas dracmas.

BIBLIOGRAFIA

FONTES

As duas principais fontes para o estudo da vida de Péricles são:

TUCÍDIDES, *La Guerre du Péloponnèse*. Texto estabelecido e traduzido por J. de Romilly. Paris: Belles Lettres, 1956.

PLUTARCO, *Vies*. Texto estabelecido e traduzido por R. Flacelière, E. Chambry, M. Juneaux. Paris: Belles Lettres, 1964.

No caso da *Vie de Périclès*, utilizamos também a tradução de A. M. Ozanam. In: PLUTARCO, *Viés Parallèles*. Paris: Quarto, Gallimard, 2001.

Esses textos foram objeto de numerosos comentários.

Sobre Tucídides, cabe assinalar:

ROMILLY, J. de. *Thucydide et l'impérialisme athénien. La pensée de l'historien et la genèse de l'œuvre*. 2.ed. Paris: Belles Lettres, 1951.

GOMME, A. W., ANDREWES, A. e DOVER, K. J. *A Historical Commentary on Thucydides*. Nova Iorque: Oxford University Press, 1959-1981. 3 v.

HORNBLOWER, S. *A Commentary on Thucydides*. Oxford: Clarendon Press; Nova Iorque: Oxford University Press, 1991-1996. 2 v.

Sobre Plutarco:

STADTER, P. A. *A Commentary on Plutarch's Pericles*. Chapel Hill: University of North Carolina Press, 1989.

A política desenvolvida por Péricles ocupa dois capítulos da *Constituição de Atenas*, atribuída a Aristóteles (XXVI e XXVII).

ARISTÓTELES, *Constitution d'Athènes*. Texto estabelecido e traduzido por G. Mathieu e B. Haussoulier. 9.ed. Paris: Belles Lettres, 1985. (Texto republicado em Classiques en poche, com uma introdução de C. Mossé. Paris: Belles Lettres, 1996).

Sobre esse texto:
DAY, J. e CHAMBERS, M. *Aristotle History of Athenian Democracy*. Berkeley: University of California Press, 1962.
RHODES, P. J. *A Commentary on the Aristotelian Athenaion Politeia*. Oxford: Clarendon Press, 1981.

Péricles foi alvo dos poetas cômicos. Ver sobre esse assunto:
VICKERS, M. *Péricles on Stage. Political Comedy in Aristophanes' Early Plays*. Austin: University of Texas, 1997.

Sobre as fontes arqueológicas:
CAMP, J. M. *The Archaeology of Athens*. Londres: Yale University Press, 2001.
HOLTAZMAN, B. *L'Acropole d'Athènes*. Paris: Picard, 2003.

Sobre as fontes epigráficas:
MEIGGS, R. e LEWIS, D. *A Selection of Greek Historical Inscriptions to the End of the Fifth Century B.C.* Oxford: Clarendon Press, 1969.

OBRAS GERAIS

Todas as histórias gerais da Grécia ocupam-se longamente do estudo da democracia ateniense no século V e da hegemonia exercida por Atenas. Recomendamos especialmente:

WILL, E. *Le Monde grec et l'Orient*. 3.ed. Paris: PUF, 1991. Tomo I (*Le Ve siècle*).

Ver também:
BADIAN, E. *From Plataea to Potidaea. Studies in History and Historiography of the Pentacontaetia*. Baltimore: John Hopkins University Press, 1993.

Sobre a democracia ateniense, a bibliografia é considerável. Vamos nos limitar aqui a alguns títulos apenas:
BLEICKEN, J. *Die athenische Demokratie*. Paderborn: Schöningh, 1994.
FINLEY, M. I. *Democracy Ancient and Modern*. 2 ed. Piscataway (N.J.): Rutgers University Press, 1985.
_____. *Politics in the Ancient World*. Cambridge University Press, 1983 (tradução francesa: *L'Invention de la politique*. Paris: Flammarion, 1985).
MOSSÉ, C. *Politique et société en Grèce ancienne. Le "modèle" athénien*. Paris: Aubier, 1995.
OBER, J. *Mass and Elite in Democratic Athens. Ideology and the Power of the People*. Princeton: Princeton University Press, 1989.
_____. *The Athenian Revolution. Essays on Ancient Greek Democracy and Political Theory*. Princeton: Princeton University Press, 1996.
OSTWALD, M. *From Popular Sovereignty to the Sovereignty of Law. Law, Society and Politics in Fifth Century Athens*. Berkeley: University of California Press, 1986.
SINCLAIR, R. K. *Democracy and Participation in Athens*. Nova Iorque: Cambridge University Press, 1988.

OBRAS E ARTIGOS SOBRE PÉRICLES

Algumas biografias:
CHÂTELET, F. *Périclès*. Paris: Club Français du Livre, 1960.
DE SANCTIS, G. *Pericle*. Milão: Principato, 1944.
DELCOURT, M. *Périclès*. Paris: Gallimard, 1939.
HOMO, L. *Périclès. Une expérience de démocratie dirigée*. Paris: Laffont, 1954.
WEBER, C. W. *Perikles. Das goldene Zeitalter von Athen*. Munique: List, 1985.

Sobre alguns aspectos da política de Péricles:

CAWKWELL, G. "Thucydides' Judgement of Periclean Strategy". *Yale Classical Studies*, 24, p. 56-70, 1975.

CHAMBERS, M. "Thucydides and Pericles". *Harvard Studies in Classical Philology*, 62, p. 79-92, 1957.

HARRIS, E. "Pericles' Praise of Athenian Democracy". *Harvard Studies in Classical Philology*, 94, p. 157-167, 1992.

KAGAN, D. *Pericles of Athens and the Birth of Democracy*. Nova Iorque: The Free Press, 1991.

MONOSON, S. "Citizen as Erastes. Erotic Imagery and the Idea of Reciprocity in the Periclean Funeral Oration". *Political Theory*, 32, p. 253-276, 1994.

PATTERSON, C. *Pericles' Citizenship Law of 451-450*. Nova Iorque: Arno Press, 1981.

PODLECKI, A. J. *Pericles and his Circle*. Londres: Routledge, 1998.

SPENCE, I. G. "Perikles and the Defense of Attika during the Peloponnesian War". *Journal of Hellenic Studies*, 110, p. 91-109, 1990.

ÍNDICE ONOMÁSTICO

Adriano, imperador, 154.
Agariste, filha de Clístenes de Sicione, 11 e n, 15, 18, 43, 46.
Agariste, mãe de Péricles, 12, 26, 43, 46.
Ágis, rei espartano, 110.
Agostinho, santo, 152n, 158-9.
Alcibíades, 116, 133, 139, 182-3, 193, 195, 203, 220, 227, 232.
Alcmêon, ancestral dos Alcmeônidas, 16.
Alcmêon, filho de Mégacles, 11, 18-20, 22.
Alexandre da Macedônia, 59, 62.
Alexandre, o Grande, 201, 219, 227, 243.
Aliato, 18-9.
Anaxágoras de Clasômenas, 134, 172-4, 197-8, 202-4, 206, 210, 214, 216, 219-220, 230, 241.
Anaximandro, 172.
Anaxímenes, 172.
Andrômaca, 167.
Ânito, curtidor de peles, 129.
Antídoto, arconte, 82.
Antifonte, sofista e orador, 177-8, 195.
Antígona, 141, 166.
Antígono, 227.
Antístenes, discípulo de Sócrates, 213.
Apolo, 19, 52, 94, 165.
Arífron, avô de Péricles, 12, 26.
Arífron, educador, 196.
Aristides, 45-6, 48-9, 52-3, 95, 203, 217, 219.
Aristófanes, 9, 26n, 75, 77, 126, 128, 138, 141-2, 163, 168-9, 176, 191, 213.

Aristogíton, 25, 181.
Aristoleides, 20.
Aristóteles, 10, 16, 21n, 37-8, 59n, 60n, 65, 77n, 81-2, 138, 147n, 164, 172, 198, 201, 207, 218-9, 224, 227, 242.
Arquídamos, rei espartano, 107, 111, 205.
Ártemis Conselheira, 53.
Aspásia, companheira de Péricles, 84, 92, 142-3, 169, 191, 194, 198, 212, 213 e n, 215, 220-1, 227, 229, 231.
Atena (Minerva), 23, 95, 100, 145-6, 148-155, 157-161, 165, 223.
Axioco, pai de Aspásia, 212.

Barthélemy, abade, 218-221, 225-6.
Bêndis, deusa trácia, 133.
Brásidas, general espartano, 93, 178.

Cálias, 46, 89, 91, 95-6, 100, 102, 146, 174.
Cálicles, 196-7.
Calícrates, arquiteto do Partenon, 149.
Cambises, 44.
Catão, 232.
Catilina, 232.
Cécrops, primeiro rei de Atenas, 152, 158-9.
Céfalos, pai de Lísias, 132-3, 139, 142.
Chateaubriand, François-René, visconde de, 226 e n, 227.
Cílon, 16-8, 31, 38, 108.
Címon, filho de Milcíades, 26, 32, 45, 53-5, 59-60, 62-5, 76-7, 82 e n, 85, 88-90, 93, 105, 196-8, 205, 207, 209-210, 219-220, 229, 233, 238, 243.

257

Ciro, 44.
Clearco, 100.
Cleofon, o luthier, 139, 199.
Cleômbrotos, rei espartano, 51.
Cleômenes, rei espartano, 17, 24-5, 36, 38, 238.
Cléon, 65, 79, 98, 126, 129, 138-9, 168, 183, 192, 199, 203, 220, 224, 235.
Cleôpompos, estratego, 114.
Clínias, 95.
Clínias, irmão de Alcibíades, afilhado de Péricles, 195.
Clístenes de Sicione, 11 e n, 26.
Clístenes, filho de Mégacles e de Agariste, 12, 17, 19, 23-4, 26, 29, 36-40, 45-6, 60, 75, 82, 139, 199, 202, 207, 228, 233, 238.
Clitemnestra, 142, 165.
Clítofon, 29.
Constant, Benjamin, 227.
Corneille, Pierre, 9.
Cratino, poeta cômico, 150, 168-9, 191, 214.
Creonte, 166.
Creso, rei da Lídia, 18-9.
Crítias, chefe dos Trinta, 136, 177.
Crítias, escultor, 25.
Critobulo, 193-4.

Damon (ou Daminides), professor de música de Péricles, 206-7.
Damonides de Oe, 77, 199.
Dario, 25, 43-4.
De Pauw, Cornelius, 218, 221, 222 e n, 223-5.
Demóstenes, 46, 199, 219, 226, 243.
Descartes, René, 173.
Diderot, Denis, 218.
Diodoro, 91.
Diodoto, 183.
Dionísio de Halicarnasso, 47.
Dioniso, 81, 161, 163, 168, 240.
Diopeite, 173.
Douris de Samos, 201.
Drácon, 30-1.

Édipo, 166-7.
Efialtes, 60-4, 73, 165, 198-9, 208-9, 218, 237-8.
Egisto, 165.

Electra, 141, 165.
Elpinice, irmã de Címon, 64, 210.
Empédocles, 172.
Epicuro, 201.
Epílico, 215.
Epitimos de Farsala, 215.
Erecteu, 154, 159.
Ergastinas, 160.
Erictônio, 158-9.
Espinoza, Baruch, 173.
Ésquilo, 162, 164-5, 167, 241.
Ésquines, discípulo de Sócrates, 46, 213, 243.
Etéocles, 166.
Eupólis, 169, 214.
Eurípedes, 141, 143, 160, 162, 167-9, 177, 219, 240-1.

Fábio Máximo, 202, 205.
Fídias, arquiteto da Acrópole, 145, 149-151, 153-5, 191, 212, 214, 220, 241-2.
Filipe da Macedônia, 219, 227, 241.
Frederico II, rei da Prússia, 221.
Freud, Sigmund, 166.

Gaia, 151.
Gê, 158-9.
Grégoire, Henri, abade, 225.

Hágnon, estratego, 114.
Harmódio, 25, 181.
Hefaísto, 158.
Hegel, Friedrich, 231.
Hera, 161.
Hermes, 175, 191.
Hermipo, poeta cômico, 169, 214.
Heródoto, 11 e n, 17-8, 20-5, 44, 46-7, 91, 178-180, 238, 241.
Hesíodo, 125.
Hiparco, 24-6, 238.
Hiparco, filho de Charmos, 26, 45.
Hipérbolos, 126, 139.
Hípias de Élis, filósofo, 174, 241.
Hípias, tirano, 22, 24-5, 44, 46, 227, 238.
Hipócrates, filho de Mégacles, 12, 20, 43.
Hipódamo, filósofo, 91, 241.
Holbach, Paul Henri Thiry, barão de, 218.
Homero, 30.

Idomeneu de Lâmpsaco, 60, 201, 208.
Ifigênia, 165.
Inaro, príncipe líbio, 89.
Íon de Quios, poeta, 201, 210.
Iságoras, 17, 24, 36, 38.
Iseu, 242.
Isócrates, orador ateniense, 29, 218, 242.
Isodiké, esposa de Címon, 64.

Jocasta, 166.

Kant, Emmanuel, 173.

Laio, 166.
Lampon, adivinho, 91, 173.
Le Peletier de Saint-Fargeau, Louis Michel, 225.
Leônidas, 48.
Licurgo, filho de Aristoleides, 20-2, 217-8, 222, 224, 243.
Lipsidro, 23-4.
Lísias, orador, filho de Céfalos, discípulo de Sócrates, 129, 132, 142.
Lisístrata, 142.
Luís XIV, rei da França, 9-10.

Mardônio, 48.
Medusa, 154.
Mégacles, arconte, 16, 18, 38.
Mégacles, esposo de Agariste de Sicione, 11-2, 15, 19-23, 26.
Mégacles, filho de Hipócrates, 12, 26, 45.
Meleto, poeta, 173.
Menipo, 212.
Metágenes, arquiteto, 149.
Métis, 151.
Milcíades, 24, 43-5.
Milcíades, o Velho, 25, 44, 49, 54, 59, 63, 180, 196, 209, 225, 237.
Minerva, ver Atena,
Mnésicles, arquiteto dos Propileus, 149.
Molière, Jean-Baptiste Poquelin, dito, 9.
Montesquieu, Charles de Secondat, barão de La Bréde e de, 217-8.

Néocles, 26.
Nesiotes, escultor, 25.
Nestor, rei de Pilos, 15.
Netuno, ver Posêidon,
Nícias, 126-7, 129, 182-3, 192, 220.

Orestes, 165.
Ortágoras, 11.

Pandora, 154.
Páralo, filho de Péricles, 174.
Parmênides, 172.
Pasion, banqueiro, 139.
Pausânias, rei espartano, filho de Cleômbrotos, 49, 51-2, 94, 154.
Perdicas, rei da Macedônia, 105.
Péricles, o Jovem, filho de Péricles e de Aspásia, 194, 214.
Píndaro, 20.
Pirilampo, passarinheiro, 212.
Pisístrato, filho de Hipócrates, 20-3, 36, 75, 150, 207, 219, 227, 233, 238.
Pissutnes, sátrapa de Sardes, 205.
Pitágoras, 172.
Pitódoros de Anaflisto, 29.
Platão, 10, 133, 135, 140, 172-7, 192, 195, 197-8, 208, 213, 219.
Plistoánax, rei espartano, 90, 223.
Plutarco, 10, 18, 21, 31, 35, 39, 45-6, 53-4, 59-66, 76, 79-80, 82n, 90-3, 96-7, 115, 124, 145-150, 155, 169, 172-4, 180, 188, 198-200, 201-221, 224-229.
Polemarco, filho de Céfalos, discípulo de Sócrates, 142.
Polinice, 141, 166.
Posêidon, 151-2, 158.
Praxágora, 141-2.
Praxíteles, 242.
Pródico de Ceos, 174.
Prometeu, 175.
Protágoras de Abedera, sofista, 72, 91, 134, 174-6, 195, 241.

Racine, Jean, 9.
Robespierre, Maximilien de, 225.

Saint-Just, Louis Antoine Léon, 226.
Sêmele, mãe de Dioniso, 161.
Sócrates, 126, 133, 138, 171-6, 192-8, 213, 218-9, 225, 241.
Sófocles, 141, 162, 164, 166-7, 219, 241.
Sofônides, 60.
Sólon, 20-2, 29-35, 37-40, 65, 74-5, 139, 195, 219, 223-5, 233, 237-8.
Stenelaídas, Éforo, 107.

Stesimbrote de Tasos, 201, 212.
Strepsiade, 143.

Targélia, 212.
Teágenes de Mégara, 17.
Teisandro, filho de Epílico, 215.
Teléclides, 169.
Temístocles, 26, 46-8, 51, 53-4, 60, 62, 82, 85, 88, 146, 180, 195-7, 201, 203, 217, 219, 225, 235, 237-8.
Teofrasto, 53, 201, 216.
Teopompo, 53.
Terámenes, oligarca, 136-7; 139.
Teseu, 39, 59, 167, 240.
Tibério Graco, 232.
Tímon de Flionte, 207.
Tolmides, estratego, 90.
Trasíbulo, 240.
Trasímaco de Calcedônia, sofista, 177.
Tucídides de Alopece, 65-6, 92, 204, 210-1.
Tucídides, 9-10, 12, 17, 47, 50-4, 64-5, 69, 71, 76, 81, 87-8, 90-4, 97-8, 101-5, 107-112, 114-6, 119, 129, 132, 137-8, 143, 155, 157, 171, 177-9, 181-3, 188-193, 197, 199-200, 201, 210-1, 218-220, 225, 227-8, 234-5, 239, 241, 244.

Varrão, escritor romano, 152 e n, 158-9.
Volney, Constantin François de Chasseboeuf, conde de, 227.
Voltaire, François Marie Arouet, dito, 218.

Xantipo, filho de Péricles, 174, 212, 214-5.
Xantipo, pai de Péricles, 12, 18, 26, 43-6, 48, 207, 237.
Xênocles, arquiteto, 149.
Xenofonte, 10, 80, 126-7, 129, 131, 136, 192 e n, 193, 194 e n, 195, 214, 218, 242.
Xerxes, sucessor de Dario, 43, 48, 52, 54.

Zenão de Eléia, 172, 207, 219.
Zeus, 151-2, 159-161, 175, 191.

ÍNDICE DOS MAPAS

O mundo grego no século V a.C.　　　　verso da capa

A Ática　　　　41

A Ágora na época de Péricles　　　　67

Atenas e o Pireu na época clássica　　　　121

ESTE LIVRO FOI COMPOSTO EM GARAMOND CORPO 10,7 POR 15 E IMPRESSO SOBRE PAPEL OFF-SET 90 g/m² NAS OFICINAS DA ASSAHI GRÁFICA, SÃO BERNARDO DO CAMPO-SP, EM MARÇO DE 2008